DU FRANC CFA À L'ÉCO-CFA

Points de vue

Collection dirigée par Denis Pryen

Dernières parutions

Elie OUEIFIO, Pour la République centrafricaine. Le désarmement des cœurs et des esprits, une solution efficace aux crises centrafricaines, 2023.
David NOGA, Penser autrement l'économie africaine, 2023.
Issa CISSÉ, Sénégal : La lente maturation démocratique. De Mamadou Dia à Ousmane Sonko, 2023.
Réjean COTE, L'Afrique verte et les industries extractives, 2023.
Maidé HAMIT LONY, La décentralisation au tchad. Une dynamique normative à l'épreuve des réalités pratiques, 2023.
Abdourahman BARKAT GOD, Le portrait du nouvel être. Réflexion sur l'Homme dans le contexte djiboutien, 2023.
Serge Eric MENYE, L'Afrique face au cynisme climatique, 2023.
Alpha Oumar Telli DIALLO, La Guinée-Conakry de janvier 2011 à décembre 2015. Le premier quinquennat de M. PPAC aux commandes du pays, 2023.
Mamadou Dian DIALLO, Résoudre la crise politique en Guinée, 2023.
Sisi KAYAN, L'Afrique n'a pas besoin d'aide, La communication au service d'une Afrique debout, 2023.
Birama DIOP, Ousmane Sonko. Le génie politique, 2023.
Tongele N. TONGELE, Pour la renaissance de la RD Congo. Des idées pour bâtir l'avenir, 2023.
Patience KABAMBA, En finir avec la crise multiforme en RD Congo ? (Approche dialectique), 2023.
Wuldath MAMA, Abolition du Franc CFA. La renaissance du panafricanisme, 2023.
Albert PAHIMI PADACKÉ, L'Afrique empoisonnée, Pathologie et thérapie des conflits, 2023.

PRAO Yao Séraphin

Du franc CFA à l'ÉCO-CFA

La pérennisation du néocolonialisme français

L'Harmattan

5-7, rue de l'École polytechnique, 75005 Paris

www.harmattan.fr

ISBN : 978-2-336-47649-0
EAN : 9782336476490

À mes enfants : PRAO Ahmès, PRAO Timothée et PRAO Yaël

REMERCIEMENTS

Je tiens d'abord à remercier les professeurs Mamadou KOULIBALY et Tchétché N'GUESSAN qui m'ont initié à la théorie monétaire et m'ont surtout influencé dans mon orientation sur les questions monétaires. J'exprime aussi toute ma gratitude à mon directeur de thèse, le professeur émérite Ramon TORTAJADA, qui m'a appris à développer des raisonnements économiques plus clairs et plus rigoureux.

Mes remerciements vont ensuite à l'endroit de tous les étudiants qui ont jalonné mon parcours. Leurs questions et leurs remarques m'ont aidé à améliorer la pertinence de ma démonstration.

Plus que jamais, je tiens à remercier ma famille et mes proches pour leur patience et leur encouragement tout au long de ma modeste carrière universitaire.

Mais la rédaction de cet ouvrage a également été grandement facilitée par le soutien sans réserve, lors de la correction, de mon frère Bruno Bellone MIEZAN.

Enfin, je remercie infiniment toutes les personnes qui m'ont livré leurs sentiments d'agacement vis-à-vis du système CFA. J'espère que ce modeste travail, en évoquant la question sans mépris ni sentiment de pitié, saura rendre à certaines d'entre elles la dignité qui ne leur est que rarement accordée à la simple évocation de la coopération monétaire entre la France et ses anciennes colonies africaines.

LISTE DES SIGLES ET ABRÉVIATIONS

AEF : Afrique Equatoriale Française
ALENA : Accord de Libre Echange Nord-Américain
AMAO : Agence Monétaire de l'Afrique de l'Ouest
AOF : Afrique Occidentale Française
ARCADE : Africaine de Recherche et de Coopération pour l'Appui au Développement Endogène
ASEAN : *Association of Southeast Asian Nations* (Association des nations de l'Asie du Sud-Est)
ASS : Afrique Subsaharienne

BAO : Banque de l'Afrique Occidentale

BCC : Banque Centrale des Comores

BCE : Banque Centrale Européenne

BCEAO : Banque Centrale des États de l'Afrique de l'Ouest

BCR : Banque Centrale Régionale

BEAC : Banque des États de l'Afrique Centrale

BGFI : Banque Gabonaise et Française Internationale

BICIG : Banque Internationale pour le Commerce et l'Industrie du Gabon

BRI : Banque des Règlements Internationaux

BRICS : Brésil, Russie, Inde, Chine et République Sud-Africaine
BRVM : Bourse Régionale des Valeurs Mobilières
C2D : Contrat de Désendettement et Développement
CAE : Conseil d'Analyse Economique
CCAO : Chambre de Compensation de l'Afrique de l'Ouest
CFAO : *Corporation For Africa & Overseas (*c'est une société multinationale spécialisée dans les secteurs de la distribution automobile, des produits et services pharmaceutiques, de la gestion de centres commerciaux et supermarchés, de la fabrication de produits de grande consommation ainsi que dans le secteur des nouvelles technologies et de l'énergie.

CPM : Comité de Politique Monétaire
CEA : Commission Economique des Nations Unies pour l'Afrique
CEDEAO : Communauté Economique des États de l'Afrique de l'Ouest

CEE : Communauté Economique Européenne

CEEA : Communauté Européenne de l'Energie Atomique

CFA : Communauté Financière en Afrique (UEMOA) / Coopération Financière en Afrique (CEMAC)

CFD : Caisse Française de Développement

CEMAC : Communauté Economique et Monétaire de l'Afrique Centrale

CNUCED : Conférence des Nations Unies sur le Commerce et le Développement

CREPMEF : Conseil Régional de l'Épargne Publique et des Marchés Financiers

CTE : Comité Technique Euratom
DTS : Droits de Tirage Spéciaux
DSSI : *Debt Service Suspension Initiative (*l'Initiative de suspension du service de la dette)
ECO : Le nom de la prochaine devise des pays membres de la CEDEAO

ECO-CFA : La monnaie proposée par la réforme du président MACRON pour les pays de l'UEMOA en 2019. ECO-CFA pour indiquer que l'ECO du président MACRON n'est rien d'autre que le nouveau nom du Franc CFA sans un réel changement des principes du Franc CFA.

ECOFIN : Agence d'information économique africaine basée à Yaoundé (Cameroun) et à Genève (Suisse)

EMAV : Engagements Monétaires à Vue

ELB : *E*ffective *L*ower *B*ound (le plancher effectif des taux d'intérêt)

EUR ou **Euro :** Monnaie de la Zone Euro. Elle a un taux fixe de change avec les pays de l'UEMOA et de la CEMAC (1 EUR = 655,957 FCFA)

FEANF : Fédération des Etudiants d'Afrique Noire Française

FCFP : Franc des Colonies Françaises du Pacifique
FCFA : Franc de la Communauté Financière en Afrique (UEMOA) / Franc de la Coopération Financière en Afrique Centrale (CEMAC)

FED : *Federal Reserve System* (la réserve fédérale ou Banque Centrale des Etats-Unis)

FERDI : Fondation pour les Etudes et Recherches sur le Développement International

FF : Franc Français
FFI : Flux Financiers Illicites
FMI : Fonds Monétaire International

IDE : Investissement Direct Etranger
IDH : Indice de Développement Humain
IDHI : l'Indice de Développement Humain ajusté selon les Inégalités
IED : Indicateur d'Effectivité de la Dévaluation
IMAO : Institution Monétaire de l'Afrique de l'Ouest
IME : Institut Monétaire Européen

MENA : *Middle East and North Africa (*Afrique du Nord et Moyen-Orient)

MERCOSUR : *Mercado Común del Sur* (Abréviation espagnole de marché commun du Cône sud. Union douanière créée en 1991 qui regroupe le Brésil, l'Argentine, le Paraguay et l'Uruguay.

OCDE : Organisation de Coopération et de Développement Economiques

OMD : Objectifs du Millénaire pour le Développement

OPEP : Organisation des Pays Exportateurs de Pétrole

ORANO (ex-**AREVA**) **:** Groupe français qui exploite l'Uranium au Niger

PAS : Programme d'Ajustement Structurel

PAZF : Pays Africains de la Zone Franc
PED : Pays en Développement
PIB : Produit Intérieur Brut
PME : Petites et Moyennes Entreprises

PNUD : Programme des Nations Unies pour le Développement
PPTE : Pays Pauvres Très Endettés
PSC : Pacte de Stabilité et de Croissance
PTR : *Panel Threshold Regression* (régression à effet de seuil en panel)

PUF : Presses universitaires de France

QPM : *Quarterly Projection Model* (Modèle de Prévision Trimestriel)

REO : *Regional Economic Outlook for Africa* (Perspectives Économiques Régionales l'Afrique)
RENMINBI (RMB) : Monnaie officielle chinoise comptée en yuans
SFI : Système Financier International

SCOA : Société Commerciale de l'Ouest Africain
SME : Système Monétaire Européen

TCER: Taux de Change Effectif Réel
TIP : Titre Interbancaire de Paiement

UBA : *United Bank for Africa*
UE : Union Européenne
UEM : Union Economique et Monétaire

UEMOA : Union Economique et Monétaire Ouest-Africaine
UGB : Union Gabonaise de Banque
UMOA : Union Monétaire Ouest-Africaine
USD : Dollar américain (Monnaie des Etats-Unis)

XAF : Le franc CFA de la zone monétaire d'Afrique Centrale

XOF : Le franc CFA de la zone monétaire d'Afrique de l'Ouest
ZMAO : Zone Monétaire de l'Afrique de l'Ouest

LISTE DES TABLEAUX ET ENCADRÉS

LISTE DES GRAPHIQUES

LISTE DES FIGURES

SOMMAIRE

AVANT-PROPOS

La recherche à l'origine de ce livre intitulé *« Du Franc CFA à l'ECO-CFA »* répondait à un mélange d'envies, de curiosités, de sentiments de manque et d'intuitions sur ce qu'il y avait de mieux à faire pour progresser dans la connaissance du manque de dimension monétaire dans les stratégies de développement en Afrique. En juillet 2009, j'avais soutenu une thèse de doctorat à l'Université Pierre Mendès France de Grenoble 2, en France, sur *« la dimension monétaire du développement, une application à deux pays de l'UEMOA (la Côte d'Ivoire et le Sénégal) ».* Cette thèse m'avait permis de découvrir, avec passion, le rôle de la monnaie dans nos économies modernes. J'ai également noté la faible importance accordée au fait monétaire dans les stratégies de développement dans les anciennes colonies françaises. Quelque temps après ma soutenance, j'ai cependant ressenti une triple nécessité de poursuivre la réflexion sur la souveraineté monétaire des Pays Africains de la Zone Franc.

La première nécessité était celle de faire porter l'éclairage sur les réalités de l'accord de coopération monétaire entre la France et les Pays Africains de la Zone Franc, délaissées durant la thèse car inopportunes. L'objet qui nous intéressait était d'apprécier la dimension monétaire dans les stratégies de développement afin de proposer un nouveau paradigme ; celui de la théorie monétaire postkeynésienne.

La deuxième nécessité était celle de changer d'échelle d'observation des faits sociaux et apporter une réponse aux inquiétudes des populations africaines sur l'opportunité de continuer avec l'accord de coopération monétaire existant.

La troisième nécessité ressentie était de relever le défi consistant à tenter de rendre raison sociologiquement des cas improbables : les franches réussites des pays ayant leurs propres monnaies.

Ce livre, où j'ai pu préciser, étayer et corriger mes analyses antérieures sur le même sujet en m'appuyant sur les très nombreux travaux consacrés aux relations entre la monnaie et le développement, met en exergue explicitement la question, obsessionnellement évoquée par la plupart des analyses, de la pertinence ou du changement de l'ordre monétaire.

C'est en effet, l'importation et l'imposition de cette alternative naïve et naïvement normative qui conduisent à percevoir, contre toute évidence, le constat de la constance relative de la coopération monétaire qui lie la France et les Pays Africains de la Zone Franc (PAZF) et des schèmes à travers lesquels, elles sont perçues comme une manière condamnable et immédiatement condamnée, fausse et immédiatement réfutée par le rappel de toutes les transformations actuelles de la situation des économies de la zone.

À cette question, il faut en opposer une autre plus pertinente scientifiquement, et sans doute aussi, plus urgente politiquement. En effet, il faut se demander quels sont les mécanismes historiques qui sont responsables de la *déshistoricisation*[1] et de l'*éternisation*[2] relatives de ce vieil accord de coopération et des principes correspondants. Poser le problème en ces termes, c'est marquer un progrès dans l'ordre de la connaissance qui peut être le point de départ décisif dans l'ordre de l'action.

Mais, nous ne voudrions pas conclure notre avant-propos sans souligner la particularité de ce travail. Ce livre se propose de ramener le débat éminemment technique au niveau du simple citoyen qui cherche à comprendre cette conquête de la souveraineté monétaire. L'ouvrage revient, d'abord, sur la naissance et les principes de la Zone Franc et met en lumière les ressemblances entre le Franc CFA et la monnaie proposée par le président français, Emmanuel MACRON et son homologue ivoirien, Alassane OUATTARA, à savoir l'ECO-CFA. Ensuite, de façon méticuleuse, l'ouvrage démontre que le Franc CFA,

---

1 Déshistoriciser signifie faire perdre son caractère historique à quelque chose.

2 Eternisation signifie l'action d'éterniser, de faire durer perpétuellement.

avant et après sa réforme, contient les germes du sous-développement des Pays Africains de la Zone Franc et est un puissant outil de contrôle de la France sur ses anciennes colonies. Enfin, l'ouvrage propose le pourquoi et comment sortir de ce verglas monétaire pour une monnaie panafricaine selon le souhait des africains.

INTRODUCTION

Jacques RUEFF disait avec un élégant sérieux que *« le destin de l'homme se joue sur la monnaie ! Exigez l'ordre financier ou acceptez l'esclavage! »*. Pour l'intellectuel français, il ne peut y avoir de progrès de la Civilisation et de la Liberté sans la stabilité monétaire. En plus de la stabilité monétaire, la monnaie doit être au service de la politique économique. Ceci est d'autant plus vrai que la monnaie est avant tout un instrument de pouvoir. Dans une zone économique donnée, la monnaie est le stock de moyens de paiements à la disposition des agents économiques de la zone. Son utilisation est fondée sur la confiance. Lorsqu'on s'interroge sur les raisons qui font qu'un instrument de paiement est accepté comme monnaie, on ne retrouve qu'une raison banale, la confiance. En effet, un individu accepte un instrument de paiement s'il pense qu'il pourra le faire accepter lui-même lorsqu'il aura à régler des achats ou des dettes. Cette confiance ne va pas de soi. D'ailleurs, elle ne s'est imposée que très progressivement. Une fois qu'une banque centrale est établie, cette confiance donne à ceux qui en bénéficient un pouvoir exceptionnel. Bien sûr ceux qui détiennent de la monnaie ont le pouvoir de se porter acquéreurs des biens et des services disponibles dans la zone considérée. En règle générale, ils doivent cependant se donner un peu de mal avant de l'acquérir. Mais ceux qui la fabriquent et la distribuent ont un pouvoir bien plus considérable : celui d'influencer très fortement la distribution des richesses dans la zone considérée. Au moyen-âge, les seigneurs et les abbés frappaient un grand nombre de monnaies locales qui servaient aux règlements. Aujourd'hui, le pouvoir politique cherche à contrôler les banques d'émission pour s'assurer à son profit le pouvoir de l'émission monétaire. Mais, le credo de l'indépendance de la banque centrale constitue, à cet effet, un frein majeur à cette tentative. Toujours est-il que le pouvoir de la monnaie va au-delà de celui qui le détient. En effet, celui qui contrôle l'argent d'un pays contrôle le pays entièrement. Comme disait ROTHSCHILD : « *Donnez-moi le contrôle sur la monnaie d'une nation et je n'aurai pas à me soucier de ceux qui font ses lois.* ». David ROCKEFELLER, dans son fameux discours à la commission trilatérale en 1991, disait : *« Nous sommes reconnaissants envers le Washington Post, le New York Times, Time Magazine et d'autres grands journaux, leurs directeurs ayant participé à nos rencontres et ayant respecté la promesse de discrétion pendant près de 40 ans. Il nous aurait été impossible de développer notre plan pour le monde toutes ces années durant si les projecteurs avaient été braqués sur nos activités. Le monde est maintenant plus sophistiqué et plus préparé à accepter un gouvernement mondial. La souveraineté supranationale d'une élite intellectuelle et de banquiers est sûrement préférable au principe d'autodétermination nationale des peuples, pratiqué tout au long de ces derniers siècles. »*. La monnaie et les banques sont donc des éléments de contrôle d'un pays ou d'un système. Les médias appartiennent au capital, lequel a permis de produire le système capitaliste. Ce système est régenté chez les capitalistes où seul le profit est mis devant la scène. Ce sont eux qui contrôlent tous les éditoriaux des médias voire des grands organes de la presse. Ces mêmes médias restent silencieux sur le *« génocide monétaire »* du siècle qui se déroule en Afrique et orchestré par la France. Insulte à la souveraineté de quatorze (14) nations africaines, le Franc CFA (FCFA) est un système anachronique car la France est le seul pays au monde qui se paie encore le luxe de gérer la monnaie de ses ex-colonies ; et ce, plus d'un demi-siècle après leur indépendance. Créé en 1945, le CFA signifiait dans un premier temps « *Colonies Françaises d'Afrique* » avant de devenir « *Communauté Française d'Afrique* » dès 1958. Ayant changé de nom au gré des aléas de la décolonisation et des évolutions politiques, rebaptisé dans les années 1960 suite à l'indépendance des colonies en *« Communauté Financière Africaine »* pour l'Afrique de l'Ouest, et en Franc de la *« Coopération Financière en Afrique Centrale »* pour l'Afrique Centrale, le FCFA reste néanmoins intégralement sous la tutelle du ministère français des Finances. Ce néocolonialisme subtil, où la France dispose du droit de vie et de mort sur des économies et sur des pays dits *« indépendants »* perpétue en fait sa domination sous des formes plus insidieuses, soit dit en passant, à son plus grand avantage car elle serait probablement reléguée au rang d'une puissance économique quelconque sans l'argent des Africains. Comme le colonialisme à l'évidence ne cesse pas d'exister par la vertu d'une déclaration d'indépendance, les citoyens des Pays Africains de la Zone Franc (PAZF) devraient savoir que le système CFA reste un puissant levier du sous-développement de leurs économies et un instrument de contrôle de la France.

Depuis les années 80, avec l'ouvrage de Joseph Tchouchang POUEMI, les intellectuels africains ont compris que le développement des économies de la Zone Franc ne pourra se faire sans une indépendance monétaire. En effet, ces pays semblent écarter la monnaie dans leurs stratégies de développement. Lorsqu'on regarde la création et l'évolution de l'histoire de la monnaie CFA, on s'aperçoit, sans effort, que les PAZF sont simplement dans une domination. En Afrique, les intellectuels et la société civile n'ont pas manqué de critiquer cette relique coloniale qui n'a que trop durer. Récemment, les mobilisations historiques de la société civile africaine ont sans doute marqué les esprits, du moins, en France. D'ailleurs, les arguments pour une souveraineté monétaire sont légions. La parité FCFA/Euro permet aux entreprises françaises de continuer à acquérir des matières premières africaines (cacao, café, bananes, bois, or, pétrole, uranium...) sans avoir à débourser la moindre devise étrangère, tout comme elle autorise ces mêmes entreprises à investir dans cette Zone Franc sans risque de dépréciation monétaire. Le système CFA constitue ainsi une aubaine car, rappelons-le, la libre circulation des capitaux qui est son corollaire, autorise les entreprises françaises implantées dans les PAZF à rapatrier leurs bénéfices en Europe sans aucun risque de change. Ce qui profite naturellement à des multinationales comme *Bolloré, Bouygues, Orange, Total...*

Outrageusement avantageux à l'économie française, car ses entreprises bénéficient gratuitement de cette authentique assurance à l'encontre des fluctuations monétaires susceptibles d'affecter leurs marges, le FCFA coûte en revanche aux citoyens africains qui paient le prix de cette stabilité de leur taux de change à la faveur des ponctions opérées par le Trésor français sur leurs réserves monétaires placées en France. Bien plus, l'arrimage de la politique monétaire menée dans les 14 pays africains (les pays de l'UEMOA et les pays de la CEMAC), sur celle de la Banque Centrale Européenne (BCE), constitue le sérieux handicap au financement des économies africaines. En effet, cette subordination envers la BCE dont la mission principale est la lutte contre l'inflation, alors que les priorités des gouvernants africains se déclinent plutôt en termes d'emplois et d'investissements dans les infrastructures et dans les capacités de production, nuit aux économies africaines. Il en découle que cet arrimage à l'Euro est malsain pour les pays sous la coupe du FCFA et entièrement tributaires d'une Zone (Euro) qui présente un contexte et un cycle économiques totalement déconnectés des fondamentaux africains.

Face à une telle argumentation des populations africaines, la réponse politique française ne s'est pas fait attendre. Pour ne pas perdre son pré carré, la France n'a pas chômé. La dernière tentative de sauver les accords de coopération monétaire, entre la France et les pays de l'UEMOA, a consisté à imposer aux Africains une réforme du Franc CFA. En effet, Emmanuel MACRON et Alassane OUATTARA ont annoncé le 21 décembre 2019, à Abidjan, une *« réforme »* du Franc CFA. Cette réforme propose le remplacement du nom *« CFA »* par *« ECO »* et quelques changements périphériques. Les détails seront présentés plus loin dans l'ouvrage. Avec ce nouveau scenario, ils sont nombreux les africains qui ne comprennent rien dans le futur projet de la monnaie ECO. Certains estiment même que la réforme du Franc CFA est une victoire en faveur de la souveraineté monétaire des PAZF. Pour les défenseurs du système CFA, la réforme proposée par le président MACRON et portée par son homologue ivoirien, Alassane OUATTARA, est le témoignage d'une autonomie monétaire retrouvée pour les pays africains bénéficiant toutefois de la puissance protectrice française en termes de garantie monétaire.

Le présent ouvrage prend le contre-pied parfait de toutes ces positions et se concentre sur les éléments qui démontrent que la réforme monétaire proposée par le président MACRON n'a rien changé dans la relation de vassalisation qui existe entre les économies de la Zone Franc et la France. Pour ce faire, nous avons structuré notre analyse en cinq étapes qui correspondent aux cinq chapitres de l'ouvrage.

Le premier chapitre est une rétrospective. Il répond à la question *« comment en est-on arrivé là ? »* et dresse un état des lieux des changements qui ont affecté le Franc CFA jusqu'à la proposition de l'ECO version française. Dans ce chapitre, nous présentons l'histoire de la Zone Franc, ses principes et le projet de l'ECO, la future monnaie ouest-africaine.

Le second chapitre tente de montrer que depuis le Franc CFA jusqu'à l'ECO, c'est toujours la domination française qui est rampante. Nous montrons, dans un premier temps, que le Franc CFA que nous connaissons jusqu'à présent est un instrument de domination de la France en Afrique ; et ce, dans tous les domaines. Dans un second temps, nous arrivons au projet de la monnaie ECO, version française, étant donné que cette monnaie n'a rien à voir avec le projet originel de l'ECO de tous les pays de la Communauté Economique des États de l'Afrique de l'Ouest (CEDEAO). C'est pourquoi, nous l'appelons ECO-CFA pour indiquer que cette monnaie est juste un Franc CFA bis. Dans ce chapitre, nous verrons que le Franc CFA est une monnaie au service de l'impérialisme français et sa réforme reste une stratégie très policée de domination de la France dans ses ex-colonies. Pour clore ce chapitre, nous disons donc qu'avec le projet de la monnaie ECO, version française, c'est à une néo-domination française que nous assistons.

Le chapitre 3 répond à la question du *« pourquoi et comment doit-on sortir »* de cette dépendance monétaire vis-à-vis de la France. Le pourquoi doit-on sortir de cette coopération monétaire est nécessaire. En effet, dans cette lutte contre cette vassalisation monétaire, il faut des arguments techniques pour motiver ce combat et non avoir des réactions populistes lorsqu'on aborde cette question. Une fois que les arguments scientifiques et techniques sont présentés pour sortir de cette colonisation monétaire, il faudra sans doute, et c'est le plus important, dire comment on en sort. Ainsi, nous présentons de façon méthodique, un plan de sortie de cet esclavage monétaire.

Le chapitre 4 revient sur le choix de la politique monétaire à mener. En effet, la mission officielle de la BCEAO est de procurer à l'économie la quantité de monnaie nécessaire pour favoriser la croissance tout en préservant la stabilité et la valeur de la monnaie au niveau interne (prix) et externe (change). Lorsque l'objectif intermédiaire est le taux de change, les autorités monétaires s'engagent en faveur d'une cible monétaire. Il s'agira de maintenir un taux de change fixe avec la monnaie d'un grand pays à forte réputation anti-inflationniste. La banque centrale doit alors moduler son choix entre des objectifs intérieurs (activité, emploi, inflation…) et la stabilité du taux de change. Pour les pays en développement, faire une option s'impose : il s'agit de choisir entre la stabilité des prix et la stabilité des taux de change. Or, il est admis que la nature de l'arbitrage entre les régimes de changes fixes et les régimes de changes flottants peut être fort différente selon qu'il s'agit d'économies industrielles avancées ou d'économies de marchés émergentes. Cette différence tient essentiellement au degré de transmission des variations du taux de change aux prix à la consommation. Si ce degré est très élevé, alors l'arbitrage entre la volatilité de la production (ou de la consommation) et la volatilité de l'inflation est prononcé quelle que soit la règle de politique monétaire. Une politique qui cherche à stabiliser la production engendre une volatilité élevée du taux de change et partant, une volatilité marquée de l'inflation. Mais si les variations du taux de change ne se répercutent que lentement sur l'inflation, cet arbitrage est beaucoup moins prononcé. Un régime de change flottant peut stabiliser la production sans entraîner une forte volatilité de l'inflation. Nous soutenons aussi que la règle de politique monétaire la plus avantageuse pour une économie ouverte consiste à stabiliser la hausse des prix des biens non exportés. Nous montrons d'ailleurs que les avantages d'une politique fondée strictement sur la poursuite de cibles à l'égard de l'inflation sont bien plus grands dans le cas des économies où les variations du taux de change se répercutent de façon limitée sur les prix.

Le chapitre 5 fait un point sur la politique monétaire expansionniste, voulue pour financer activement l'économie et ses contraintes dans le cadre d'un régime de change fixe. En effet, choisir la politique monétaire comme instrument de stabilisation des prix, c'est reconnaître que la monnaie influence les variables nominales, en particulier le niveau général des prix. Cependant, la politique monétaire est également utilisée comme moyen de régulation de l'activité économique. En particulier, dans les travaux de la synthèse néo-classique, la monnaie affecte le produit, les prix et les salaires nominaux s'ajustant avec retard selon une dynamique décrite par la courbe de PHILLIPS. Jusqu'à la fin des années 70, les divers courants théoriques se rejoignent pour accorder à la monnaie une influence à court terme sur l'activité économique. Ces différents points sont abordés dans ce chapitre.

Le chapitre 6 donne des pistes importantes pour apaiser les inquiétudes d'une partie de la population africaine qui se pose la question de la valeur d'une future monnaie souveraine et sa défense. Ce dernier chapitre règle cette inquiétude en proposant un cadre normal dans lequel la monnaie fonctionne. Dans ce cadre, on comprend la détermination de la valeur des monnaies, le rôle des réserves de change et du crédit bancaire.

CHAPITRE 1 : DU FRANC CFA À L'ECO : HISTOIRE, PRINCIPES ET PROJET

Dans cette partie, il sera question de présenter une brève histoire du Franc CFA et ses principes. Une fois cette présentation faite, nous fournirons également les grands moments du projet de la monnaie unique de la Communauté des États de l'Afrique de l'Ouest (CEDEAO).

I. LA ZONE FRANC : NAISSANCE ET PRINCIPES

Il est possible de saisir le sens du combat des souverainistes africains à l'aune de la dernière crise de la Covid-19. Toutefois, connaître la naissance et les principes de la Zone Franc permet de mieux apprécier ce combat. Cette première sous-partie présente donc la naissance de la Zone Franc et ses principes de fonctionnement.

1.1. La naissance de la Zone Franc

L'histoire monétaire coloniale est marquée pendant longtemps par une grande diversité. Le pacte colonial, inspiré par le mercantilisme, avait imposé une stricte ségrégation pour éviter notamment que l'exportation des pièces françaises n'appauvrisse la métropole. La circulation monétaire était souvent représentée par des pièces étrangères. Ce n'est qu'assez tard que le Franc obtient le statut d'unique monnaie légale (1826 aux Antilles, 1879 à la Réunion, 1890 à Saint-Pierre-et-Miquelon). Cependant, l'émission est confiée à des instituts locaux. Ces banques coloniales sont créées de 1849 à 1854, après que l'abolition de l'esclavage ait renforcé le caractère monétaire des économies, avec l'indemnisation des planteurs et le salariat des ouvriers agricoles. Elles ont un statut privé, mais l'État se réserve quelques prérogatives de nomination selon le modèle de la Banque de France. La guerre de 14-18 puis les difficultés du commerce international ont conduit à une meilleure intégration économique de l'Empire colonial. Après la loi du 8 août 1920 donnant cours légal aux pièces françaises, le Franc métropolitain va régner sans partage. L'unité monétaire est totale, sous réserve de quelques variétés purement formelles comme la piastre indochinoise ou la livre libanaise. Dans ces conditions, l'État renforce son contrôle sur les instituts d'émission, sur le modèle de la Banque de Madagascar créée en 1925 sous la forme d'une société d'économie mixte, avec un compte courant au Trésor[3]. Le début de la seconde guerre mondiale va s'accompagner d'un dirigisme monétaire. C'est ainsi que le Franc CFA est né formellement le 9 septembre 1939 avec le décret qui instaura une législation commune des changes pour l'ensemble des territoires appartenant à l'Empire colonial français. Dans les faits, le gouvernement français interdit les opérations commerciales et financières entre la France métropolitaine et les pays étrangers. Ces mesures s'imposèrent également durant les mois qui suivirent, au sein de l'Empire colonial, donnant ainsi naissance à *« la Zone Franc ».* Cependant, elles ne furent pas forcement appliquées à cause de la guerre. La Zone Franc ainsi constituée reposait sur la même logique que la Zone Sterling : libre-échange en interne, protectionnisme au-delà. Elle était régie par un dispositif extrêmement centralisé qui permettait à la fois de contrôler la monnaie et de coordonner le commerce extérieur de la zone. Une politique commune des changes fut ainsi instituée.

Dans les faits, cela signifiait que les réglementations concernant les transactions en devises, entre la Zone Franc et l'extérieur, étaient décidées à Paris et s'appliquaient uniformément à toute la zone. Les importations de la zone furent par ailleurs soumises à l'autorisation de l'État français puisqu'elles impliquaient des achats de devises afin de les payer. Pour ce faire, un Fonds de stabilisation des changes, placé sous la supervision de la Banque de France, fut mis en place. Son rôle était de centraliser et mettre en commun toutes les devises de la zone. Ce Fonds disposait du monopole des achats et des ventes de devises. Concernant la politique de coordination du commerce extérieur, elle consistait à organiser le commerce au sein de l'Empire colonial dans le double objectif de déconnecter les colonies du marché mondial et d'instaurer des relations commerciales privilégiées entre la métropole

3 . A. NURISSE, Le Franc CFA. Paris, LGDJ, 1987 ; H. GERARDIN, La Zone Franc, t. 1 : Histoire et institutions. Paris, L'Harmattan, 1989.

et son Empire. Concrètement, les territoires de la zone devaient accorder des préférences commerciales à la métropole (tarifs avantageux, droits de douane communs à toute la zone, programmes de contingentement des exportations des colonies qui devaient être dirigés en priorité vers la métropole, etc.). Avec un tel dispositif, la France détenait désormais un arsenal qui lui permettait de protéger sa monnaie et son commerce. Malgré ces mesures, la seconde guerre mondiale fragmente les relations entre la métropole, divisée entre les forces soutenant l'occupant Allemand et celles de la Résistance, et l'Empire qui subit les conséquences de ces déchirements métropolitains. En 1945, Paris est obligé de desserrer l'étau sur ses colonies africaines, lesquelles ont joué un rôle décisif dans l'effort de guerre et dont les populations, éprouvées par le conflit, réclamaient l'amélioration de leurs conditions de vie. La situation est d'autant plus propice à l'émergence de revendications sociales et politiques que les nouvelles grandes puissances, les Etats-Unis et l'Union soviétique, affirment défendre le *« droit des peuples à disposer d'eux-mêmes ».*

Sur le plan économique, la guerre a laissé la France exsangue et les pénuries étaient fréquentes, sans oublier la hausse des prix qui atteignait des proportions inquiétantes. Par exemple, la hausse des prix atteignait 150 % entre 1939 et 1944 contre 30 % aux Etats-Unis et au Royaume-Uni. Le niveau du déficit public et celui de la dette extérieure n'étaient plus soutenables. Les réserves de change, les avoirs en or et en monnaie étrangère, ne suffisaient pas à payer les importations. La parité du Franc, c'est-à-dire sa valeur vis-à-vis des monnaies étrangères, n'était plus défendable. Dans ces conditions, une dévaluation vis-à-vis du dollar et de la Livre Sterling s'imposait. Notons que la guerre n'avait pas eu de conséquences uniformes dans la métropole et dans les colonies. En métropole, l'inflation était plus élevée que celle enregistrée dans ses colonies. La dévaluation qui était devenue nécessaire, devait se faire dans des proportions différentes en fonction des aires géographiques, selon le directeur de la Caisse Centrale de la France d'Outre-Mer, André POSTEL-VINAY, dans un rapport adressé le 20 décembre 1945 au Ministre des Finances René PLEVEN[4]. L'unicité monétaire défendue jadis par Paris était donc mise à l'épreuve avec la dévaluation. On allait donc assister à la création de nouvelles unités monétaires dans certaines parties de l'Empire. Le 25 décembre 1945, l'article 3 du décret n°45-0136, signé par le président du gouvernement provisoire, le Général De GAULLE, le Ministre des Finances René PLEVEN et le Ministre des Colonies Jacques SOUSTELLE, consacre le Franc des Colonies Françaises d'Afrique (CFA). Le Franc CFA est désormais la monnaie de l'Afrique Occidentale Française (AOF) et de l'Afrique Equatoriale Française (AEF), du Cameroun, du Togo, de la Côte française des Somalis, de Madagascar et de la Réunion. Ce 25 décembre 1945, le gouvernement français déclare auprès de l'institution de Bretton Woods, le Fonds Monétaire International, la nouvelle parité du Franc avec le dollar : 1 dollar s'échange désormais contre 119,10 Francs (contre 49,6 Francs auparavant). Le lendemain, le 26 décembre 1945, le décret est publié au Journal Officiel Français et la parité déclarée est la suivante : 1 Franc CFA = 1,70 Franc français. Le Franc CFA acquiert de cette façon un statut officiel dans le système monétaire international. Ce même jour, l'Assemblée constituante française procède à la ratification des accords de Bretton Woods. On voit bien que le Franc CFA est donc né le 26 décembre 1945, le jour où la France ratifie les accords de Bretton Woods et procède à sa première déclaration de parité au Fonds Monétaire International (FMI). Il signifie alors *« Franc des Colonies Françaises d'Afrique »* jusqu'en 1958. Notons toutefois que cette définition de la parité du Franc se fait avec une différenciation selon les secteurs géographiques[5] : le Franc des Colonies Françaises du Pacifique (FCFP), un Franc des Colonies Françaises d'Afrique (FCFA) et un Franc de la métropole valable également pour l'Afrique du Nord et les Antilles (FF). C'est aussi l'occasion d'affirmer l'unité de la Zone Franc car le communiqué du

---

4 HELENE D'ALMEIDA-TOPOR, « La création du Franc CFA », in Comité pour l'histoire économique et financière de la France (dir) La France et l'outre-mer. Un siècle de relations monétaires et financières. Colloque tenu à Bercy, le 13, 14 et 15 novembre 1996, 1998, p. 523-528.

5 Le FCFP valait 2,40 FF et le FCFA 1,70 FF.

Ministre des Finances parle de *« Constitution de la Zone Franc »* et ce sera la première fois que le terme est utilisé officiellement. Aujourd'hui, la Zone Franc regroupe les huit (8) pays de l'UEMOA, les six (6) pays de la CEMAC et la France.

Au total, retenons que la Zone Franc est un système assez complexe. Cette complexité est déjà sensible dans le fait que le sigle CFA a trois significations différentes. En effet, on parle de Franc de la *« Communauté Financière Africaine »* dans les huit (8) pays de l'Union Monétaire Ouest Africaine (Bénin, Burkina Faso, Côte d'Ivoire, Mali, Niger, Sénégal, Togo et la Guinée-Bissau) et de Franc de la « *Coopération Financière en Afrique* » pour les six (6) pays membres de la Banque des États d'Afrique Centrale (Cameroun, Congo, Gabon, Guinée Equatoriale, République centrafricaine, Tchad), tandis qu'à l'origine, avant les indépendances, on avait le Franc des *« Colonies Françaises d'Afrique ».* Avec le temps et l'indépendance de ces anciennes colonies, *« CFA »* est devenue *« Coopération ou Communauté Financière Africaine ».* Quatorze (14) pays africains utilisent encore le Franc CFA : six dans le cadre de la Communauté Monétaire d'Afrique Centrale et huit (8) dans le cadre de l'Union Monétaire Ouest Africaine. Cette origine coloniale commune explique bien évidemment les solidarités établies entre les États précités, qui sont tous d'anciennes colonies françaises à l'exception de la Guinée équatoriale, espagnole jusqu'en 1968 mais géographiquement très liée au Cameroun et au Gabon. L'histoire explique aussi la présence, dans cette union, des Comores, dont le Franc a également été dévalué en 1994 mais seulement de 25 %, et par le passé celle de la Mauritanie ou de Madagascar. En fait, la création puis l'évolution de cette zone monétaire sont intimement liées aux relations de la métropole avec son empire colonial, établi principalement en Afrique, mais aussi dans d'autres parties du monde.

La Zone Franc, en tant que regroupement d'Etats, ne peut susciter des débats qu'à travers ses principes de fonctionnement.

1.2. Les principes et le fonctionnement de la Zone Franc

Fondamentalement, la Zone Franc fonctionne sur la base de quatre principes entre autres :

- la centralisation des réserves ;
- la parité fixe avec le Franc français et avec l'Euro ;
- la libre convertibilité du Franc CFA ;
- la libre transférabilité interne.

Le premier principe est la centralisation des réserves dans un institut d'émission dans chaque sous-zone.

La Banque des États de l'Afrique Centrale (BEAC), la Banque Centrale des États de l'Afrique de l'Ouest (BCEAO) et la Banque Centrale des Comores (BCC) doivent déposer une partie de leurs avoirs extérieurs en France, auprès du Trésor français après la centralisation des réserves de change. Cette centralisation apparaît à deux niveaux puisque les États centralisent leurs réserves de change dans chacune des banques centrales tandis qu'en contrepartie de la convertibilité illimitée garantie par la France, les Banques Centrales Africaines sont tenues de déposer, auprès du Trésor français sur le Compte d'Opérations ouvert au nom de chacune d'elles, une fraction de leurs réserves de change. Concrètement, le solde total net des avoirs extérieurs des différents États membres est enregistré, dans un premier temps, dans un compte courant auprès de la BCEAO. Dans un second temps, un prélèvement de 50 % de ce solde est ensuite porté, *« pour faire court »*, auprès du Trésor français sur un *« Compte d'Opérations »* ouvert au nom de la banque centrale jusqu'en 2021.

En théorie tout comme dans la pratique, ce principe fondé sur *la centralisation des avoirs extérieurs* consiste en la mise en commun d'une partie des devises obtenues à l'extérieur de l'Union, à des fins de défense de la parité du franc CFA via le marché de change de Paris.

Au lendemain des indépendances, les Pays Africains de la Zone Franc déposaient la totalité de leurs réserves de change hors besoins en trésorerie courante, avoirs en or et engagements vis-à-vis du Fonds

Monétaire International. Cette quotité a été ramenée à 65 % au début des années 70, précisément à partir de 1973. Depuis 2005, les pays de l'UEMOA ne déposent que 50 % de leurs réserves de change au Trésor français. L'obligation de centralisation des réserves de change de la Banque des États d'Afrique Centrale (BEAC) auprès du Trésor français a également connu une évolution en 2007 passant de 65 % à 50 % et a été maintenue à 65 % pour la Banque Centrale des Comores (BCC). Cette centralisation des réserves constitue, en théorie, la contrepartie de la garantie de convertibilité illimitée accordée par le Trésor français aux banques centrales de la Zone Franc. Selon Paris, la garantie de convertibilité illimitée est accordée par la France : en cas de choc sur la situation des comptes extérieurs de l'une des sous-régions de la Zone Franc qui se traduirait, par exemple, par l'impossibilité pour les États de la sous-région d'assurer en devises le paiement de leurs importations, le Trésor français s'engage à apporter les sommes nécessaires en Euros. Autrement dit, en cas de choc sur la balance des paiements et d'épuisement des réserves de change, les banques centrales peuvent tout à fait recourir à ces avoirs pour assurer un approvisionnement en devises et maintenir leur position financière extérieure, quitte à se placer en position débitrice.

En théorie, la centralisation et la garantie française instaurent une double solidarité. La première est verticale et relie la France aux Pays Africains de la Zone Franc par la garantie de convertibilité. La seconde est horizontale et s'établie entres les pays africains : ceux qui ont le plus de ressources, donc plus de devises permettent, par la mise en commun des réserves, à ceux qui en ont moins de profiter de leur matelas de devises.

Depuis 1975, ces avoirs bénéficient d'une garantie de change vis-à-vis des Droits de Tirage Spéciaux (DTS). Ces comptes sont rémunérés au taux de facilité de prêt marginal de la BCE. Notons que ce taux varie en fonction des objectifs de la BCE. Ce taux était très bas de l'ordre de 0,3 % le 10 septembre 2014 ; 0,25 % le 18 septembre 2019 ; 4 % le 10 mai 2023 et 4,5 % le 2 août 2023. Théoriquement, si les réserves de change étaient encore logées au Trésor français, elles auraient eu une rémunération de 4,5 %.

Le second principe est la parité fixe avec le Franc français (et depuis 1999 avec l'Euro).

En 1948, le taux de change est fixé à 1 ancien Franc = 0,5 FCFA puis, au moment de la création du nouveau Franc, en 1959 à 1 FF = 50 FCFA. Il a fallu attendre la dévaluation du 1er janvier 1994 de 100 % pour modifier une parité vieille de 46 ans. Le Franc français vaut désormais 100 Francs CFA (Depuis le 12 janvier 1994, 1FF = 100 FCFA). L'année 1999 débute par l'adoption d'une nouvelle unité monétaire en Europe, entraînant un changement de parité. Depuis le 1er janvier 1999, la parité du Franc CFA s'établit à 655,957 Francs CFA pour 1 Euro.

Le fonctionnement de la Zone Franc repose, en effet, sur le principe d'une parité fixe du Franc CFA avec le Franc français. Le tableau 1 retrace l'évolution de la parité depuis 1945 à ce jour.

Tableau 1 : Evolution de la parité entre le Franc CFA et le Franc Français/Euro de 1948 à ce jour

Zone Franc : Les parités
1945 : 1 FCFA = 1,7 FRF ou 1 FRF = 0,588 FCFA 1948 (premier changement de parité) : 1 FCFA = 2 FRF ou 1 FRF = 0,5 FCFA 1960 (entrée en circulation du nouveau Franc français) : 1 FCFA = 0,02 FRF ou 1 FRF = 50 FCFA 1979 (signature de l'accord de coopération monétaire entre la France et l'Union des Comores) : 1 KMF = 0,02 FRF ou 1 FRF = 50 KMF 1994 (dévaluation de 50 % des deux Francs CFA et de 33 % du Franc comorien) : 1 FCFA = 0,01 FRF ou 1 FRF = 100 FCFA et 1KMF = 0,01333 FRF ou 1 FRF = 75 KMF Depuis 1999 (passage du Franc français à l'Euro : niveau des parités en vigueur aujourd'hui) = 1 Euro = 655,957 FCFA et 1 Euro = 491, 968 KMF.

Source : Auteur sur la base des dates fournies par la BCEAO et la BCC.

Le troisième principe est la libre convertibilité du Franc CFA et la garantie de convertibilité illimitée.

La monnaie émise par les différents instituts d'émission de la zone est garantie sans limite par le Trésor français. Ce système est fondé sur le compte dit Compte d'Opérations dont dispose les instituts d'émission dans les comptes du Trésor français. Les banques centrales déposent 50 % de leurs réserves sur ce compte. En fait, *« Les États membres conviennent de mettre en commun leurs avoirs extérieurs dans un fonds de réserves de change. Ces réserves feront l'objet d'un dépôt auprès du Trésor français, dans un compte courant, dénommé « Compte d'Opérations »* et *« la banque versera au Compte d'Opérations les disponibilités qu'elle pourra se constituer en dehors de sa zone d'émission. »*. En contrepartie du respect rigoureux de ce principe de centralisation des réserves de change à Paris par les Africains, le Trésor français s'engage à fournir toutes les sommes dont les Banques Centrales Africaines peuvent avoir besoin, aussi bien pour leurs règlements à l'intérieur de la zone que pour leurs paiements extérieurs en devises. *« Le Compte d'Opérations peut devenir débiteur sans qu'aucune limite ne soit assignée à ce découvert. Lorsque le solde est débiteur, le Trésor français perçoit des intérêts. »*. Ces intérêts payés par les Africains sont de 3,5 % l'an.

Dans le cas contraire, c'est-à-dire lorsque le solde du Compte d'Opérations est créditeur, le Trésor français verse des intérêts aux Africains (0,75 % l'an). Pour les autorités françaises, les sommes déposées auprès du Trésor par les banques centrales de la Zone Franc sont rémunérées à un taux avantageux de 0,75 % (2,5% pour la Banque Centrale des Comores), alors que les placements à vue étaient rémunérés au taux de - 0,40 % voire - 0,50 % (au moins jusqu'en 2021). La France a ainsi versé 54,8 millions d'Euros aux Banques Centrales Africaines de la Zone Franc en 2018 et 62,6 millions d'Euros en 2019[6]. C'est donc un placement. Elles avancent également que les sommes

---

6 Cour des comptes, note d'analyse de l'exécution budgétaire 2019, « Gestion de la dette et de la trésorerie de l'Etat », https://www.ccomptes.fr/system/files/2020-04/NEB-2019-Gestion-dette-et-tresorerie-Etat.pdf

déposées auprès du Trésor le sont sur des comptes à vue et demeurent librement accessibles. Par exemple, en cas de choc sur la balance des paiements et d'épuisement des réserves de change, les banques centrales peuvent tout à fait recourir à ces avoirs pour assurer un approvisionnement en devises et maintenir leur position financière extérieure, quitte à se placer en position débitrice. Ainsi, l'obligation de centralisation d'une partie des réserves de change auprès du Trésor français vient en contrepartie de la garantie de convertibilité inconditionnelle et illimitée apportée par la France, convertibilité qui, rappelons-le, signifie pour les pays de la Zone Franc une absence de tarification du risque de change. Cette obligation de dépôt est également le moyen pour la France de s'informer sur son risque financier et de le piloter. Cette supposée garantie oblige les pays Africains à accepter la présence des Français dans le Conseil d'Administration des différentes banques centrales. À la BCEAO, selon l'article 80 des statuts de ladite institution, le Conseil d'Administration (CA) est composé comme suit : « *le Gouverneur de la banque centrale, un membre nommé par chacun des Gouvernements des États membres de l'UMOA et un membre nommé par l'État assurant la garantie de la convertibilité de la monnaie commune...* ». Notons que le pays garant étant la France, il existe donc un Français dans le Conseil d'Administration de la BCEAO.

Il convient tout de même de préciser les prérogatives du CA. Dans le cadre des directives données par le Conseil des Ministres, à la BCEAO, le Conseil d'Administration est chargé de la gestion de la banque centrale, confère l'article 79 de ses statuts qui stipule que : « *le Conseil d'Administration est chargé des questions relatives à la gestion de la banque centrale, conformément aux dispositions des présents Statuts* ».

Si un Français est présent au sein du Conseil d'Administration de la BCEAO, organe que l'on considère comme chargé de sa gestion, alors on peut dire que la France se mêle de la gestion de cette banque centrale. D'ailleurs, la France veille à ce que cette gestion ne lui échappe guère. Selon l'article 82 des statuts de la BCEAO : « *les décisions du Conseil d'Administration sont prises à la majorité simple des suffrages exprimés par les membres. En cas d'égalité dans le partage des voix, celle du président est prépondérante. Toutefois, les propositions de modification des présents Statuts dans les domaines relevant de la compétence du Conseil d'Administration, sont arrêtées à l'unanimité ».*

Le quatrième principe est la libre transférabilité interne.

Elle stipule qu'à l'intérieur de chaque sous-zone, et entre chaque sous-zone et la France, les transferts de capitaux sont en principe libres. Les transferts relatifs aux transactions courantes (règlements des importations et des exportations, rapatriements des profits et dividendes, envois de fonds des travailleurs expatriés, etc.) ou aux mouvements de capitaux (comme les achats de titres ou de placements financiers) sont, en principe, libres au sein de chacune des unions monétaires et à l'intérieur de la Zone Franc. Ces transactions ne sont pas soumises à des restrictions en matière de change.

Après avoir passé en revue les principes de fonctionnement de la Zone Franc, il nous faut, par honnêteté intellectuelle, présenter les avantages tirés du système Franc CFA.

1.3. Un régime qui a favorisé la stabilité monétaire et contenu l'inflation

Pour les défenseurs du système CFA, l'arrangement monétaire entre la France et ses ex-colonies a permis d'avoir une stabilité monétaire et d'enregistrer des taux de croissance positifs.

a) Les avantages du régime monétaire

La coopération monétaire entre la France et l'Afrique de l'Ouest a pour objectif de conforter le choix fait par les pays de l'UEMOA d'un régime de change fixe et de contribuer à sa crédibilité. Ce choix vise à favoriser la stabilité monétaire et économique de la région, ainsi que son attractivité pour les investissements internationaux.
En Zone UEMOA, l'arrimage du franc CFA (XOF) à une monnaie stable telle que l'Euro, couplée à une interdiction faite à la BCEAO de monétiser le déficit budgétaire des États, contrairement à la CEMAC, offre un cadre favorable à l'atteinte d'un objectif de faible inflation dans

l'UEMOA, soit moins de 3 %. Cette faible inflation et l'impact positif pour les acteurs économiques que représente la parité fixe sur l'Euro contribuent positivement à la croissance et au développement économique de la zone dès lors qu'elle encourage l'investissement. C'est un facteur de protection des acteurs locaux et internationaux contre les fluctuations de change. En outre, une inflation faible est un facteur de préservation du pouvoir d'achat et de protection de l'épargne qui contribue *in fine* au maintien de la paix sociale et de la stabilité.

Par ailleurs, la libre transférabilité permet aux entreprises étrangères de rapatrier leurs bénéfices. Les *« mondialistes »* estiment que c'est un facteur déterminant au moment du choix de tel ou tel pays pour réaliser un investissement important.

Notons également que l'appartenance à la Zone franc CFA élimine *de facto* le risque de crise de balance des paiements tant que la convertibilité du change est assurée. Il s'agit d'une assurance pour des pays majoritairement exportateurs de matières premières et donc exposés à de fortes variations des termes de l'échange. Un pays comme le Ghana, dont la structure économique est assez proche de celle de la Côte d'Ivoire avec une filière cacao prépondérante, connaît des variations de sa monnaie, le cédi, porteur de graves risques sociaux. La Côte d'Ivoire en a été prémunie même pendant les années 2002 à 2010 où le pays a été coupé en deux du fait de la crise politique qu'il a connue.

En définitive, même dans les crises les plus aiguës, les ménages ont continué à disposer d'une monnaie leur permettant de consommer et n'ont pas subi une hyperinflation *« polarisée »* caractérisée par un effondrement de la monnaie et doublée d'une recherche effrénée de dollars ou d'Euros comme c'est le cas aujourd'hui au Liban ou au Zimbabwe.

b) Une croissance positive mais encore insuffisante

Avant la crise déclenchée par la pandémie de Covid-19, l'activité économique de l'Union Economique et Monétaire Ouest Africaine (UEMOA) connaissait un dynamisme continu depuis 2012. En 2019, la région a enregistré un taux de croissance global de 6,1 %, bien supérieur à la moyenne d'Afrique Subsaharienne, et dans un contexte de stabilité des prix. Le déficit budgétaire global de l'UEMOA s'est réduit en 2019 à 2,3 % du PIB, contre 3,4 % en 2018. Le taux d'endettement de l'Union demeurait limité à 44,5 % du PIB en décembre 2019. Les équilibres macroéconomiques étaient par conséquent satisfaisants.

Le ralentissement de la croissance mondiale, induit par la propagation de l'épidémie, a réduit la demande extérieure. Il a fortement affecté plusieurs secteurs (transport aérien, tourisme) et réduit les flux d'envois de fonds vers l'UEMOA notamment en provenance des diasporas en Europe. Il a également perturbé les chaînes mondiales d'approvisionnement, affectant les appareils productifs de pays de l'UEMOA. Ce ralentissement mondial, couplé aux mesures nationales de lutte contre la pandémie, exerce une forte pression sur les finances publiques de l'Union et expose ses populations vulnérables, particulièrement les travailleurs informels et les zones exposées à l'insécurité alimentaire.

Post-crise, l'UEMOA demeurerait cependant une des régions les plus dynamiques d'Afrique Subsaharienne et du monde. Selon les dernières données disponibles du FMI[7], la croissance de l'UEMOA s'établirait à 2,3 % en 2020 contre 6,3 % prévu auparavant. En dépit de la crise et à l'exception de la Guinée-Bissau, les pays de l'Union ont tous connu des taux de croissance positifs en 2020 : Burkina Faso (+1,9 %), Côte d'Ivoire (+1,8 %), Mali (+1,5 %), Niger (+1,2 %) ou Sénégal (+1,5 %). Cependant, en plus des marges de manœuvres budgétaires des États de la région qui étaient déjà très limitées, la collecte de revenus douaniers et fiscaux (déjà faible, comprise entre 12 % et 16 % du PIB) a reculé.

7 *World Economic Outlook, avril 2020.*

Le taux d'endettement de l'UEMOA est estimé à 58,7 % du PIB en 2022 selon le FMI, soit une augmentation de 13,5 points de PIB par rapport à la situation pré-COVID (45,2 % en 2019).

Les autorités de l'UEMOA ont globalement mis en œuvre une réponse adéquate et ambitieuse à la crise. Le 27 avril 2020, les chefs d'Etats et de gouvernement de l'UEMOA ont suspendu temporairement l'application du Pacte de convergence de l'Union pour dégager des marges de manœuvres budgétaires. Des plans de soutien à l'économie ont été élaborés dans de nombreux pays de l'Union et ont tous bénéficié d'un soutien exceptionnel du FMI depuis le début de la crise. Environ 2,2 milliards de dollars ont ainsi été mis à la disposition des pays de l'UEMOA par l'institution monétaire depuis mars 2020. Enfin, l'ensemble des pays de l'UEMOA sont éligibles à l'initiative de suspension du service de la dette négociée avec le Club de Paris / G20 (DSSI) permettant de suspendre l'ensemble des paiements aux créanciers officiels bilatéraux entre le 1er mai et le 31 décembre 2020.

Sur le plan monétaire, la BCEAO a publié dès le 21 mars 2020 un ensemble de mesures pour atténuer l'impact de la pandémie de la Covid-19 sur le système bancaire et le financement de l'activité économique dans l'Union. Parmi ces mesures, la BCEAO a notamment décidé d'élargir le champ des collatéraux à la disposition des banques pour accéder au refinancement de la banque centrale ou de sensibiliser les banques à l'utilisation des ressources disponibles sur le guichet spécial de refinancement des crédits accordés aux Petites et Moyennes Entreprises. Les réserves de change demeurent stables depuis le début de l'année 2020, à un niveau d'environ 12 milliards d'Euros représentant environ cinq mois d'importations.

II. LE PROJET DE L'ECO : DU VRAI AU FAUX

Dans cette seconde sous-partie, nous présentons le projet souverainiste de monnaie unique de la CEDEAO et celui proposé par les présidents, Emmanuel MACRON et son homologue Ivoirien, Alassane OUATTARA.

2.1. Le projet souverainiste de la monnaie Unique ECO

Le nom « ECO » a été adopté comme celui de la monnaie unique de la CEDEAO par les dirigeants dans la déclaration finale des chefs d'Etats de la Communauté. La CEDEAO regroupe le Bénin, le Burkina Faso, le Cap-Vert, la Côte d'Ivoire, la Gambie, le Ghana, la Guinée, la Guinée-Bissau, le Libéria, le Mali, le Niger, le Nigéria, le Sénégal, la Sierra Leone et le Togo. L'objectif du projet est de renforcer l'intégration économique et monétaire de la région. En effet, plus de 45 ans après la création de la CEDEAO, les États membres ont constaté le faible niveau du taux d'intégration économique. Ainsi, l'objectif du projet est de doter la région d'une union monétaire en vue d'accélérer la construction d'un espace de prospérité et de solidarité.

a) Genèse et objectifs de la création de la monnaie unique ECO

Le projet de création d'une zone monétaire unique de l'Afrique de l'Ouest est un projet politique. Il participe de la vision d'une Afrique unie dont l'esquisse a très tôt été tracée par les pères fondateurs de l'Organisation de l'Unité Africaine. C'est en 1983 que les chefs d'Etats et de gouvernements de la Communauté vont entreprendre de nombreuses initiatives dans le but de créer une zone monétaire unique en Afrique de l'Ouest. Ils manifestaient ainsi une ferme volonté de résoudre les problèmes de paiement qui minent la CEDEAO et qui résultent de la divergence des zones monétaires dans la région. Après des années d'immobilisme, c'est finalement en 1999, à Lomé au Togo, au 22e Sommet de la Conférence des chefs d'Etats et de gouvernements de la CEDEAO, qu'une stratégie dite *« approche accélérée de l'intégration »*, est formulée. Cette stratégie vise la construction rapide d'une zone monétaire unique en Afrique de l'Ouest sur une base plus large et en remplacement de l'actuelle UEMOA. Rappelons que la CEDEAO est constituée des huit (8) pays de l'UEMOA qui utilisent le Franc CFA et des pays de la ZMAO créée en 2000 par la Gambie, le Ghana, la Guinée, le Nigéria, la Sierra Leone, et rejoints en 2010 par le Libéria. Ces six (6) pays possèdent aujourd'hui leurs propres monnaies nationales qu'ils gèrent sans tutelle occidentale. Le Cap-Vert est le seul membre de la CEDEAO à n'appartenir à aucune des deux unions monétaires. Le projet de l'ECO comme monnaie, bien que porté par les pays de la ZMAO au départ, a été lancé dans le but de parvenir à une monnaie commune pour l'ensemble de la CEDEAO, donc incluant aussi les pays utilisant le Franc CFA. Pour préparer cela, la ZMAO s'est dotée en 2001, d'un institut dénommé, Institution Monétaire de l'Afrique de l'Ouest (IMAO), basée à Accra au Ghana. Cette organisation intérimaire est chargée de mettre en place la future Banque Centrale de l'Afrique de l'Ouest qui devra gérer la monnaie commune. Mais bien avant, l'Agence Monétaire de l'Afrique de l'Ouest (AMAO) a été créée en 1996, par suite de transformation de la Chambre de Compensation de l'Afrique de l'Ouest (CCAO). L'AMAO est une institution regroupant les huit (8) banques centrales des États membres de la CEDEAO. Ces deux institutions sont chargées de la mise en place de la monnaie unique ECO.

Les pays de la CEDEAO ont depuis défini différents critères de convergence économique.

De façon générale, cinq arguments peuvent justifier l'instauration des critères de convergence.

Le premier est que le pays, ayant par exemple des niveaux de déficit et/ou de dette publique élevés, peut créer de l'inflation-surprise afin d'alléger le fardeau de la dette, ce qui crée une tendance inflationniste au sein de l'Union.

Le second argument porte sur l'effet d'éviction. Les gouvernements qui créent des déficits budgétaires trop importants absorbent une part disproportionnée de l'épargne de l'union monétaire entraînant la hausse des taux d'intérêt et une baisse de l'investissement non seulement à l'intérieur de leur propre pays mais aussi dans le reste de l'Union.

Le troisième est que les gouvernements responsables de politiques budgétaires laxistes peuvent faire pression sur la banque centrale commune pour une monétisation des dettes.

Le quatrième est l'augmentation des probabilités de défauts de paiement. En effet, la possibilité d'emprunter sur un marché financier désormais vaste peut conduire à des comportements opportunistes dans la mesure où certains ont tendance à agir avec moins de discipline parce qu'ils peuvent désormais emprunter sur un marché intérieur plus vaste sans s'exposer aux risques de change, ce qui accroît les risques de défaut. Les gouvernements des autres pays membres de l'union monétaire risquent alors d'être contraints de mettre en place de coûteux plans de sauvetage financiers.

Le cinquième est que les critères devraient à terme permettre aux États membres d'atteindre des structures suffisamment comparables. En effet, le but ultime de l'instauration des critères de convergence est d'assurer l'équilibre du développement économique dans le cadre de l'Union Economique et Monétaire.

La définition des critères de convergence est fondée sur l'hypothèse qu'elle permet d'assurer la soutenabilité de l'union économique et constitue un facteur incitatif pour les potentiels candidats qui seraient priés de se conformer aux règles exigées. Elle est un signal que les différents pays sont prêts à avoir des objectifs communs. BOURGUINAT (1999) défend cette approche de l'intégration en affirmant que les accords sur certains objectifs clés constituent une condition suffisante de l'union, les autres critères des ZMO étant considérés comme des conditions nécessaires. Pour MASSON et PATILLO (2001), les efforts de convergence vers les normes édictées par le pacte pourraient traduire l'attachement des différents pays aux objectifs économiques communs et à l'union monétaire.

Au niveau de la BCEAO, les objectifs fixés par les chefs d'Etats, c'est qu'en 2015, la Zone Monétaire de l'Afrique de l'Ouest (ZMAO) qui regroupe les États de la CEDEAO non membres de l'UEMOA (la

Gambie, le Ghana, la Guinée, le Nigéria, le Libéria et la Sierra Leone) – devait être intégrée et avoir une monnaie unique au même titre que la Zone UEMOA qui a déjà une monnaie unique et une banque centrale unique. Ensuite, en 2020, les deux institutions à savoir l'UEMOA et la ZMAO devaient fusionner pour avoir la monnaie unique de la CEDEAO qui est l'objectif final à atteindre. En attendant, les pays doivent respecter les critères de convergence macroéconomiques.

b) Avantages de la monnaie unique

Il faut signaler avant toute chose que durant la période coloniale, il y avait en réalité une monnaie unique pour l'Afrique de l'Ouest britannique et une autre pour l'Afrique de l'Ouest Francophone, tandis que les colonies portugaises utilisaient l'escudo portugais et au Libéria, c'est le dollar américain qui avait cours.

Après les indépendances, cette balkanisation monétaire a perduré à tel point qu'elle a découragé le commerce intra-régional et le développement de ces pays. En ce qui concerne le niveau des échanges dans la Zone Franc, des études ont montré que, malgré l'existence d'arrangement monétaire entre les États membres de la Zone Franc, le commerce entre les pays africains de cette zone n'a pas connu un véritable essor. Plus encore, les échanges commerciaux entre les pays africains de cette zone d'une part, et entre ces derniers et la France d'autre part, ont favorisé un développement asymétrique du courant d'échange en faveur de la France et un faible commerce intra-zonal. Par exemple, le régime monétaire de la Zone Franc est un frein à l'intégration des pays africains. En fait, il favorise une intégration verticale (intégration entre les pays africains et la France) au détriment d'une intégration horizontale (intégration entre les pays africains.). Au niveau théorique, la monnaie unique des pays de la CEDEAO aura au moins cinq avantages à savoir :

- le développement du commerce intra-régional ;
- la réduction des coûts de transaction entre les pays,

- la préservation du tissu productif des dévaluations compétitives ;
- l'économie de devises de part des pays membres
- la promotion d'une zone économique forte.

Le premier avantage est le développement du commerce intra-régional.

Le commerce intra-régional est passé de 4,1 % en 1975 à 11 % du commerce total de la région en 2006 alors que dans les circuits parallèles, il est estimé entre 30 % et 50 % (CEDEAO). En 2014, le commerce intra-UEMOA représentait 15 % du volume total de leurs échanges, celui intra-CEMAC 3 %. En ce qui concerne les pays de l'UEMOA, les parts du commerce intracommunautaire sont plus importantes comparées à celles de la CEDEAO. En effet, les parts moyennes des exportations et importations sur la période 1994-2019 ressortent à 16,93 % et 10,11 % respectivement. Par ailleurs, les niveaux les plus élevés des parts des exportations et des importations ont atteint respectivement 22,85 % en 2017 et 16,98 % en 2000. Les exportations de l'UEMOA vers la CEMAC ne représentaient que 3,7 % et leurs importations en provenance de la CEMAC 2,1 %. La colonisation et le système CFA ont fait que les pays de la Zone Franc exportent les mêmes produits, les mêmes matières premières, leurs économies sont alors davantage substituables que complémentaires. Par ailleurs, il est possible de mentionner quelques-uns des obstacles à l'approfondissement du commerce régional : le maintien de barrières internes, les problèmes d'infrastructures, la corruption et l'absence de règlementation douanière claire. Toutefois, il ne faut pas occulter les obstacles liés aux mécanismes régissant le fonctionnement des Francs CFA. La recherche de réserves de change pour défendre la parité oblige les Pays Africains de la Zone Franc à exporter des matières premières, qui sont principalement importées par l'Union Européenne, les Etats-Unis ou encore la Chine. En tout cas, la Banque Africaine de Développement et la Commission Economique des Nations Unies pour l'Afrique tendent à montrer que, parmi les pays africains, certains membres de l'UEMOA et de la CEMAC sont parmi les plus intégrés, tandis que d'autres présentent une performance dite *« faible »,* soit en dessous du score moyen. Néanmoins, à l'exception du Cameroun et de la République centrafricaine, tous les pays de la Zone Franc qui apparaissent dans l'indice[8] du rapport de la Commission Economique des Nations Unies et dont la performance est jugée faible sont, en réalité, proches du score moyen.

Si plusieurs États membres de l'UEMOA et de la CEMAC présentent une performance élevée, leur appartenance aux deux seules unions monétaires africaines ne parvient pas à leur donner les premières places.

Dans l'UE, en 2013, 63 % des importations et 59 % de ses exportations proviennent de la même zone. Aujourd'hui en Europe, les exportations et les importations intra-régionales représentent respectivement 60 % et 55 % dans l'Union Européenne ; 40% et 54 % dans l'ALENA ; 22% et 18 % dans l'ASEAN ; 19% et 17 % dans le MERCOSUR. Une monnaie unique va élever le niveau du commerce intra-régional, très faible depuis la création de la CEDEAO.

Figure 1 : Score et classement des pays pour l'intégration régionale

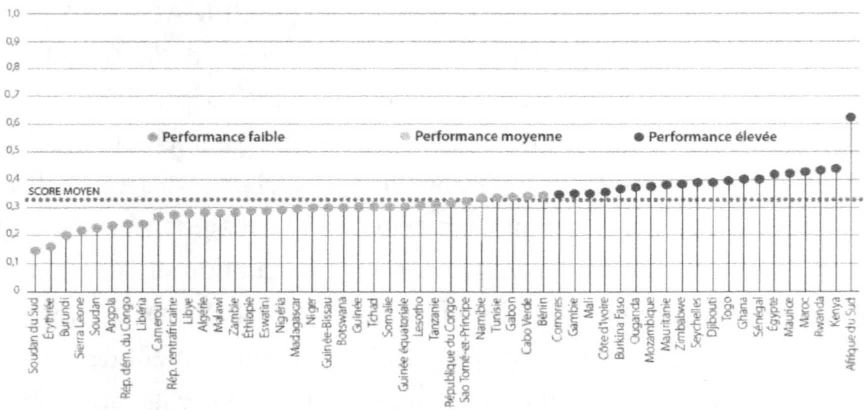

Source : Commission Economique des Nations Unies pour l'Afrique, « Indice de l'intégration régionale en Afrique, édition 2019 », https://www.integrateafrica.org/fileadmin/uploads/afdb/Documents/ARII-FR-Report2019-FIN-R15_11jun20.pdf

---

8 Cet indice retient cinq dimensions : l'intégration commerciale, l'intégration macroéconomique, l'intégration productive, l'intégration des infrastructures et la libre circulation des personnes.

Pour finir, notons que la monnaie commune peut faciliter la mise en œuvre de politiques économiques et monétaires communes dans une pluralité de domaines (commerce, mobilisation des ressources, libre circulation des personnes, développement du système financier) et renforcer la solidarité régionale et la poursuite d'objectifs d'intérêt commun. S'il y a encore des progrès à faire en matière d'intégration régionale et de développement d'un marché commun, ces enjeux peuvent trouver dans une monnaie unique, le véritable terrain d'expérimentation. En dehors de tout débat sur la question des Zones Monétaires Optimales (ZMO), la monnaie unique produit la stabilité, facilite la défense du taux de change et réduit les chocs économiques. *Le second avantage est la réduction des coûts de transaction.*

En effet, dans le même espace, cohabitent des monnaies gérées différemment et la convertibilité n'est pas souvent aisée. Signalons ici que la convertibilité désigne la propriété d'une monnaie d'être librement échangeable à tout moment contre de l'or ou contre une devise étrangère ; ce qui suppose que les autorités soient en capacité de satisfaire toute demande de conversion présentée. Elle est un facteur essentiel de la confiance dans une monnaie. La monnaie unique va permettre de doter l'espace économique et monétaire d'un système de paiement efficace et mettre fin à l'utilisation des monnaies tierces dans les transactions intra-régionales et aux inconvénients qui en résultent. L'adoption de cette monnaie unique permettra à la Communauté Economique des États de l'Afrique de l'Ouest (CEDEAO) de régler les problèmes de fluctuation des monnaies nationales.

Le troisième avantage est que la monnaie unique va préserver le tissu productif de la région contre le recours aux dévaluations compétitives.

En effet, les pays ne pourront plus dévaluer leurs monnaies pour booster la compétitivité de leurs économies. Rappelons qu'une dévaluation compétitive consiste pour un pays à abaisser les taux de change de sa monnaie au-delà de ce qui serait nécessaire pour tenir compte des données économiques de ce pays (croissance, productivité, inflation, compétitivité) afin de doper les exportations et de pénaliser les importations. Or, en zone monétaire, le risque d'une dévaluation compétitive est nul et même inexistant.

Le quatrième avantage est que la monnaie unique permettra aux pays membres de faire des économies de devises.

Notons que jusqu'à présent, 85 % des importations de fuel de la Guinée proviennent du Sénégal et de la Côte d'Ivoire. La Guinée par exemple, pourra faire d'énormes économies de devises une fois l'ECO adoptée. Avec la monnaie unique, il y a une élimination des coûts de transactions liés aux opérations de change et une suppression des risques de change.

Le cinquième avantage est que la CEDEAO sera une zone économiquement très forte.

En effet, un adage africain dit que : *« les brindilles de balais regroupées sont difficiles à rompre d'un coup »*. Les économies des pays africains, souvent tributaires de celles des pays dits développés, pris isolément, ne représentent rien dans la mare qu'est l'économie mondiale. Cette idée de monnaie unique vient à juste titre et serait l'occasion pour la CEDEAO de s'affirmer dans le monde. La CEDEAO représente aujourd'hui un marché d'environ 450 millions d'habitants. Avec un PIB de plus de 100 milliards de dollars, elle constituerait une énorme opportunité comparativement aux marchés fragmentés des pays pris individuellement.

Pour bénéficier de ces avantages, l'effectivité de la monnaie est la condition. Les pays de la CEDEAO étaient invités à poursuivre les réformes nécessaires afin de garantir le respect des principaux critères de convergence indispensables à la mise en place d'une union monétaire viable et crédible. Mieux, pour marquer cette volonté ferme d'avoir une monnaie unique, le communiqué final adopté le samedi 29 juin 2019, à Abuja, a réaffirmé l'approche graduée (pour l'adoption) de la monnaie unique en commençant par les pays qui atteignent les critères de convergence, en matière d'inflation et de déficit budgétaire notamment.

2.2. Le projet de l'ECO version française et ses véritables desseins

Pour mieux argumenter sur ce point, nous présentons dans un premier temps, le projet de l'ECO proposé par le président français Emmanuel MACRON et Alassane OUATTARA, son homologue ivoirien. Dans un second temps, nous montrons que cette monnaie ECO que nous appelons ECO-CFA est un simple sabotage du projet originel.

a) Le projet de l'ECO version française

La France a entériné officiellement, le 20 mai 2020, la fin du Franc CFA, qui devrait dorénavant s'appeler ECO. Ce projet de loi entérinant la fin du Franc CFA a été adopté en Conseil des Ministres le mercredi 20 mai 2020. Il intervient dans la suite logique de l'accord de coopération signé en décembre 2019 entre la France et les États d'Afrique de l'Ouest pour réformer en profondeur le système monétaire. L'adoption du projet de loi entérinant la transformation du Franc CFA en ECO est un coup de maître du gouvernement français. En réalité, c'est la suite logique de l'accord signé le 21 décembre 2019 à Abidjan, entre le président Alassane OUATTARA, au nom des pays de l'UEMOA, et le président français Emmanuel MACRON.

L'accord de coopération conclu le 21 décembre 2019 vient remplacer celui du 4 décembre 1973. Ce nouvel accord est complété par une convention de garantie, texte technique d'application, conclue avec la BCEAO.

L'accord comprend un préambule et dix articles répartis en cinq titres traitant successivement des définitions, des principes, du rôle de la France, des relations entre la France et l'UMOA, des dispositions applicables pour la gestion de crises et enfin des dispositions finales.

Dans cette réforme proposée par la France et acceptée par les pays de l'UEMOA, trois éléments sont à noter.

Le premier élément de la réforme : le nom de la monnaie

Le nom *« Franc CFA »* qui porte l'empreinte de ses origines coloniales *(« Franc des Colonies Françaises d'Afrique »),* devait être rebaptisé *« ECO »,* depuis juillet 2020 pour les huit (8) pays de l'Union Economique et Monétaire Ouest Africaine (UEMOA). Le président MACRON coupe l'herbe sous le pied des critiques en éliminant les symboles qui fâchent sans toucher au fond du problème.

Le second élément de la réforme : le dépôt des réserves au Trésor français

En échange d'une supposée garantie apportée par la Banque de France, la BCEAO devrait obligatoirement placer 50 % de ses réserves de change sur un Compte d'Opérations géré par le Trésor français. Avec cette réforme, le Compte d'Opérations est théoriquement supprimé. Désormais, la BCEAO est libre de placer ses réserves où elle le souhaite.

Le troisième élément de la réforme : la gouvernance.

Les représentants français qui siégeaient dans trois différentes instances de la BCEAO laisseront leurs sièges. Cette présence était vécue comme une véritable tutelle par les Africains. À ce jour, on ne comprend toujours pas ce contrôle direct de la politique monétaire par cette présence française.

b) Le sabotage du projet originel de l'« ECO »

Pour importante qu'elle soit, cette réforme ne touche cependant à aucun des fondamentaux de la monnaie ouest-africaine, le Franc CFA. Ainsi, la parité fixe avec l'Euro sera conservée pour l'ECO, tout comme sa convertibilité totale et la garantie de la Banque de France. Ni le président Alassane OUATTARA ni le président Emmanuel MACRON ne souhaitaient, en réalité, toucher au socle du CFA. Il est possible d'avancer six raisons pour motiver cette affirmation.

La première raison : faire taire les rumeurs de complot français

Pour Kako NUBUKPO, « La *disparition des symboles coloniaux va faire taire les rumeurs de complot français et nous permettre, à nous techniciens, de travailler sereinement.* »[9]. Rappelons qu'à Ouagadougou, en novembre 2017, le président MACRON disait que le Franc CFA était une *« monnaie africaine »* et donc un *« non-sujet »* pour la France. Mais face à la pression des mouvements panafricanistes, soucieux de voir l'Afrique francophone couper les liens coloniaux avec l'ancienne métropole, le président MACRON a décidé souverainement d'apporter des réformes à la dernière monnaie coloniale, le Franc CFA. Il dit lui-même que : *« C'est en entendant votre jeunesse que j'ai voulu engager cette réforme »* (déclaration faite à Abidjan, le 21 décembre 2019).

La deuxième raison : forcer la main aux pays anglophones à adhérer rapidement à l'ECO

Cette réforme du Franc CFA est aussi destinée à convaincre d'autres pays africains de rejoindre l'ECO et l'Union monétaire. Les *pays anglophones* ne voyaient pas d'un bon œil les liens très forts entre les pays de l'UEMOA et la France qui constituaient, pour eux, une sorte de repoussoir. Or, le Ghana et le Nigéria sont des pays très importants dans le projet. D'ailleurs, le Ghana a fait cette déclaration le 29 décembre 2020 : *« Nous, au Ghana, sommes déterminés à faire tout ce que nous pouvons afin de rejoindre les États membres de l'UEMOA, bientôt, dans l'utilisation de l'ECO, car nous pensons que cela aidera à lever les barrières commerciales et monétaires, réduire les coûts de transaction, stimuler l'activité économique et élever le niveau de vie de nos populations ».*

9 https://www.lefigaro.fr/flash-eco/accord-entre-l-uemoa-et-la-france-pour-remplacer-le-franc-cfa-par-l-eco-20191221. Consulté le 28 février 2022.

La troisième raison : la France maintient un contrôle indirect sur l'ECO

La fermeture du Compte d'Opérations et le retrait du gouvernement français des instances de la BCEAO reviennent à passer d'un système de contrôle direct à une forme de contrôle indirect. La politique monétaire et de change en tant que telle n'est pas affectée par ces évolutions. Du moment que la parité fixe avec l'Euro est maintenue, les réserves de change, quels que soient la forme ou le lieu où elles sont détenues, serviront d'abord et avant tout à la défense de cette parité. Ces réformes ne rendent donc pas la BCEAO plus autonome : elle demeure une annexe de la Banque de France, rivée à la politique monétaire de la Banque Centrale Européenne (BCE).

La quatrième raison : la France ne garantit pas le franc CFA

Le concept de *« garantie »* de convertibilité employé par les officiels français et les partisans de la relique coloniale est d'autant plus absurde que nous vivons, depuis les années 70, une ère post Etalon-or, où la monnaie émise par les États est de nature essentiellement fiduciaire. La valeur de la monnaie dépend du dynamisme de son économie et de l'acceptabilité des agents économiques. La France est supposée fournir toutes les devises nécessaires aux pays de la Zone Franc pour leurs importations. Or, le fonctionnement de la BCEAO (et de la BEAC) est paramétré pour qu'une situation de manque de devises arrive le plus rarement possible, voire jamais. Dès que ses réserves de change atteignent un niveau critique, elle prend des mesures restrictives comme la limitation des possibilités de financement des économies de la zone afin de reconstituer ses avoirs extérieurs. Grâce à ce mode de gestion, la garantie a été rarement activée pour les pays de l'UEMOA entre 1960 et aujourd'hui. La France a honoré sa promesse de *« garantie »* uniquement pendant la période 1980-1993. Elle l'avait fait pour permettre aux entreprises françaises, qui anticipaient une dévaluation du Franc CFA, de rapatrier leurs capitaux et leurs revenus. Selon la BCEAO, la *« garantie »* française portait à cette époque sur un montant annuel de 32 milliards de Francs CFA, un chiffre relativement dérisoire comparé à une fuite de capitaux estimée dans la Zone Franc à 750 milliards de FCFA pour les seules années 1988-1989. En outre, pour éviter ce secours français, les autorités d'alors ont opté pour la dévaluation du Franc CFA sous la houlette du Fonds Monétaire International (FMI). Comme le rappelle l'économiste Felwine SAAR, « Que *les représentants français quittent les organismes de décision et que le Compte d'Opérations revienne en Afrique, nous permettant d'avoir des ressources en liquidités à investir dans la zone et de se défaire en partie de la tutelle de Paris. Nous ne sommes pas des jeunes enfants qui ont besoin de garanties. »*[10]

La cinquième raison : Des réformes du CFA pour saboter le projet de la monnaie ECO

Ce serait cependant faire une erreur d'analyse que de croire que les motivations du président MACRON sont exclusivement populistes. Ses réformes ont également pour objectif de court-circuiter le projet d'intégration monétaire tel qu'il a été conçu jusque-là dans le cadre de la Communauté Economique des États de l'Afrique de l'Ouest (CEDEAO)

Les quinze (15) pays de la CEDEAO, y compris les huit (8) qui utilisent le Franc CFA, avaient choisi le nom ECO pour leur future monnaie unique et s'étaient mis d'accord pour l'adosser à un panier de devises ou retenir un régime de change flexible. Cette volonté est renforcée par la déclaration de la présidence ghanéenne : Dans l'attente de la concrétisation du projet de l'ECO, le Ghana exhorte *« les autres États membres de la CEDEAO à travailler rapidement à la mise en œuvre des décisions des autorités de la CEDEAO, notamment en adoptant un régime de change flexible, en instituant un système fédéral pour la banque centrale de la CEDEAO et d'autres critères de convergence*

10 https://www.lemonde.fr/afrique/article/2019/12/24/semi-revolution-ou-arnaque-politique-la-fin-du-franc-cfa-vue-par-des-economistes-africains_6023971_3212.html. Consulté le 28 février 2022.

convenus, pour faire en sorte que nous atteignions les objectifs de la CEDEAO en matière de monnaie unique, dans les meilleurs délais »[11].

Avant de pouvoir adopter l'ECO, ils étaient, chacun, tenus de remplir un certain nombre de critères d'entrée (les *« critères de convergence »*). Or, d'après une déclaration récente de ZAINAB Shamsuna Ahmed, ancienne ministre nigériane des Finances, du Budget et de la Planification nationale sous le président Muhammadu BUHARI, aucun pays de la CEDEAO n'était qualifiable pour l'ECO en 2020, à l'exception du Togo, un pays qui, à l'évidence, n'a pas la taille suffisante pour porter seul ce projet. En faisant des annonces concernant les réformes du Franc CFA, le président MACRON torpille ainsi le projet de la CEDEAO ou cherche à le retarder le plus possible. La raison est simple : la monnaie ECO pourra aider économiquement les pays de la CEDEAO.

La sixième raison : la confusion sur le nom de la monnaie ECO

La confusion peut porter sur le fait que ce nom est le même que celui retenu pour la monnaie commune à l'ensemble de la CEDEAO, dont les caractéristiques seraient pourtant très différentes. Il existerait donc deux ECO : un ECO UEMOA, qui fait l'objet de la présente réforme, et un ECO CEDEAO, qui reste à l'état de projet. Or, alors que la réforme présentée réaffirme le rôle de la France comme garant financier de la fixité du taux de change, l'ECO CEDEAO implique de passer à un taux de change flexible : inévitablement, la France ne pourrait plus jouer le même rôle dans ce nouveau système monétaire.

L'ancien président du Nigéria, M. BUHARI, avait critiqué ce choix de l'UEMOA de préempter le nom choisi pour la monnaie commune de la CEDEAO : le nom « ECO » correspond d'ailleurs aux trois premières lettres de *ECOWAS*, acronyme anglais de la CEDEAO. Le 10 février 2020, le Nigéria a demandé le report de la mise en place de la monnaie commune.

---

11 https://www.wakatsera.com/eco-la-monnaie-contribuera-a-eliminer-les-barrieres-commerciales/

Notons par ailleurs que le poids économique du Nigéria pose un problème particulier : il représente à lui seul 75 % du PIB et la moitié de la population de la CEDEAO. Ses revenus sont fortement dépendants des exportations pétrolières (57 % des revenus de l'État nigérian). En outre, il est raisonnable d'envisager qu'une politique monétaire à l'échelle de la CEDEAO sera déterminée par les prix internationaux du pétrole. La zone serait ainsi confrontée à des chocs asymétriques massifs : en cas de baisse des cours, l'économie du Nigéria serait en difficulté alors que celles des autres pays bénéficieraient de ces prix à l'importation moins élevés.

CHAPITRE 2 : DU FRANC CFA À L'ECO : UNE DOMINATION RAMPANTE

Les accords de coopération monétaire entre la France et les PAZF sont des instruments de domination de l'ex-puissance colonisatrice qui n'a jamais voulu l'indépendance réelle des États africains. Cette domination transparaît dans les principes qui régissent le franc CFA mais également dans la réforme portant création de l'ECO.

I. LE FRANC CFA : UNE DOMINATION ANCIENNE

Du Franc CFA à l'ECO, la France cherche l'exploitation des économies africaines à son profit. Nous montrons, dans un premier temps, comment les accords de coopération monétaire conduisent à une politique monétaire restrictive et à des économies sous-financées. Dans un second temps, le Franc CFA et ses mécanismes sont présentés comme des leviers du pillage des économies africaines.

1.1. Le Franc CFA, un instrument de contrôle des anciennes colonies françaises

Rappelons que la Zone Franc associe la France et les quinze (15) États d'Afrique Subsaharienne, soit les Comores et les quatorze (14) pays regroupés dans deux unions monétaires distinctes, l'Union Monétaire Ouest Africaine (UMOA) et la Communauté Economique et Monétaire de l'Afrique Centrale (CEMAC). La Zone Franc, c'est également 183,4 millions d'habitants pour un PIB d'environ 241,7 milliards de dollars en 2019. La Zone Franc est donc une zone riche qui attise l'envie de la France. Le Franc CFA a été conçu pour permettre à la France de reprendre le contrôle de ses colonies après la seconde guerre mondiale. Les colonies avaient, durant la guerre, diversifié leurs relations commerciales. En effet, alors que 85 % des exportations de l'AOF et 74 % de celles de l'AEF étaient destinées à la métropole en 1939, ces chiffres avaient chuté pour s'établir en 1945 à 56 % pour l'AOF et 47 % pour l'AEF. De même, la part de la métropole dans leurs importations était tombée sur la même période de 64 % à 23 % pour l'AOF et de 45 % à 4 % pour l'AEF, selon les chiffres fournis par Remi

GODEAU (1995). Or, l'économie française très affaiblie, avait un fort besoin en matières premières pour se relancer. En effet, il fallait que la France récupère les parts de marché perdues et sécurise à nouveau ses approvisionnements en matières premières. Dans ce contexte, un Franc CFA surévalué était très intéressant pour Paris, vu que sa valeur était élevée que celle du Franc métropolitain. En théorie économique, cette surévaluation du Franc CFA permettait de rendre bon marché les produits de la métropole. Une telle politique a pour conséquence d'accroître les importations des pays africains en provenance de la métropole. À l'inverse, un Franc CFA fort rendait les produits d'exportation très chers par rapport à ceux des pays concurrents d'Asie et d'Amérique Latine. Ainsi, ne pouvant pas exporter vers d'autres pays, les pays africains n'ont que la France comme destination des produits d'exportation. C'est ainsi que les colonies deviennent des réservoirs de matières premières et des déversoirs de produits manufacturés. Pour la France, la Zone Franc est une porte d'entrée privilégiée pour les échanges. Les exportations françaises vers les pays de la Zone Franc représentent 20 % des ventes totales vers l'Afrique, en 2014. Celles-ci sont composées à 90 % de produits manufacturés. Quant aux importations françaises, elles concernent essentiellement les hydrocarbures et des produits agricoles. Alors que l'Afrique est considérée comme la Chine ou l'Inde de demain, la France dispose d'un atout non négligeable avec cette coopération monétaire. Il est vrai que l'Union Européenne cède des parts de marché, notamment face à l'Asie. Mais, elle demeure le principal partenaire commercial de la plupart des pays de la Zone Franc. En UEMOA, la France représentait, en 2018, 14,2 % des importations et 6 % des exportations de la zone ; en CEMAC, respectivement 14 % et 3 %. En Afrique Centrale, la France n'est plus le premier partenaire commercial des pays de la zone.

Figure 2 : L'évolution des parts de marché françaises en Afrique selon les zones

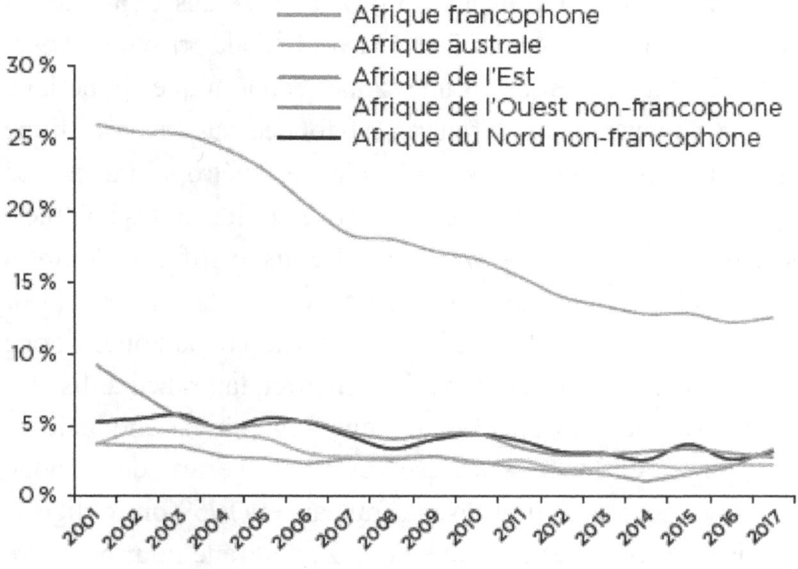

Sources : International Trade Centre (ITC), Coface

Une telle situation est profitable à la France car elle ne touche pas à ses réserves en devises pour ses importations. Comme on le constate, la création du Franc CFA consacre l'institutionnalisation d'un *« principe d'automaticité »* : les territoires colonisés voient leurs monnaies arrimées fixement à celle de la métropole et sont privés de la possibilité de réajuster la parité de ces dernières. Cette situation les amène à subir passivement les décisions unilatérales de la métropole qui modifie la valeur externe de sa propre monnaie selon ses besoins. Le 26 janvier 1948, lorsque la France dévalue sa monnaie de 44 %, le Franc CFA est obligé de s'ajuster dans les mêmes proportions. Le 17 octobre 1948, une nouvelle dévaluation du Franc métropolitain intervient. Mais cette fois, les autorités monétaires françaises décident de modifier la parité du Franc CFA. Désormais, 1 Franc CFA s'échange contre 2 Francs métropolitain. Lors de la création du *« nouveau Franc »* dit *« Franc lourd »*, le 27 décembre 1958, la parité du Franc CFA est maintenue. Mais par la suite, entre 1958 et 1986, la monnaie française est dévaluée à quatre reprises. Ces dévaluations se répercutaient automatiquement à chaque fois sur les économies utilisant le Franc CFA. Les colonies françaises ont joué un rôle important dans l'essor économique de la France. L'Empire colonial français absorbait 10 % des exportations françaises à la fin du XXe siècle, 17 % à la veille de la crise de 1929 et 42 % en 1952. La formation d'une zone économique impériale, protégée de la concurrence extérieure, est fondée sur la base d'une complémentarité des productions coloniales et métropolitaines. La France, cette puissance secondaire, devenait avec l'aide de ses colonies, une puissance de la *« première division »*. Le dispositif des Comptes d'Opérations, qui sont des comptes courants ouverts par le Trésor public français pour chacun des instituts d'émission de la zone, a donc pour but de financer l'économie française. En effet, la France utilise les réserves des pays de la Zone Franc pour soutenir sa monnaie et aujourd'hui pour renflouer ses réserves. Les pertes de change consécutives à la dévaluation du Franc français en 1969 ont obligé la France à utiliser les réserves des pays de la Zone Franc pour défendre sa monnaie. La part des réserves des pays de la Zone Franc, dans le total des réserves officielles françaises, était entre 10 et 20 % de 1964 à 1967. Elle était de plus de 50 % entre 1968 et 1969.

1.2. Une politique monétaire restrictive et des économies sous-financées

La politique monétaire restrictive de la BCEAO est due à son inféodation à la politique monétaire européenne. Au final, cette politique monétaire restrictive a engendré un sous-financement des économies qui conduit, à son tour, à des économies endettées.

a) La politique monétaire inféodée à celle de la BCE

L'article 8 des statuts de la BCEAO indique que « *l'objectif principal de la politique monétaire de la banque centrale est d'assurer la stabilité des prix. L'objectif d'inflation est défini par le Comité de Politique Monétaire. Sans préjudice de cet objectif, la banque centrale apporte son soutien aux politiques économiques de l'Union Economique et*

Monétaire Ouest Africaine (UEMOA), en vue d'une croissance saine et durable ».

L'objectif de l'inflation est défini par le Comité de Politique Monétaire (CPM). La BCEAO a opté pour une cible d'inflation de 2 % comme principal objectif de la politique monétaire de l'UEMOA. Un tel choix provient de l'arrimage du Franc CFA à l'Euro car cette cible est celle retenue par la Banque Centrale Européenne (BCE). Or, dans un régime de taux de change fixe avec une libre circulation des capitaux, il est impossible, pour la BCEAO, d'avoir une politique monétaire durablement différente de celle de la zone ancre, c'est-à-dire la Zone Euro, conformément aux enseignements du *« triangle des incompatibilités de MUNDELL ».* Aucun pays au monde ne peut avoir une politique monétaire immuable depuis trente ans. L'absence d'objectif de croissance dans les missions de la BCEAO nuit aux économies africaines. Du coup, la dépendance de la politique monétaire des banques centrales de la Zone Franc à celle de la Banque Centrale Européenne pose problème. En effet, compte tenu de l'arrimage du Franc CFA à l'Euro, la politique monétaire menée par la BCEAO est influencée par celle de la Banque Centrale Européenne. Mais ce point de vue n'est pas partagé par certains chercheurs africains. KEBALO (2019) estime que cette critique présente un biais en ce sens qu'elle manque d'analyse scientifique effectuée sur un tel sujet. Ce qui laisse, selon l'auteur, les économistes souverainistes controverser le débat. Pour le montrer, il analyse l'incidence des taux de court terme et de long terme de la Banque Centrale Européenne sur celle de la BCEAO. Ceci, depuis le lancement officiel de la Zone Euro. En adoptant l'approche de cointégration d'ENGLE et GRANGER (1987), l'analyse révèle que la BCE, à travers sa politique de taux, influence à long terme la politique monétaire de la BCEAO et non à court terme. Selon l'auteur, cela est purement et simplement dû à l'arrimage du Franc CFA à l'Euro. Pour lui, vu que la politique monétaire est plus une politique de court terme, il arrive à la conclusion que la BCEAO gère de façon autonome sa politique monétaire.

On peut trouver une objection à la conclusion de l'auteur. Notons que sur les marchés financiers, les taux courts représentent la rémunération de l'argent sur de courtes durées (entre un jour et un an). Les taux courts sont fixés par les banques centrales. La banque centrale les augmente lorsqu'elle souhaite lutter contre l'inflation et les diminue pour relancer la croissance. Les taux longs correspondent à la rémunération de l'argent sur de longues durées (supérieures à un an). Les emprunts d'Etats, tels que les bons du Trésor, sont le plus souvent utilisés comme référence. Les taux longs réagissent aux anticipations de croissance et d'inflation. Ils sont à la hausse en situation inflationniste et lors de la reprise économique ou en période de croissance économique. Ils ont une influence sur les taux fixes du crédit immobilier. Les taux longs sont aussi le reflet de l'appétit des investisseurs obligataires à long terme. Ils sont également le résultat de la politique monétaire. L'assouplissement quantitatif de la banque centrale est un facteur explicatif du niveau bas des taux longs. Les taux courts, fixés par les banques centrales (à la hausse pour lutter contre l'inflation, à la baisse pour relancer la croissance), se répercutent sur les taux longs, qui déterminent le prix auquel les entreprises peuvent emprunter. Quand les taux montent, le prix des obligations à taux fixe baisse et inversement. Pourquoi ? Parce que, en cas de hausse des taux, les obligations anciennes, qui servent un intérêt moins élevé, deviennent moins intéressantes et ne trouvent preneurs sur le marché qu'à la condition que leur prix baisse. Pour autant, il arrive parfois que les rendements à court terme soient plus élevés que les rendements à long terme. On parle alors d'inversion de la courbe des taux. Ce phénomène, plutôt rare, correspond à une situation où les investisseurs manquent de visibilité sur l'avenir.

Si la politique monétaire de la BCE n'affecte pas les taux courts de la BCEAO, c'est à cause de la rigidité des taux directeurs de cette banque centrale pendant longtemps à la baisse. Or, la BCE utilise activement ses taux courts pour réguler l'activité en Zone Euro. Du coup, les taux courts européens varient souvent contrairement aux taux courts de la BCEAO. Ce qui pourrait expliquer « *l'énigme de KEBALO* ».

La politique monétaire de la BCEAO est très influencée par celle de la BCE.

i) Une politique de change pilotée par le Trésor français

Les réserves de change de chaque banque centrale sont déposées sur un Compte d'Opérations au nom de ladite banque. Ce compte est ouvert dans les livres du Trésor français. La fixité du taux de change n'est ainsi pas assurée par les banques centrales des États de la zone mais par le Trésor français, et donc le budget de l'État français, autre bizarrerie de ce micmac économique.
Pour toutes leurs transactions à l'international, les PAZF doivent passer par la Banque de France. Pour importer, ils doivent convertir leurs FCFA en Euro et les commander à la France alors qu'ils sont imprimés en Allemagne et dans d'autres pays d'Europe. La France joue le rôle d'intermédiaire.
Dans le cas de l'export, le système est plus machiavélique. De 1945 à 1973, quand un des PAZF exportait, il était dans l'obligation de laisser la totalité (les 100 %) de sa recette dans un compte ouvert à la Banque de France au nom de sa banque centrale. De 1973 à 2005, les pays de l'UEMOA déposaient 65 % de leurs recettes d'exportations au Trésor français. Quant aux pays de la CEMAC, ils déposaient également, jusqu'en 2009, 65 % dans le même Trésor français. Et depuis 2005, pour la BCEAO et 2009 pour la BEAC, ces pays laissaient encore 50 % de leurs recettes d'exportations au Trésor français, avant la fermeture des Comptes d'Opérations.
Selon un rapport de la Zone Franc, la BEAC et la BCEAO disposaient, en 2005, de plus de 3.600 milliards de Francs CFA, soit 72 milliards d'Euros auprès du Trésor français.
Selon une information relayée par l'hebdomadaire américain *Businessweek,* du 13 novembre 2013 au 11 juin 2014, la France rémunérait ces dépôts à 0,75 %. Dans le même temps, la France prête à ses anciennes colonies à des taux usuriers.
Étant donné que les comptes créditeurs sont rémunérés au taux de facilité de dépôt de la banque centrale, donc la BCE, il suffit qu'elle

adopte une politique monétaire accommodante pour que les intérêts perçus deviennent si faibles. En effet, la Banque Centrale Européenne (BCE) a diminué, le 12 septembre 2019, le taux de la facilité de dépôt, qui passe de - 0,40 % à - 0,50 %, en raison des inquiétudes grandissantes sur le ralentissement de la croissance en Europe. En revanche, le taux des opérations principales de refinancement, principal instrument de la politique monétaire de la BCE, est resté stable à zéro et celui de prêt marginal à 0,25 %. En outre, la BCE a relancé, le 1er novembre 2019, son vaste programme de rachat d'actifs au rythme de 20 milliards d'Euros par mois. Pour rappel, ce programme avait permis à la BCE de mobiliser 2.600 milliards d'obligations publiques et privées entre mars 2015 et décembre 2018.

Notons sur ce point qu'entre 2018 et 2019, les dépôts des banques centrales de la Zone Franc ont significativement augmenté (+ 3,1 milliards d'Euros[12]), ce qui s'explique au moins partiellement par des conditions de rémunération sécurisées et attractives par rapport à celles proposées par le marché. Mais le Trésor français place certainement ses fonds afin de rémunérer ce compte créditeur. Si l'on suppose que le Trésor français place ces fonds à 1 %, ce qui est très largement sous-estimé, alors le placement des 12,3 milliards d'Euros des dépôts des banques centrales africaines auraient rapporté 123 millions d'Euros, très loin des 54,8 millions d'Euros versés aux banques centrales africaines de la Zone franc en 2018. Sur cette même base, les 15,4 milliards d'Euros de dépôts des Banques Centrales Africaines auraient rapporté 154 millions d'Euros, très loin des 62,6 millions d'Euros versés en 2019 à ces mêmes banques. La France fait payer tout simplement un *« impôt colonial »* à ses anciennes colonies avec la collaboration de l'élite africaine corrompue et servile.

---

12 *Cour des comptes, note d'analyse de l'exécution budgétaire 2019, « Gestion de la dette et de la trésorerie de l'État »,* ***https://www.ccomptes.fr/system/files/2020-04/NEB-2019-Gestion-dette-et-tresorerie-Etat.pdf***

ii) Une contraction monétaire et une inflation faible préjudiciables à la croissance économique

Selon le discours officiel tenu par les autorités françaises depuis les années 60, le Franc CFA sert avant tout à procurer une « stabilité » aux économies qui l'utilisent. Cette stabilité serait assurée, de leur point de vue, par la fixité du taux de change entre le Franc CFA et la monnaie française et par la faible inflation, faible augmentation des prix d'une année à l'autre observée dans la Zone Franc.

Dans les faits, cette stabilité est le résultat de la politique monétaire menée par les banques centrales. Ces dernières sont soumises à la nécessité de défendre la parité fixe dans un environnement de libre transfert, tout en étant obligées de veiller à ce que les Comptes d'Opérations soient le moins souvent possible débiteurs. Afin d'y parvenir, elles partent du fait qu'une grande partie des crédits bancaires est en général utilisée à payer des importations dans les pays de la Zone Franc, ces derniers ne disposant que de structures de production peu diversifiées.

Ainsi, si une entreprise obtient un crédit, il est probable qu'elle s'en servira pour acheter des équipements fabriqués ailleurs qu'en France. Or, ces achats entrainent l'utilisation de devises et, par conséquent, la baisse du niveau des réserves de change. Afin d'éviter une chute durable du niveau de leurs avoirs extérieurs capable de mettre en péril la parité fixe, les banques centrales limitent de ce fait la progression du crédit intérieur, c'est-à-dire le volume des crédits bancaires mis à la disposition des États, des entreprises et des ménages. En restreignant les conditions d'octroi de crédits par les banques, elles visent de la sorte à empêcher la hausse des prix que pourrait provoquer un excès de moyens de paiements dans l'économie. Le message inavoué des banques centrales est clair : les banques commerciales doivent faire en sorte que le taux d'inflation reste relativement bas. En effet, lorsqu'un pays adopte un régime de change fixe, arrimant ainsi sa monnaie à une devise dite forte, le différentiel d'inflation doit tendre vers zéro. Autrement dit, les taux d'inflation des deux pays doivent être sensiblement les mêmes.

En raison donc de la parité fixe avec l'Euro, les Banques Centrales des Pays Africains de la Zone Franc sont obligées de calquer leur politique monétaire sur celle de la Banque Centrale Européenne (BCE) qui a pour mandat de veiller uniquement à la stabilité des prix. C'est ce qui explique que les taux d'inflation en Zone UEMOA et CEMAC se situent généralement dans les limites tolérées en Zone Euro, c'est-à-dire autour de 2 % (soit entre 1 % et 3 %).

Si l'inflation s'anime un peu, après tout, c'est bon signe : cela signifie que la demande est vigoureuse et, par ailleurs, cela rend les finances publiques plus facilement soutenables car les recettes fiscales sont alors plus dynamiques et la valeur réelle des dettes s'allège un peu. En effet, dans le système CFA actuel, la stabilité monétaire se paie par une forte instabilité réelle sur le marché des biens et services et sur le front de l'emploi. Il serait préférable de faire en sorte que le système des prix soit en mesure de jouer un rôle dans les ajustements, ce qui ne contraindrait pas à sacrifier régulièrement l'économie réelle sur l'autel de la stabilité monétaire.

En guise d'illustration, pour la France, le rapport entre l'inflation et le taux de croissance est de 1,7 entre 1950 et 2014, et de 1,2 entre 1990 et 2014. Concernant les pays de l'UEMOA et de la CEMAC, le rapport entre le taux d'inflation et le taux de croissance durant les deux dernières décennies est incroyablement bas compte tenu du faible niveau de développement : par exemple 0,5 en Côte d'Ivoire, 0,4 au Burkina Faso et au Sénégal, ou encore 0,2 au Cameroun.

DEVARAJAN et De MELO (1990) jugent (d'après leurs calculs) que les pays de la Zone Franc CFA exhibent une aversion révélée à l'inflation *« anormalement »* très élevée comparativement aux autres pays africains non-membres de la zone aux caractéristiques structurelles similaires. Etant donné ces préférences, les pays de la Zone Franc CFA ont un taux de croissance du PIB qui est relativement plus volatile que les autres pays africains à taux de change plus flexible. BLEANEY et FIELDING (2002) trouvent que l'impact défavorable de la fixité du taux de change nominal sur la volatilité de la croissance ne se manifeste pas dans les autres pays en développement à changes fixes.

iii) Un sous-financement chronique des économies de la Zone Franc

Les économies des Pays Africains de la Zone Franc se caractérisent par un rationnement du crédit, dont les causes renvoient autant aux objectifs des deux principales Banques Centrales de la Zone Franc (la BCEAO pour l'UEMOA et la BEAC pour la CEMAC) qu'à l'extrême frilosité du système bancaire de la zone. Concernant les objectifs assignés aux différentes banques centrales, il est aujourd'hui évident que le principal objectif de la BCEAO et de sa consœur, la BEAC, est la défense du taux de change entre le Franc CFA et l'Euro, bien plus que tout autre considération (stabilité des prix ou croissance économique), comme en témoigne la persistance du "programme monétaire". En effet, l'encadrement du crédit bancaire dans l'UEMOA qui exigeait que la BCEAO attribue à chaque pays un volume prévisionnel de crédits à octroyer par son système bancaire au cours d'une année donnée, perdure autrement, même après la libéralisation du système financier de 1989. Notons que cet exercice était effectué tous les mois de novembre lors d'une réunion appelée "programme monétaire", qui consacrait à juste titre une gestion par les quantités (volume de crédits alloués aux différents systèmes bancaires nationaux) dans un contexte où les prix (taux d'intérêt) n'avaient que peu de portée. Aujourd'hui, le "programme monétaire" perdure et continue d'attribuer un volume précis de liquidités à accorder par les systèmes bancaires nationaux à leurs économies. L'objectif est désormais d'éviter d'avoir à puiser dans les devises de la banque centrale pour financer des importations massives consécutives à une ouverture trop grande des vannes du crédit bancaire ainsi que tout risque de dévaluation du Franc CFA. On se trouve donc dans un système où la gestion par les prix (taux d'intérêt) est théoriquement chargée de réguler le volume des liquidités bancaires, mais où, en réalité, l'ancien système d'encadrement du crédit perdure. Pour ce qui est de la frilosité du système bancaire, il n'est, au final, que le corollaire des objectifs assignés aux banques centrales. La manifestation d'une répression monétaire alimente la répression financière dans la mesure où l'impératif de défense du taux de change du CFA exige l'encadrement strict d'un crédit bancaire potentiellement responsable de la sortie de devises dans un système économique essentiellement importateur de biens et de services. La limitation du crédit intérieur comme moyen de défendre la parité fixe comporte aussi son revers : elle restreint les moyens de financement internes du développement.

Dans le cadre actuel, les autorités monétaires des PAZF doivent nécessairement mener une politique de restriction du crédit, sinon l'abondance de liquidités dans une économie peu productive et peu diversifiée conduit à accroître les importations. Or, cette augmentation érode les réserves de change. Le phénomène devient grave lorsque les prix des produits primaires baissent sur les marchés mondiaux, faisant courir un risque de dévaluation forcée comme ce fut le cas en janvier 1994 suite à la baisse des réserves de change en dessous du seuil de 20 %. Et pourtant, les économies des PAZF ont un besoin fort pressant de crédit suffisamment abondant pour financer l'investissement nécessaire au développement. Dans le contexte actuel, le Franc CFA reste confiné dans une fonction de stabilisation et ne joue aucun rôle actif dans l'économie. L'une des conséquences, c'est que les pays africains doivent se tourner vers l'étranger pour financer leur développement.

Pour l'heure, le sous-financement est dû au resserrement de la politique de crédit, résultante du mimétisme monétaire de la BCEAO. Le rationnement du crédit bancaire au sein de la Zone Franc trouve aussi son explication dans la structure fortement oligopolistique du secteur bancaire, qui constitue un facteur de rigidité des taux d'intérêt débiteurs des banques (DIOP, 1998). Les banques commerciales des Pays Africains de la Zone Franc sont réticentes à prendre des risques et prêtent donc peu ou à des taux élevés. Ainsi, alors que le taux directeur de la BEAC est de 3,5 %, ceux servis aux agents économiques par les banques commerciales dépasseraient les 10 %[13.] C'est ce qu'a confirmé

13 Selon une note de la Banque des Etats de l'Afrique Centrale, citée par Désiré AVOM et Issidor NOUMBA, *« La résilience de la Zone Franc à l'épreuve des critiques persistantes »* (2019). Revue Interventions économiques, n° 61, page 2.

Kako NUBUKPO, économiste et ancien ministre togolais, lors de son audition, en pointant du doigt la restriction de l'offre de crédit : « *aucune banque ne finance l'économie réelle locale* ». Plus que par la restriction du crédit, cette faiblesse du financement de l'économie peut s'expliquer par le comportement des banques commerciales, par l'atonie du marché interbancaire ainsi que par les vulnérabilités des banques. En Zone UEMOA, les banques commerciales n'ont pas réellement besoin de la BCEAO pour se refinancer dans la mesure où elles sont non seulement "surliquides", mais elles adoptent également un comportement d'entente tacite ou avérée avec comme objectif la maximisation du profit à court terme. Ceci les conduit à privilégier l'octroi de crédits aux entreprises d'État nouvellement privatisées ou en voie de l'être, à forte rentabilité escomptée, et à réduire la place dans leur portefeuille des activités de financement de long terme et/ou des Petites et Moyennes Entreprises. Dans ce contexte, le nombre extrêmement faible de banques à capitaux sous-régionaux opérant dans l'UEMOA et la faillite des banques dites de "développement", emportées par une mauvaise gouvernance chronique, empêchent l'exercice d'un véritable partenariat pour le développement de la zone. Avec un secteur bancaire oligopolistique, les banques n'adoptent pas de politique visant à accroître le taux de bancarisation en Zone Franc. Fin 2018, le taux de bancarisation le plus élevé a été observé au Togo (26,8 %), suivi du Mali (23,3 %), du Bénin (22,5 %) et de la Côte d'Ivoire (21,6 %). Mais, le Niger affiche un taux de 5,8 %. Le tableau 2 indique l'évolution du taux de bancarisation des économies de la zone UEMOA en 2012 et 2016.

Fin 2018, le Ghana enregistre un taux de 30 % et le Maroc a le plus fort taux de bancarisation en Afrique, avec 71 %, la Tunisie, 60 %. Toujours en 2018, le Sénégal affichait 1 agence pour 31.000 habitants (25 banques), la Côte d'Ivoire (28 banques), leader en zone UEMOA, ne comptait qu'une agence bancaire pour 36.000 habitants, contre 1 agence pour 5.400 habitants au Maroc (24 banques) et 1 agence pour 6.100 en Tunisie (30 banques). L'encours de crédit total atteignait 36,4 % du PIB ivoirien à la même période, contre 35 % au Sénégal, 77 % au Maroc et 76 % en Tunisie. Quant au crédit fourni au secteur privé en pourcentage du PIB, en 2018, il était de 26,5 % en Côte d'Ivoire, 104,5 % en France, 85,5 % au Maroc, 78 % à Maurice, 68 % en Tunisie.

Tableau 2 : Les taux de bancarisation des pays de l'UEMOA en 2012 et 2020

Pays	2012	2020
BENIN	8,16 %	31,2 %
BURKINA FASO	5,89 %	20,6 %
CÔTE D'IVOIRE	11,62%	20,4%
GUINEE-BISSAU	4,64 %	17,55 %
MALI	7,78 %	15,55 %
NIGER	1,90 %	9,1 %
SENEGAL	8,24 %	19,6 %
TOGO	9,60 %	27 %

Source : Données collectées sur le site de la BCEAO (2020)

Au Gabon, malgré un secteur informel important (estimé à 40 %), le taux de bancarisation est de l'ordre de 30 % avec un total de sept (7) banques commerciales : BGFI, BICIG, ORABANK, ECOBANK, CITIBANK GABON, UNITED BANK FOR AFRICA GABON (UBA Gabon) et L'UNION GABONAISE DE BANQUE (UGB). Des établissements financiers sont aussi présents : FINATRA (filiale de BGFI), ALIOS Finance, BICIG-Bail (filiale de BICIG). Trois banques, BGFI Bank, BICIG et UGB, dominent le marché et concentrent plus de 75 % des emplois. BGFI Bank est le leader du marché suivi de la BICIG et UGB. Sur les 1.764 Mds XAF de crédits en février 2019, BGFI Bank concentre 40 % des parts de marché, loin devant UGB (19 %), BICIG (19 %) et les quatre autres banques qui totalisent ensemble 22 %. Néanmoins, s'agissant du nombre de comptes ouverts dans les banques, la situation varie : UGB occupe la 1ère place avec 36 % des comptes bancaires ouverts au Gabon, suivie de BICIG avec 28 %, ECOBANK (12 %) et BGFI Bank qui ne revendique que 11 % des comptes. Le secteur bancaire gabonais se caractérise également par une situation de surliquidité avec un excédent de trésorerie s'élevant à 714 milliards XAF (plus d'1 milliard d'Euros) marquant ainsi une progression de 7,7 % entre avril 2018 et avril 2019. Outre l'effet *« rapatriement des avoirs extérieurs »*, cet état est surtout le signe d'un secteur bancaire qui peine à trouver des entreprises et des projets à financer. En effet, il reste néanmoins difficile pour les banques de financer le secteur privé car les entreprises, lorsqu'elles sont déclarées, présentent des documents peu fiables et souvent incomplets. Par ailleurs, les taux des prêts proposés par les banques sont très élevés, de l'ordre de 15 %, et découragent bien souvent les particuliers et les entreprises d'en faire la demande. En outre, la couverture des crédits par les dépôts ne cesse d'augmenter. Elle s'établissait à 158 % en février 2019 alors qu'elle était de 141 % en juillet 2018.

Au total, avec une politique monétaire restrictive en Zone Franc et la prééminence de la défense du taux de change entre le Franc CFA et l'Euro sur les évolutions conjoncturelles internes, l'on constate la constitution de réserves de change excessives de la part des banques centrales de la Zone Franc auprès du Trésor français. Pour la zone de l'UEMOA, les avoirs extérieurs nets s'élèvent au 31 décembre 2014 à 5.208 milliards de Francs CFA (7,9 milliards d'Euros) pour la BCEAO, soit un taux de couverture de l'émission monétaire de 84,3 %. Pour la zone de la CEMAC, les avoirs extérieurs nets s'élèvent à la même période à 8.387 milliards de Francs CFA (12,4 milliards d'Euros) pour la BEAC, soit un taux de couverture de l'émission monétaire de 89,8 %[14], via le mécanisme dit "du Compte d'Opérations"[15].

iv) Une Zone Franc à faible inclusion financière

Étant donné que l'objectif fondamental de la politique monétaire en Zone Franc soit la défense de la parité fixe, cela éloigne les différentes banques centrales de ce qu'elles devraient faire en réalité. Aujourd'hui, il ne suffira pas simplement de changer les mécanismes de la coopération monétaire, mais il faudra engager une politique publique en faveur de l'inclusion financière et bancaire. Les graphiques suivants montrent que les États appartenant à la Zone Franc présentent un certain retard en matière d'inclusion bancaire par rapport à leurs voisins d'Afrique de l'Ouest et d'Afrique Centrale ainsi que ceux de l'Afrique Subsaharienne de manière générale. Ils tendent surtout à accréditer l'idée que, malgré une amélioration des performances des pays africains sur chacun de ces indicateurs depuis 2011, d'importantes marges de progrès demeurent.

---

14 Voir en ligne, surwww.banque-france.fr, le rapport annuel de la Zone Franc pour 2014 paru en octobre 2015.

15 L'accord signé avec la France en 1945, dans le cadre du fonctionnement du Compte d'Opérations avec le Trésor, prévoyait que l'Hexagone couvre l'émission monétaire des pays de la Zone Franc à hauteur de 20%. Aujourd'hui, les pays africains la couvrent quasiment à 100%. Cela signifie qu'ils n'ont plus besoin de l'"assureur" qu'est la France pour garantir la fixité entre le CFA et l'Euro.

Graphique 1 : Les États d'Afrique de l'Ouest et l'inclusion bancaire

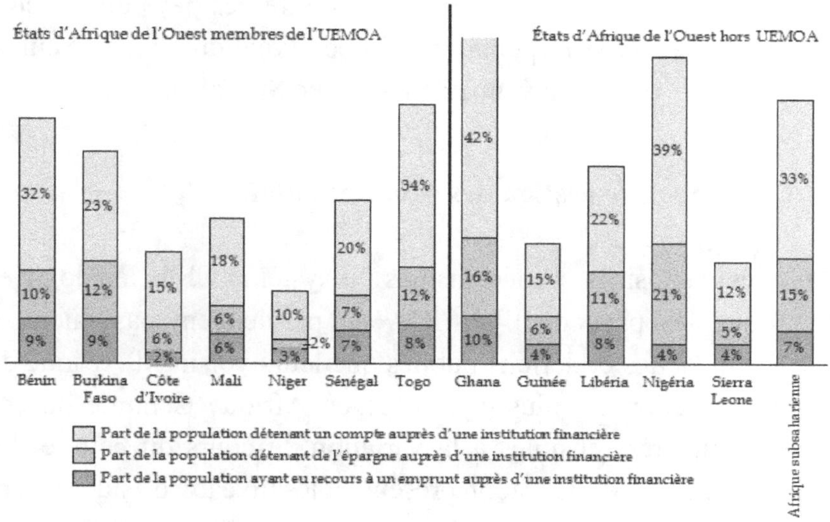

Source : Commission des finances de la France, d'après la base de données Global Findex.

Graphique 2 : Les États d'Afrique Centrale et l'inclusion bancaire

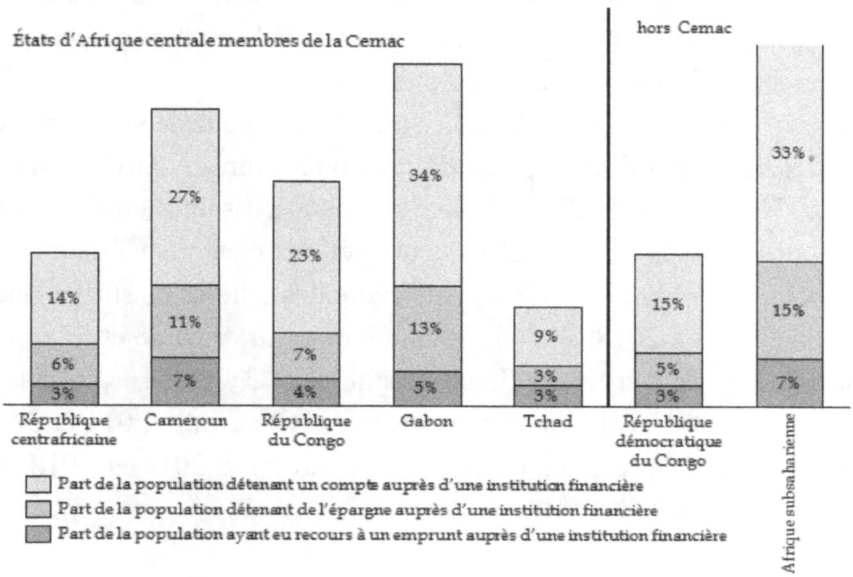

Source : Commission des finances de la France, d'après la base de données Global Findex.

En zone UEMOA, le Ghana et le Nigéria, deux pays ayant leurs propres monnaies, ont une politique d'inclusion financière supérieure à celles des pays de la Zone Franc. En Afrique Centrale, les pays du système CFA font mieux que la République Démocratique du Congo. Seul le Gabon fait mieux que la moyenne de l'Afrique Subsaharienne.

b) Une mauvaise gestion des comptes publics

En dépit des dispositifs et mécanismes du système CFA, les données montrent que les pays de l'UEMOA ne parviennent pas mieux à maîtriser leurs dettes et déficits publics que leurs voisins d'Afrique de l'Ouest. La situation est plus contrastée en Afrique Centrale où ces indicateurs sont très sensibles à la variation du cours du pétrole. La République du Congo et le Gabon présentent les niveaux d'endettement les plus élevés de la zone (respectivement 55 % et 40 % du PIB). Cette différence entre l'UEMOA et la CEMAC peut partiellement s'expliquer par la structure des économies de chacune des zones, mais aussi par le degré d'intégration au sein des unions monétaires ainsi que par le caractère contraignant des mécanismes mis en œuvre pour amener les États à respecter les critères de convergence. Cela ne dépend donc pas seulement de l'appartenance à la Zone Franc.

Dans son rapport annuel sur la Zone Franc[16], la Banque de France relève en effet que les trajectoires des déficits budgétaires sont disparates : même si les pays de la CEMAC sont parvenus à assainir leurs finances publiques après la crise de 2016, leurs déficits restent supérieurs à la cible de - 1,5 % du PIB fixée dans le cadre des critères de surveillance multilatérale (en 2018, seuls la République centrafricaine et le Tchad respectaient ce critère). Les graphiques 3 et 4 présentent successivement l'évolution des soldes budgétaires entre 2014 et 2018 puis l'évolution des ratios de dette publique entre 2014 et 2018, en

16 Banque de France, Rapport annuel de la Zone Franc 2018 (octobre 2019). https://publications.banque-france.fr/rapport-annuel-de-la-zone-franc-2018. Consulté le 28 février 2022.

Afrique Subsaharienne, en Zone UEMOA, en Zone CEMAC, en Zone FRANC et aux Comores.

Graphique 3 : Évolution des soldes budgétaires entre 2014 et 2018 *(en % du PIB)*

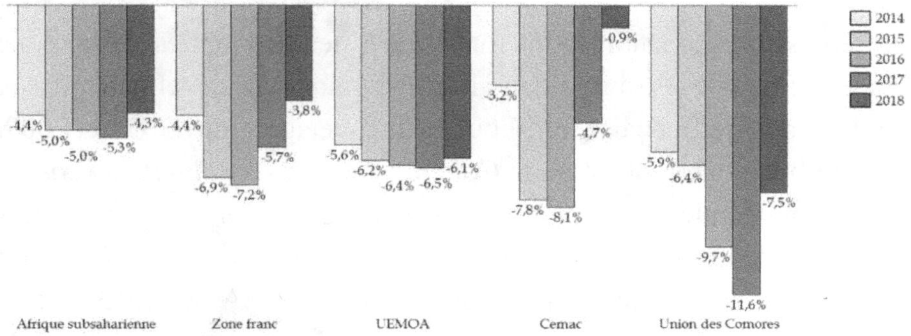

Source : Commission des finances de la France, d'après le rapport annuel sur la Zone franc, 2018 (pages 12-13) de la Banque de France

Il en va de même pour l'UEMOA où les déficits sont restés en moyenne supérieurs à 6 %, soit un niveau bien supérieur à celui fixé dans le cadre du dispositif de convergence (- 3 %). En matière de convergence, dans l'UEMOA ou dans la CEMAC, aucun critère n'est encore respecté par l'ensemble des pays.

Graphique 4 : Évolution des ratios de dette publique entre 2014 et 2018 *(en % du PIB)*

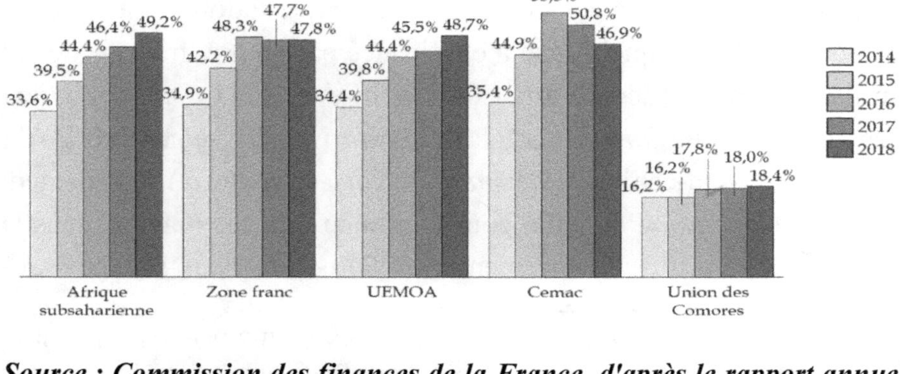

Source : Commission des finances de la France, d'après le rapport annuel sur la Zone franc, 2018 (pages 12-13) de la Banque de France. *https://publications.banque-france.fr/rapport-annuel-de-la-zone-franc-2018.*

On constate également que presque tous les pays de la Zone Franc sont des économies pauvres et aidées.

c) Des économies pauvres et aidées

La répression monétaire dont font preuve les économies de la Zone Franc les pousse à trouver dans l'aide publique au développement et l'aide bilatérale française, une bouée de sauvetage. Entre 1970 et 2009, la dette bilatérale globale de la Côte d'Ivoire *« excédait en moyenne »* sa dette bilatérale en raison de ses *« liens particuliers »* avec certains pays occidentaux, notamment la France, selon la Commission Economique des Nations Unies pour l'Afrique (CEA) en 2013[17]. Bien entendu, la France a été le pays qui a le plus fourni de financements au Cameroun entre 1975 et 1998, lui accordant 253 prêts valant 5.035 milliards de dollars, devançant largement l'Allemagne, second bailleur de fonds avec 86 prêts pour 2.166 millions de dollars, toujours selon la CEA[18]. Non seulement ces prêts français étaient majoritairement *« liés »,* mais aussi, ils n'étaient jamais libellés en Franc CFA mais en Franc Français de l'époque ou en dollars. Grâce à ces prêts, la France ne gagne pas seulement de l'argent, qui concerne les intérêts de ces dettes, mais également des contrats pour les entreprises françaises. L'aide française retourne en France par le biais des surprofits que font les grandes firmes françaises. *Bouygues, Keolis et Alstom* ont ainsi obtenu le marché de la construction et de l'exploitation d'une ligne de métro à Abidjan, lequel projet a été financé par un prêt français de 1,4 milliards d'Euros accordé à la Côte d'Ivoire en 2017. On se souvient que la société *Alstom* a rejoint le consortium en septembre 2017, évinçant les sud-coréens (*Hyundai Rotem et Dongsan*) initialement choisis ; une victoire de taille pour le groupe français obtenue dans la foulée de l'accord de financement avec Paris. Les deux sociétés sud-

17 COMMISSION ECONOMIQUE DES NATIONS UNIES POUR L'AFRIQUE, *« Dette extérieure et qualité des institutions, impact sur la croissance économique : cas de l'UEMOA »,* Uneca, juillet 2013.

18 COMMISSION ECONOMIQUE DES NATIONS UNIES POUR L'AFRIQUE, *« Analyse critique de l'origine de la dette publique extérieure des pays africains : cas du Cameroun »,* Uneca, 1998.

coréennes seraient dédommagées à hauteur de 10 millions d'Euros environ, selon la presse. Pour les autorités ivoiriennes, les groupes sud-coréens n'avaient pas réussi à trouver les financements suffisants pour le projet, alors que la France a accepté de financer dans le cadre d'une enveloppe plus large de 2 milliards d'Euros comprenant plusieurs autres projets, à condition que des entreprises françaises soient chargées des travaux. Le président MACRON est venu lui-même poser la première pierre du métro d'Abidjan le 30 septembre 2017. Pour institutionnaliser le *« ravitaillement »* des firmes françaises en contrats, les autorités françaises ont conçu un instrument inédit : le Contrat de Désendettement et Développement ou C2D. Ce dispositif a été créé en 2001 à la suite de la décision des pays donateurs d'annuler les dettes des États ayant rempli les conditions de l'initiative pour les Pays Pauvres Très Endettés (PPTE) du FMI et de la Banque Mondiale.

Sur les 15 États de la Zone Franc, 10 sont classés parmi les pays les moins avancés, 3 parmi les pays à revenu moyen faible: (Cameroun, Congo, Côte d'Ivoire) et 2 parmi les pays à revenu intermédiaire (Gabon, Guinée Equatoriale).

La Zone Franc représente 12 % de la population africaine, 12 % du PIB et 1,5 % des exportations. Avec une population de 25 % supérieure à celle de la France, les PAZF représentent 4,5 % du PIB français ou 1,5 % de masse monétaire. Les PIB des zones UEMOA et CEMAC représentent en effet 7 % du PIB de la France en 2014, pour une population deux fois et demie plus importante.

Lorsqu'on compare les taux de croissance du PIB des Pays Africains de la Zone Franc et des pays hors Zone Franc, il apparaît que les années 60 et 70 sont marquées par des résultats supérieurs pour les pays de la Zone Franc (5 % contre 4,4 %) alors qu'il y a inversion au cours de la décennie 80, plus précisément entre 1985 et 1991(1% contre 3,7 %). En revanche, sur l'ensemble des trois décennies, les résultats sont comparables[19]. On note également une plus grande instabilité des taux de croissance au sein de la zone. L'écart-type du taux de croissance a

19 Source : GUILLAUMONT, 1995 p.105 et 106 cité par HUGON (1999).

été, entre 1971 et 1987, de 7 % contre 4,5 % pour les pays voisins. De 1980 à 1994, les écarts du PIB réel par rapport à sa tendance à long terme ont été supérieurs.

En termes de PIB par habitant, il n'existe pas de *« prime »* aux pays appartenant à la Zone Franc (graphique 5 et 6). Les niveaux sont à la fois disparates au sein de la CEMAC et de l'UMOA et, par rapport à l'extérieur, similaires à ceux des pays voisins et de niveau de développement proche tels que la Côte d'Ivoire (1.680 dollars/habitant) et le Ghana (1.600 dollars/habitant), le Bénin (827 dollars/habitant) et l'Ethiopie (770 dollars/habitant), le Burkina Faso et l'Ouganda (environ 640 dollars/habitant).

Graphique 5 : Croissance du revenu par habitant (en dollars PPA) entre 2010 et 2019 en Afrique de l'Ouest

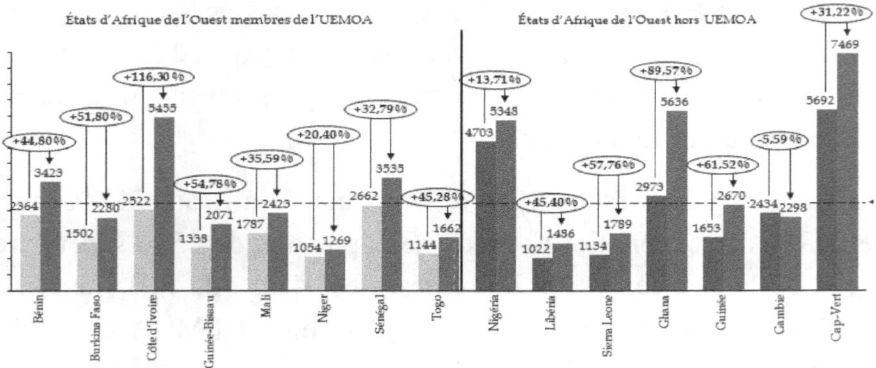

Source : Commission des finances de la France, d'après les données de la Banque Mondiale

Au Cap-Vert et au Ghana, les populations vivent mieux qu'en Côte d'Ivoire, le pays qui enregistre le revenu par habitant le plus élevé de la Zone Franc. La Guinée fait mieux que le Togo, le Mali, le Niger et le Burkina Faso, en 2019.

En Zone CEMAC, Sao Tomé-Et-Principe fait mieux en termes de revenus par habitant que le Tchad, la République du Congo, le Cameroun et la République centrafricaine. Seuls les pays pétroliers, le

Gabon et la Guinée Equatoriale, enregistrent des revenus par habitant élevés.

Graphique 6 : Croissance du revenu par habitant (en dollars PPA) entre 2010 et 2019 en Afrique Centrale

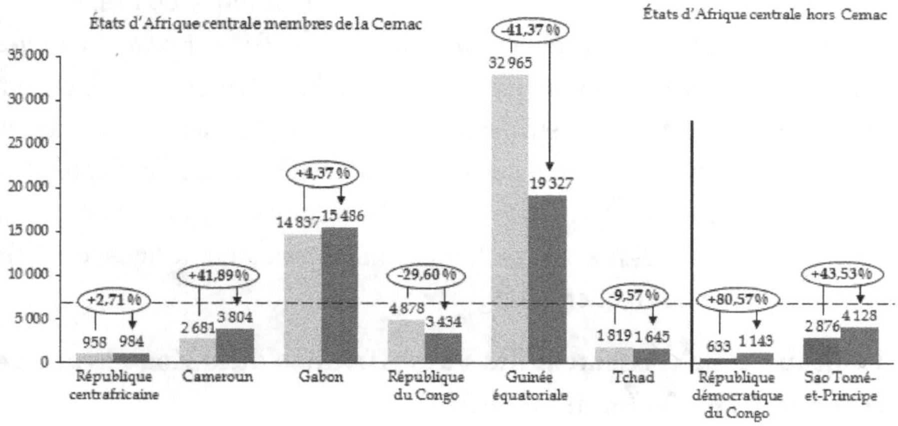

Source : Commission des finances de la France, d'après les données de la Banque Mondiale.

Selon le rapport du PNUD (2007, 2008), l'Indice de Développement Humain (2005) pour les PAZF est égal à 0,468 (moyenne) contre 0,493 (moyenne) pour l'Afrique Subsaharienne. Toutefois, au niveau mondial, les pays de la Zone Franc font partie des pays dont le développement humain est considéré comme faible, à l'exception du Cameroun, du Congo, du Gabon et de la Guinée Equatoriale qui appartiennent à la catégorie intermédiaire. Le Burkina Faso, la Guinée-Bissau, le Mali, le Niger, la République centrafricaine (RCA) et le Tchad en particulier, étaient classés parmi les 10 derniers sur une liste de 177 pays.

Des chiffres très récents confirment le fait que la monnaie ne semble pas jouer un rôle déterminant dans les classements des pays selon l'Indice de Développement Humain (2018).

En Afrique Centrale par exemple, les performances des pays de la CEMAC en matière de pauvreté et de développement humain sont similaires à celles de la République Démocratique du Congo et ne sont pas significativement meilleures que celles obtenues en moyenne en Afrique Subsaharienne.

Cela provient d'une raison simple : ce n'est pas l'appartenance à une zone monétaire qui joue le rôle le plus déterminant dans le niveau de développement d'un pays. Comme le rappelle la Banque de France, « *le développement économique et humain de la Zone Franc demeure affecté par des faiblesses structurelles* » : faible diversification, climat des affaires incertain, insuffisante qualité de l'éducation et de la gouvernance, environnement sécuritaire dégradé, etc. Les tableaux 3, 4 et 5 présentent les performances économiques des pays africains de la Zone Franc et quelques pays hors Zone Franc, en termes de PIB réel/habitant en 2010 et en 2019.

Tableau 3 : Le classement des Pays Africains de la Zone Franc en termes de PIB réel/habitant en 2010 et en 2019.

Rang en 2010	Pays	PIB réel/habitant (dollars) en 2010	Rang en 2019	PIB réel/habitant (dollars) en 2019
1er	Guinée Equatoriale	11081	1er	8131,9
2e	Gabon	8395	2e	7667,4
3e	Congo	3075	4e	2011,1
4e	Cameroun	1071	5e	1494,9
5e	Côte d'Ivoire	1016	3e	2286,2
6e	Sénégal	964	6e	1446,8
7e	Tchad	743	10e	709,5
8e	Bénin	673	7e	1219,4
9e	Mali	649	8e	890,7

10e	Burkina Faso	590	9e	774,8
11e	Guinée-Bissau	498	11e	697,8
12e	Centrafrique	469	14e	467,9
13e	Togo	441	12e	675,5
14e	Niger	383	13e	554,6

Source : Le Monde : bilan du monde, la situation économique internationale, 2011, p. 91 et de la Banque Mondiale 2019.

Toutefois, le Gabon est le pays le mieux classé parmi les États d'Afrique de l'Ouest et d'Afrique Centrale et le seul dont le niveau de développement humain est qualifié d'élevé. Le Niger se place en dernière position du classement en Afrique de l'Ouest comme à l'échelle mondiale. De manière générale, les pays d'Afrique de l'Ouest sont moins bien classés que ceux d'Afrique Centrale, qu'ils appartiennent ou non à la Zone Franc.

Tableau 4 : Le PIB réel et le PIB réel/habitant de quelques pays hors Zone Franc en 2010 et 2019

Pays	PIB réel (milliards de dollars) en 2010	PIB réel/Habitant (dollars) en 2010	PIB réel/Habitant (dollars) en 2019
Algérie	159	4478	3948,3
Angola	85,8	4812	2973,6
Botswana	12,5	6796	7961,3
Ethiopie	30,9	365	857,5
Ghana	15,3	646	2202,1
Kenya	32,4	888	1816,5

Maroc	91,7	2868	3204,1
Maurice	9,4	7303	11203,1
Mozambique	10,2	473	491,8
Namibie	11,5	5454	4957,5
Nigéria	206,7	1324	2229,9
Ouganda	17,1	504	776,8
Soudan	65,9	1643	441,5
Tanzanie	22,4	543	1122,1
Tunisie	43,9	4160	3317,5
Zambie	15,7	1286	1291,3

Source : Le Monde : bilan du monde, la situation économique internationale, 2011, p. 91 et de la Banque Mondiale 2019

Tableau 5 : Coefficient de Gini et classement des pays d'Afrique de l'Ouest et d'Afrique Centrale à l'Indice de Développement Humain (IDH)

Pays	**Classement à l'IDH**	**Score à l'IDH**
	UEMOA	
Bénin	163	0,520 (indice de développement faible)
Burkina Faso	182	0,434 (indice de développement faible)
Côte d'Ivoire	165	0,516 (indice de développement faible)
Guinée-Bissau	178	0,461 (indice de développement faible)

Mali	184	0,427 (indice de développement faible)
Niger	189	0,377 (indice de développement faible)
Sénégal	166	0,514 (indice de développement faible)
Togo	167	0,513 (indice de développement faible)
Afrique de l'Ouest hors UEMOA		
Nigéria	158	0,534 (indice de développement faible)
Libéria	176	0,465 (indice de développement faible)
Sierra Leone	181	0,438 (indice de développement faible)
Ghana	142	0,596 (indice de développement moyen)
Guinée	174	0,466 (indice de développement faible)
Gambie	174	0,466 (indice de développement faible)
Cap-Vert	126	0,651 (indice de développement moyen)
CEMAC		
République centrafricaine	188	0,381 (indice de développement faible)
Cameroun	150	0,563 (indice de développement moyen)
Gabon	115	0,703 (indice de développement élevé)

République du Congo	138	0,608 (indice de développement moyen)
Guinée Equatoriale	144	0,588 (indice de développement moyen)
Tchad	187	0,401 (indice de développement faible)
Afrique Centrale hors CEMAC		
République Démocratique du Congo	179	0,459 (indice de développement faible)
Sao Tomé-Et-Principe	137	0,609 (indice de développement moyen)

Source : Commission des finances de la France, d'après le Rapport sur le développement humain 2019 du Programme des Nations Unies pour le Développement.
http://hdr.undp.org/sites/default/files/hdr_2019_overview_-_french.pdf

Le Ghana, Sao Tomé-Et-Principe et le Cap-Vert enregistrent des Indices de Développement Humain plus élevés que la Côte d'Ivoire. Or, ce dernier est considéré comme un pays économiquement avancé en Zone Franc.

1.3. Le Franc CFA et ses mécanismes, des leviers du pillage des économies africaines

La critique contre le système CFA ne doit pas être idéologique mais technique. En effet, nous devons présenter les limites de chaque principe afin que les populations saisissent le bien-fondé de notre lutte.

Dans les lignes qui suivent, nous présentons tour à tour les problèmes que posent les principes fondamentaux de la coopération monétaire entre la France et les Pays Africains de la Zone Franc.

a) La parité fixe entre le Franc CFA et l'Euro

Le régime de change désigne l'ensemble des règles par lesquelles un pays ou un ensemble de pays organise la détermination des taux de change. Il existe une grande variété de taux de change correspondant plus ou moins à deux grands types de régimes : le régime de change fixe et le régime de change flottant (ou flexible).

Dans un régime de change flexible (ou flottant), aucun engagement n'est pris au sujet du taux de change qui évolue librement, en fonction de l'offre et de la demande sur le marché des changes. Il existe de même plusieurs formes de régimes de changes flottants, depuis le régime *« pur »* dans lequel seul le marché définit l'équilibre, jusqu'au régime de flottement administré, dans lequel les banques centrales interviennent de façon coordonnée pour informer le marché des taux de change souhaités ; ce qui est notamment le cas de la Chine.

Avec le poids grandissant de la Chine dans le commerce international, la maîtrise du taux de change de la devise chinoise, le Yuan, par la Banque Populaire de Chine, est devenue un thème de débat récurrent lors des sommets économiques mondiaux.
La Chine est en effet souvent accusée de ne pas jouer le jeu des changes flottants, comme la plupart des pays développés, en maintenant sa devise sous-évaluée afin de favoriser ses exportations. Cette politique monétaire plus dirigiste qu'ailleurs est considérée comme une forme de concurrence déloyale par ses partenaires commerciaux, en premier lieu les Etats-Unis.

Quant au régime de change fixe, le cours d'une devise est fixé par rapport à un étalon, souvent une monnaie ou un panier de monnaies, par la banque centrale qui émet cette devise. Le cours ainsi fixé est appelé le cours pivot (ou parité fixe) et constitue le taux de change de référence autour duquel une certaine marge de fluctuation peut être autorisée (de plus ou moins quelques pourcents). Les autorités monétaires sont tenues de défendre le cours pivot pour le maintenir à l'intérieur de la marge de fluctuation autorisée. Néanmoins, des modifications du cours pivot (dévaluation ou réévaluation) peuvent être autorisées sous certaines conditions.

Il existe plusieurs formes de régimes de change fixes. Un taux de change pivot peut être fixé avec une marge de fluctuation autorisée plus ou moins large.

Dans un régime de monnaie unique (cas de l'Euro ou du Franc CFA), une banque centrale établit des taux de changes fixes et irrévocables, les monnaies locales étant remplacées par une monnaie commune.

Dans un système de caisse d'émission, en anglais *currency board* (cas du peso argentin de 1991 à 2001), l'émission de monnaie dépend strictement des quantités de monnaies de référence mises en réserve par la banque centrale du pays concerné. Parfois les deux monnaies (locale et de référence) circulent librement à l'intérieur du pays.

Les pays de la Zone Franc sont en régime de change fixe avec l'Euro depuis son avènement en Janvier 2000. En théorie, la crédibilité des engagements dans le domaine de la politique de change et des décisions de politique monétaire et financière explique souvent l'adoption d'un système de change fixe.

L'argument stipule que la fixité du taux de change nominal permet d'importer la crédibilité de la politique monétaire du pays de rattachement de la monnaie domestique (FRENKEL, GOLDSTEIN et MASSON, 1991 ; GHOSH et al. 1995 ; DORNBUSCH, 2001 ; GHOSH et al., 2000). Le gain de crédibilité ainsi réalisé guide les anticipations des agents économiques et accroît l'efficacité de la politique monétaire dans la gestion conjoncturelle de l'économie. Par la crédibilité et la discipline des politiques monétaires et budgétaires, le régime de change fixe concourt à la création d'un environnement économique intérieur stable (inflation faible, taux d'intérêt bas et faible incertitude sur le taux de change) favorable à l'investissement et au commerce (GHOSH et al., 1995) et, par-là, à une croissance économique relativement plus stable et soutenue. Par conséquent, les régimes de changes fixes diminueraient les risques d'instabilité de la croissance qui proviennent de politiques monétaires et budgétaires laxistes observées dans nombre de pays en développement à l'instar des pays d'Amérique Latine dans les années 80. Mais cette parité fixe est discutable quant à ses effets positifs sur nos économies au regard des chocs qu'elles subissent. Concernant l'inflation, son taux a été, à l'origine, inférieur en Zone Franc qu'il ne l'a été en moyenne dans les autres pays africains comme le montre le graphique 7.

Graphique 7 : Evolution du taux d'inflation dans les Unions de la Zone Franc comparées à l'Afrique Subsaharienne de 1996 à 2016

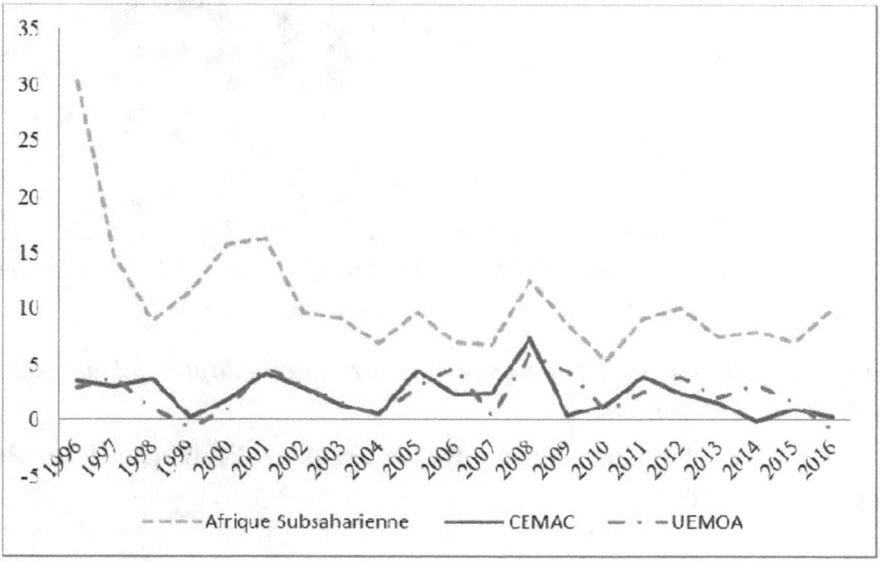

Note : Variation des prix à la consommation en glissement annuel. L'Afrique subsaharienne est composée de 42 pays.

Source : Patrick GUILLAUMONT et Sylviane GUILLAUMONT Jeanneney (2017) à partir des données du FMI, IFS, de la BEAC et de la BCEAO

Les États membres de l'UEMOA et ceux de la CEMAC présentent, eux aussi, des taux d'inflation bas, en particulier s'ils sont comparés à ceux de leurs partenaires et voisins.

Les graphiques 8 et 9 présentent le taux d'inflation moyen des pays d'Afrique de l'Ouest et d'Afrique Centrale entre 2010 et 2019.

Graphique 8 : Taux d'inflation moyen des pays d'Afrique de l'Ouest entre 2010 et 2019

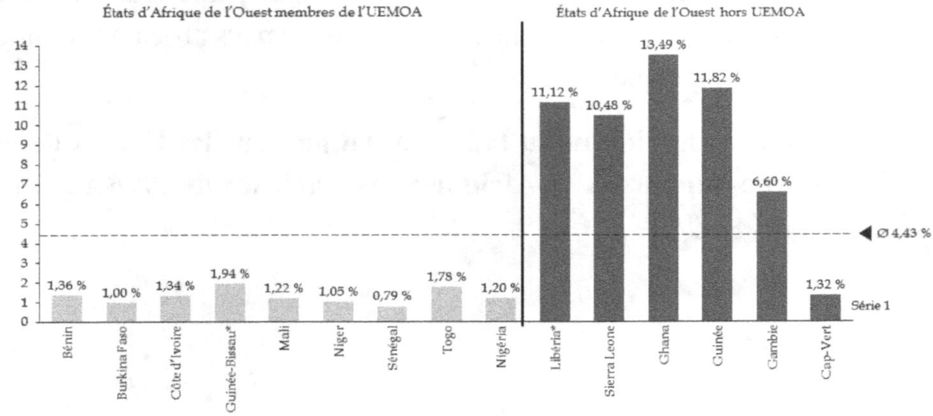

Note : Pour la Guinée-Bissau, la Banque Mondiale ne dispose que des taux d'inflation pour les années 2010 à 2014, tandis que pour le Libéria, les données ne sont disponibles que pour les années 2010 à 2018.

Source : Commission des finances de la France, d'après les données de la Banque Mondiale

Graphique 9 : Taux d'inflation moyen des pays d'Afrique Centrale entre 2010 et 2019

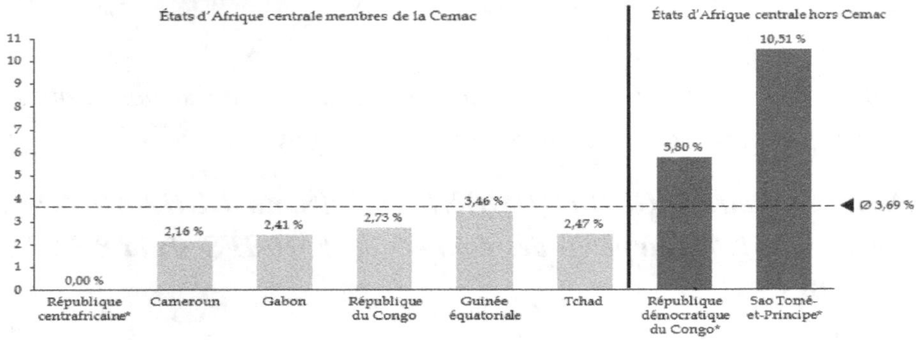

Note : Pour la République Démocratique du Congo, la Banque Mondiale ne dispose que des taux d'inflation pour les années 2010 à 2016, et que des années 2010 à 2018 pour Sao Tomé-Et-Principe.

Source : Commission des finances de la France, d'après les données de la Banque Mondiale.

La stabilité de la monnaie permet à la fois de contenir l'inflation et de maintenir un niveau de réserves suffisant. Une abondante littérature montre les bienfaits à long terme de la stabilité monétaire pour la croissance et la réduction de la pauvreté (notamment S. FISCHER, 1993)[20]. En effet, une inflation forte et instable est une source de variabilité du taux de change réel et des prix relatifs.
L'instabilité de la structure des prix rend moins efficace l'allocation des ressources dans l'économie et réduit la croissance (GUILLAUMONT *et al.,* 1999)[21]. Au-delà même de son effet négatif sur la croissance, l'inflation nuit particulièrement aux pauvres qui ne disposent pas de moyens de s'en protéger.
Cependant, la principale objection faite à la Zone Franc serait de nuire à ses performances de croissance. À cet égard, la difficulté de certaines entreprises (notamment parmi les Petites et Moyennes Entreprises) à obtenir des crédits bancaires et les taux d'intérêt débiteurs élevés qui leur sont appliqués, sont souvent incriminés. Mais, ils ne résultent pas des règles de la Zone Franc.

Toutefois, notons que cet avantage, très souvent mis en avant par les autorités françaises, présente des limites. En effet, une inflation trop basse dans les pays en développement, en particulier, n'est pas forcément signe de bonne santé économique. Au contraire, un pays qui croît fortement devrait pouvoir accepter une inflation plus haute si cette dernière était de nature à renforcer la croissance économique. En 2018, sur les données de la Banque Mondiale couvrant la période 1990-2016, et en employant un modèle de type *Panel Threshold Regression* (PTR)

---

20 L'objectif en Zone franc n'est pas une inflation nulle mais une inflation contenue à 3% par an selon les règles de la surveillance multilatérale.

21 C. PATTILLO, C. TSANGRIDES et P. VAN DEN Boogaerde (2008) ont établi sur un échantillon de pays africains durant la période 1960-2000 que l'inflation exerce un impact négatif sur la croissance. Leur analyse économétrique suggère de plus qu'un faible niveau d'inflation exerce un effet sur la croissance plus favorable dans les deux Unions de la Zone Franc (particulièrement en UEMOA) que dans les autres pays africains. Cette spécificité s'explique sans doute par la confiance des agents économiques dans la pérennité de cette stabilité.

à la HANSEN (1999)[22], nous avons déterminé la valeur seuil et estimé les paramètres d'un panel de 13 Pays Africains de la Zone Franc (CFA) et des BRICS (Brésil, Russie, Inde, Chine et République Sud-Africaine). Les résultats de cette méthode soutiennent fortement l'idée que la relation entre l'inflation et la croissance est non-linéaire avec un seuil de 3,17 % dans la Zone CEMAC, 11,30 % dans l'Union Economique et Monétaire Ouest Africaine (UEMOA) et 7,04 % dans les BRICS. En particulier, l'étude indique que l'objectif de 2 % fixé par la BCEAO pour les pays de l'UEMOA peut être révisé à la hausse sans affecter la croissance. Pour les BRICS, ils devraient éviter des taux d'inflation supérieurs à 7 %.

Plus sérieux peut paraître l'argument d'une surévaluation durable des Francs CFA. À ce niveau, l'analyse de l'évolution du Taux de Change Effectif Réel (TCER) permet d'appuyer le constat précédent. De nombreuses études empiriques ont ainsi mis en évidence une surévaluation du Franc CFA de l'ordre de 10 %. Or, la surévaluation du Franc CFA plombe la compétitivité-Prix des économies de l'UEMOA. Lorsque des pays comme la Chine, le Vietnam, le Bangladesh, l'Île Maurice et bien d'autres se sont enrichis, ils ont maintenu leurs monnaies compétitives afin que leurs exportations puissent concurrencer celles des autres pays. Bien plus, cette monnaie ne favorise pas le commerce entre les pays de la Zone Franc. En effet, la part des échanges entre les économies de l'Union Economique et Monétaire Ouest Africaine (UEMOA) est structurellement faible, comprise entre 10 et 15 %, d'une année à l'autre. Cette faiblesse du commerce intracommunautaire n'est qu'en apparence étonnante : en effet, dans la mesure où les économies de l'UEMOA maintiennent une insertion primaire au sein du commerce international, elles sont plus substituables que complémentaires les unes vis-à-vis des autres. À cet égard, une étude de la Fondation pour les Etudes et Recherches sur le Développement International (FERDI) demandée par le gouvernement

---

22 HANSEN, B. (1999). Threshold Effects in Non-Dynamic Panels : Estimation, Testing, and Inference. Journal of Econometrics, 93, 345-368.

français et publiée en janvier 2020 conclut que : « *en longue période, les résultats ne montrent pas de différence significative de croissance des pays de la Zone Franc par rapport aux autres pays en développement, africains ou non [...] En outre l'effet marginal des conflits ne semble pas être différent en Zone Franc de ce qu'il est ailleurs* »[23]. Cette conclusion indique que l'appartenance à la Zone Franc n'apporte rien de façon substantielle par rapport aux pays hors Zone Franc. En lui-même, le fonctionnement de la Zone Franc n'aurait donc pas d'influence positive sur le niveau de croissance. Les données de la FERDI, représentées dans le graphique 10, indiquent que les performances des pays de l'UEMOA ou de la CEMAC en matière de croissance du PIB ne sont pas systématiquement inférieures à celles des autres pays d'Afrique Subsaharienne. Ainsi, depuis 2012, alors que la croissance dans ces pays s'est ralentie, les économies de l'UEMOA ont continué de croître à un rythme élevé. À l'inverse, au début des années 2000, la croissance moyenne en Afrique Subsaharienne était significativement supérieure à celle des pays de la Zone Franc CFA de l'Afrique de l'Ouest.

23 MM. Sosso FEINDOUNO, Samuel GUERINEAU, Patrick GUILLAUMONT, Patrick PLANE et Mme Sylviane GUILLAUMONT Jeanneney, Zone Franc, croissance économique et réduction de la pauvreté, Fondation pour les études et recherches sur le développement international (FERDI), janvier 2020.

Graphique 10 : Evolution de croissance du PIB de l'ASS, CEMAC et UEMOA *(en % du PIB en dollars constants des Etats-Unis de 2010)*

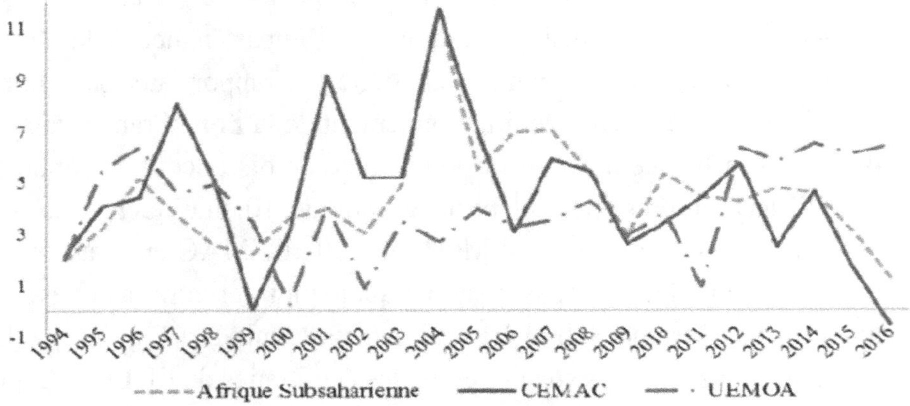

Source : FERDI (Fondation pour les Études et Recherches sur le Développement International)

Lorsqu'on regarde les statistiques de 2010 à 2019, les performances de croissance de l'UEMOA sont plutôt positives, la zone connaissant en moyenne une croissance annuelle supérieure à 6 % depuis 2012.

Graphique 11 : Taux moyen de croissance en Afrique de l'Ouest entre 2010 et 2019

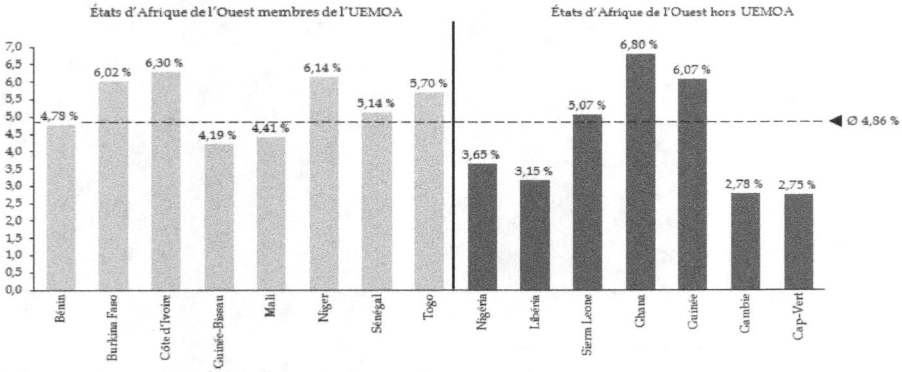

Source : Commission des finances de la France, d'après les données de la Banque Mondiale

Dans son rapport sur les perspectives économiques pour l'Afrique de l'Ouest en 2020, la Banque Africaine de Développement expliquait que « *les pays d'Afrique de l'Ouest pouvaient généralement être classés en quatre groupes* » en fonction de leur rythme de croissance[24] :

- Groupe I : les pays qui affichent de manière constante un taux de croissance annuel moyen plus élevé que le reste de la zone, supérieur à 5 %. On y trouve la majorité des pays de l'UEMOA : le Bénin, le Burkina Faso, la Côte d'Ivoire, le Niger et le Sénégal, en plus du Ghana et de la Guinée ;

- Groupe II : les pays pour qui la croissance a été la plus lente et devrait demeurer faible. Ce sont le Nigéria et le Libéria.

- Groupe III : les pays dont la croissance a progressé entre 2017 et 2019 (d'un taux annuel moyen de moins de 5 % à un taux moyen annuel de plus de 5 %). On y trouve le Togo, la Gambie et le Cap-Vert ;

- Groupe IV : les pays qui se caractérisent par une croissance fluctuante, après un ralentissement en 2018 compensé par un rebond d'environ 5 % en 2019. On trouve dans ce groupe le Mali, la Guinée-Bissau et la Sierra Leone.

Ainsi, en dépit d'un poids très disparate de ces groupes dans la croissance de l'Afrique de l'Ouest, ce sont les pays du Groupe I qui contribuent de plus en plus à la croissance de la zone. On remarque que les pays de l'UEMOA sont majoritairement dans ce groupe.

Mais le Ghana fait mieux que la Côte d'Ivoire, le pays le plus performant. Seul le Niger fait mieux que la Guinée en matière de croissance économique.

Cependant, dans la CEMAC, la croissance est beaucoup plus heurtée, la performance de ces pays dépendant en grande partie des exportations de pétrole. Le Cameroun et le Gabon sont les pays qui enregistrent les

---

24 *Banque Africaine de Développement, « Perspectives économiques en Afrique de l'Ouest 2020 - Faire face à la pandémie du covid-19, page 4. https://www.afdb.org/fr/documents/perspectives-economiques-en-afrique-de-louest-2020-faire-face-la-pandemie-du-covid-19*

taux de croissance les plus élevés. La République Démocratique du Congo, qui a sa propre monnaie, fait beaucoup mieux que tous les pays de la CEMAC.

Graphique 12 : Taux moyen de croissance en Afrique Centrale entre 2010 et 2019

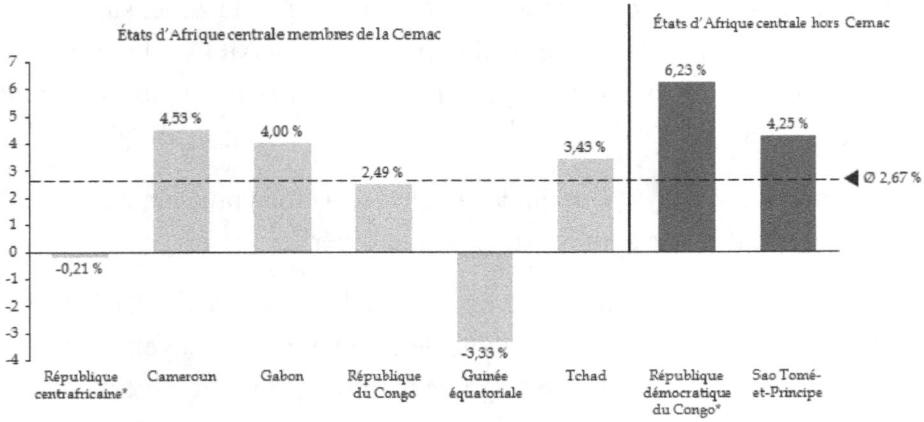

Source : Commission des finances de la France, d'après les données de la Banque Mondiale (disponible à l'adresse suivante : https://www.senat.fr/rap/r19-729/r19-7296.html#fn46)

Notons, pour conclure sur la fixité des taux de change, que cette exigence oblige chaque pays membre à importer mécaniquement les chocs de politique monétaire du pays d'ancrage (GOLDSTEIN, 2002). Il devient alors parfois nécessaire de procéder à des modifications du taux de change pour modifier les transmissions de ces perturbations monétaires à l'économie domestique. La marge de manœuvre de la politique budgétaire peut également s'amenuiser considérablement si le pays ne dispose que d'un accès restreint à des financements extérieurs.

b) La convertibilité illimitée est purement virtuelle et théorique

La convertibilité est la possibilité pour une monnaie d'être librement échangée contre une autre monnaie. Si la majeure partie des pays les plus avancés (Etats-Unis, Canada, Grande Bretagne, Zone Euro, Japon, etc.) ont des devises librement convertibles, de nombreux pays continuent d'avoir une politique monétaire qui tend à maîtriser la quantité de monnaie convertible.

Selon le Trésor français, la convertibilité *« désigne la propriété d'une monnaie d'être librement inchangeable à tout moment contre de l'or ou contre une devise étrangère, ce qui suppose que les autorités soient en capacité de satisfaire toute demande de conversion présentée »*[25]. Selon cette règle donc, le Trésor français promet d'intervenir lorsque les comptes extérieurs des PAZF afficheront des indicateurs rouges, c'est-à-dire lorsqu'ils ne seront pas en mesure d'honorer leurs importations afin de régler *« les sommes nécessaires »* en Euros. Théoriquement, cette supposée convertibilité devait accroître les Investissements Directs Etrangers (IDE) en Zone Franc. Et pourtant, les chiffres ne confirment pas cette assertion. Les IDE en Afrique sont tombés à 42 milliards de dollars en 2017 contre 52,5 milliards de dollars en 2016, soit un recul de 21 %, d'après le dernier *« rapport sur l'investissement dans le monde en 2018 »*, publié le 6 juin par la CNUCED. Néanmoins, cette baisse diffère selon les régions. L'Afrique de l'Est est la zone où les IDE ont le moins reculé, à peine - 3 %. La région du Maghreb-Machrek a aussi bien résisté (- 4 %) avec l'Egypte qui reste le champion des investissements en Afrique. L'Afrique de l'Ouest a connu une baisse de 11 % de ses IDE, tandis que la chute était plus brutale pour l'Afrique Centrale (- 22 %) et surtout l'Afrique Australe (- 66 %) pour atteindre 3,8 milliards de dollars. Une situation qui n'est pas étrangère à la diminution de 41 % des flux vers l'Afrique

---

25 Site du Trésor français, retraçant l'évolution du Franc CFA https://www.tresor.economie.gouv.fr/Ressources/8047_40-ans-dhistoire-de-la-zone-franc

du Sud en raison des difficultés du secteur des produits de base et des incertitudes politiques. En 2016, l'Afrique du Sud, l'Egypte, le Nigéria, le Maroc et l'Angola avaient reçu plus de 50 % des stocks d'IDE entrants en Afrique. La CEMAC représentait seulement 7,1 % de ces stocks en 2016 tandis que la part de l'UEMOA se situait à 3 %. Seuls 3 pays de la Zone Franc figuraient dans le top 20 africain ; le Congo (10e), la Guinée Equatoriale (17e), et la Côte d'Ivoire (20e). Le Ghana qui, rappelons-le, a sa monnaie, le CEDI, enregistre un stock d'IDE entrant supérieur à celui de tous les pays de l'UEMOA réunis. Notons que malgré la supposée stabilité du Franc CFA, les investisseurs européens et français en particulier, préfèrent investir au Nigéria, au Maroc et ailleurs en dehors de la Zone Franc. En 2017, les IDE français s'élevaient à 8,7 milliards d'Euros au Nigéria, 1er pays bénéficiaire en 2017, suivi de très loin par les grands pays de la Zone Franc CFA, la Côte d'Ivoire (2,3 milliards d'Euros) et le Sénégal (2,1 milliards d'Euros).

La parité fixe entre le Franc CFA et l'Euro supprime ainsi le risque de change entre les deux zones. Du coup, le peu d'IDE que les pays de la Zone Franc enregistrent provient de la Zone Euro. En 2011, les IDE provenaient à 43 % de la Zone Euro contre 49,9 % en 2007 (BCEAO, 2013). Lorsqu'on analyse plus en détail la structure de ces IDE, on peut s'apercevoir que les quatre principaux récipiendaires de ces IDE sont le Niger, la Côte d'Ivoire, le Mali et le Sénégal. Dans ces quatre pays, ces IDE sont principalement français (BCEAO, 2013). Par exemple, en Côte d'Ivoire en 2011, 46,7 % des IDE provenaient de la France et 10,8 % de l'UE. D'un autre côté, au Sénégal, la part des IDE français avoisinait les 50 %.

Même si ces dernières années les IDE progressent, ceux des Pays de la Zone Franc demeurent toutefois inférieurs en volume aux IDE captés par d'autres pays africains, en particulier en Afrique du nord et du sud. Les données présentées par la Banque Mondiale (entrées nettes des IDE en pourcentage du PIB) offrent ainsi une vision contrastée. En moyenne dans l'UEMOA, les flux d'IDE se sont élevés à 1,47 % du PIB en 2018, contre 0,5 % au Nigéria mais 4,6 % au Ghana. La CEMAC se distingue par un flux d'IDE représentant 8,9 % de son PIB en 2018. Signalons toutefois que cette proportion significativement plus haute s'explique notamment par le poids des industries extractives dans les économies des États membres.

Notons également que l'accroissement des IDE n'a rien à voir avec la convertibilité de la monnaie. Le Naira n'est pas convertible pourtant le Nigéria est un géant économique. De même, la Roupie n'est pas convertible, pourtant l'Inde est une puissance économique.

Pour finir, comment comprendre que les Francs CFA de la BCEAO et ceux de la BEAC ne soient pas convertibles alors que ces deux monnaies le sont en théorie par rapport à l'Euro ? C'est une politique délibérée de la France pour encourager les échanges entre la métropole et les Pays Africains de la Zone Franc. Dans le même temps, les échanges entre les pays africains sont découragés. C'est ce que dit Nicolas AGBOHOU (2000) en ces termes : *« Les francs CFA émis par les deux banques du continent ne sont pas convertibles entre eux. Or, la monnaie est par définition un excellent moyen d'échange entre les agents économiques. En conséquence, l'absence de convertibilité entre les deux catégories de devises ci-dessus désignées a pour but de décourager structurellement les transactions commerciales entre l'Afrique de l'Ouest et l'Afrique Centrale. Les pays membres de ces deux zones monétaires sont liés à la France qui demeure la première destinataire de leurs exportations »*. Avec une telle disposition, c'est-à-dire l'inconvertibilité entre les Francs CFA de la BEAC et ceux de la BCEAO cloisonne commercialement ces deux régions africaines qui excellent, de ce fait, dans l'accomplissement de leur rôle colonial de fournisseurs de matières premières brutes à la France ; ce qui perpétue sa domination sur les Pays Africains de la Zone Franc.

c) Une libre transférabilité porteuse de sorties de capitaux

Cette disposition favorise la sortie des capitaux. Comme le rappelle SAMUELSON, *« La libre transférabilité représente une condition permissive du rapatriement des bénéfices et de la fuite fiscale, d'où un risque de détournement de l'épargne »* (SAMUELSON, 1990, p.4).

Une entreprise française opérant en Zone CFA est libre de transférer, sans la moindre tracasserie administrative, la totalité de ses revenus et bénéfices en France. Ce qui n'est pas le cas dans les autres pays.

Les économistes Léonce NDIKUMANA et James BOYCE[26] ont estimé l'ampleur des dettes extérieures qui alimentent les sorties de capitaux. Sur la période de 1970 à 2008, pour 33 pays dont 7 de la Zone Franc, ils indiquent que, pour 1 dollar prêté, 60 cent partent la même année sous forme de sorties de capitaux. Par ailleurs, pour chaque dollar supplémentaire de prêt étranger accordé à l'Afrique, entre 2 à 17 cent se retrouvent déposés dans des banques étrangères. En Côte d'Ivoire, les fuites de capitaux, en incluant les intérêts qu'ils auraient pu produire, ont été estimées en 2008, sur la période 1970-2008, à 66,2 milliards de dollars. Le système CFA favorise la fuite des capitaux.

Selon la CNUCED, la fuite des capitaux en 30 ans des pays africains depuis les indépendances dépasse 400 milliards de dollars américains. Selon HUGON (1999, p.99), on estime l'hémorragie des capitaux hors UEMOA à 3 milliards de Francs français en 1991, 4,6 milliards en 1992 et 5 milliards durant les 6 premiers mois de l'année 1993. Les placements spéculatifs effectués en Francs CFA en France entre janvier 1990 et juin 1993 s'élevaient à 928,75 milliards de Francs CFA, soit environ 1,416 milliards d'Euros. Par exemple, on note que le montant des transferts sans contrepartie des ménages non africains sortis des PAZF en direction de la France et le Reste Du Monde (RDM) est passé de 89 millions de dollars (en 1970) à 434 millions de dollars (en 1993). Le montant cumulé de ces transferts est estimé à 3.783,6 millions de dollars (soit 2.200 milliards de Franc CFA). La libre transférabilité des fonds peut être un facilitateur des flux financiers illicites. Le groupe de haut niveau, chargé de la question des Flux Financiers Illicites (FFI), dirigé par l'ancien président sud-africain, Thabo MBEKI, a évalué l'ampleur du phénomène. Il est arrivé à la conclusion que l'Afrique perd chaque année la somme colossale de 50 milliards de dollars (environ

26https://www.global-labour-university.org/fileadmin/GLU_Column/FR_papers/no_82_Boyce_Ndikumana_FR.pdf

25.000 milliards de Franc CFA), soit plus que l'aide publique qu'elle a reçue en 2012 (46 milliards de dollars). Dans certains pays africains, il y a même eu plus de sorties de capitaux que d'entrées. Selon le groupe d'experts, la fuite des capitaux illicites représenterait 3 % du PIB au Mali, contre 6 % pour la Côte d'Ivoire et 1 % au Sénégal. Sur cette base, on peut estimer à 178 milliards de Francs CFA les flux financiers illicites au Mali. Selon les auteurs du Rapport Thabo MBEKI, présenté et adopté lors du 24e Sommet de l'Union Africaine tenu les 30 et 31 janvier 2015 à Addis-Abeba, l'Afrique a perdu durant les cinquante dernières années, plus de 1.000 milliards de dollars du fait des flux financiers illicites. Et le phénomène a augmenté de 20,2 % par an durant la période 2002-2011, selon *l'Association Global Financial Integrity*. Ces flux illicites privent l'Afrique et ses habitants de perspectives d'avenir, compromettent la transparence et la responsabilité, et sapent la confiance dans les institutions africaines.

D'après un rapport de la CNUCED[27] sur le développement économique en Afrique, la fuite des capitaux a été estimée à 88,6 milliards de dollars en moyenne pour la période 2013-2015, soit environ 3,7 % du PIB africain. En 2014, l'Afrique a perdu 9,6 milliards de dollars au profit des paradis fiscaux, soit 2,5 % du total de ses recettes fiscales. La perte de recettes fiscales au profit des Flux Financiers Illicites (FFI) est particulièrement coûteuse pour l'Afrique. De 2000 à 2015, le total des capitaux illicites qui ont fui l'Afrique s'est élevé à 836 milliards de dollars. Par rapport au stock total de la dette extérieure de l'Afrique qui s'élevait à 770 milliards de dollars en 2018, il faut dire que cela fait de l'Afrique un *« créancier net du monde »*, fait valoir le rapport.

Pour les Pays Africains de la Zone Franc, une façon de lutter contre les Flux Financiers Illicites (FFI) est de mettre fin au système CFA et à son principe de libre transférabilité des fonds à l'intérieur de la Zone Franc.

27 https://unctad.org/fr/system/files/official-document/aldcafrica2020_fr.pdf

1.4. L'accord de coopération est plus budgétaire que monétaire

Les banques centrales des Zones CFA n'assument pas elles-mêmes la fixité de leurs monnaies avec l'Euro. C'est le Trésor français, c'est-à-dire le budget de l'État (et non pas la Banque de France), qui en a la charge. Le problème résultant de réserves limitées ne se pose pas a priori mais, en contrepartie, les pays des deux Zones CFA déposent auprès du Trésor public, en France, leurs réserves de change. Le Trésor français apporte ainsi une garantie de convertibilité présentée comme illimitée des monnaies émises par les instituts d'émission de la Zone Franc. En contrepartie de cette convertibilité, les réserves de change sont centralisées à deux niveaux : les États des deux zones (UEMOA et CEMAC) centralisent leurs réserves de change auprès de leurs banques centrales, lesquelles sont tenues d'en déposer 50 % auprès du Trésor français sur un Compte d'Opérations ouvert au nom de chacune d'elles (au-delà de ce seuil, des dépôts facultatifs sont possibles sur un *« compte spécial de nivellement »).* Ces comptes sont rémunérés au taux de facilité de prêt marginal de la BCE, des taux aujourd'hui très bas : 0,3 % depuis le 10 septembre 2014 ; 0,25 % depuis le 16 septembre 2019 ; 0,75 % depuis le 27 juillet 2022 ; 2,25 % depuis le 2 novembre 2022 ; 3,75 % depuis le 22 mars 2023 ; 4,5 % depuis le 2 août 2023. Cette augmentation des taux de facilité de prêt marginal de la BCE est une réponse aux pressions inflationnistes constatées en Europe. Notons que ces comptes offrent, en théorie, la possibilité d'un découvert présenté comme illimité, moyennant un paiement d'intérêts en cas de position débitrice. Par exemple, la banque centrale de l'UEMOA dispose d'un Compte d'Opérations ouvert auprès du Trésor français. L'obligation de dépôt était conçue comme une contrepartie de la garantie apportée par la France. En cas de déséquilibre, le Compte d'Opérations de la banque centrale peut être débiteur ou à découvert. Dans ce cas, la France prête des Euros afin que cette banque puisse faire face à ses engagements externes et continuer d'assurer la parité du change avec l'Euro. Il convient, cependant, de souligner que le fait que le Compte d'Opérations soit ouvert au niveau du Trésor français et non de la Banque de France montre que l'accord qui lie les pays africains à la France est un accord budgétaire et non un accord monétaire. Dans ce sens, c'est le Trésor public français et non la Banque de France qui assure la garantie de convertibilité. Ce qui signifie que la Banque de France, qui fonctionne de plus en plus comme une simple agence de la Banque Centrale Européenne, n'aurait aucun moyen d'intervenir dans l'éventualité d'un Compte d'Opérations débiteur pour couvrir la monnaie africaine. En effet, le rôle de la Banque de France est de contrôler l'inflation en maintenant la stabilité des prix. De ce fait, elle participe aux décisions de la politique monétaire de la BCE et se charge de les implémenter en France. Elle est la banque des banques et injecte des liquidités dans l'économie française en prêtant aux banques. Elle se charge aussi d'imprimer les billets, de garder les réserves nationales d'or, gère les devises et surveille les moyens de paiement. Logiquement, l'accord monétaire devait être l'affaire de la Banque de France et non du Trésor français qui est le banquier de l'État français. En effet, le Trésor public est connu des contribuables comme l'organisme auquel ils envoient le règlement de leurs impôts sur le revenu et de leurs contraventions. Il n'a pas de personnalité juridique distincte de l'État : payer des impôts ou des amendes au Trésor public, c'est les payer à l'État. Les services du Trésor public remplissent trois fonctions :

- caissier : le Trésor gère le compte de l'État auprès de la Banque de France (principe de l'unité de caisse), recouvre la plupart des impôts et des recettes, paie les dépenses qui sont "ordonnancées" (prescrites) par les autres services de l'État (principe de séparation de l'ordonnateur et du comptable) et en contrôle la régularité ;
- comptable : le Trésor établit la comptabilité de toutes les personnes morales de droit public (exemple : Etat, collectivités territoriales) ;
- financier de l'État : le Trésor émet des emprunts ou en mobilise les dépôts effectués par les "correspondants du Trésor", c'est-à-dire de l'ensemble des personnes ou organismes publics et

parapublics qui ont la faculté ou l'obligation de déposer des fonds auprès du Trésor public.

En définitive, l'accord de coopération monétaire entre les Pays Africains de la Zone Franc et la France est plus budgétaire que monétaire. La raison est simple : ces pays ne traitent pas avec la Banque de France mais avec le Trésor français. C'est donc une *« affaire de l'État français »*. C'est simplement une façon de la France de garder encore dans son giron, des pays qui l'aident à demeurer une puissance économique dans ce nouveau monde. Avec l'entrée en vigueur de l'Euro, si l'on avait affaire à une véritable coopération monétaire, alors la France aurait dû simplement passer la *« main »* à la Banque Centrale Européenne, pour gérer cette coopération monétaire. Et pourtant, la BCE n'a rien à dire sur cette coopération, même si le Franc CFA est lié à l'Euro sur la base d'une parité fixe.

1.5. Un coup d'opportunité subi sur les dépôts logés au Trésor français

Les Pays Africains de la Zone Franc ont un manque criard en matière d'infrastructures sanitaires, universitaires, scolaires, de transport, etc. Et pourtant, des sommes colossales sont déposées au Trésor français. Entre 2018 et 2019, les dépôts des Banques Centrales de la Zone Franc ont significativement augmenté (+ 3,1 milliards d'Euros[28]), ce qui s'explique, au moins partiellement, par des conditions de rémunération sécurisées et attractives par rapport à celles proposées par le marché. Ces avoirs sont assortis d'une garantie de change, un mécanisme qui protège les avoirs extérieurs nets des Banques Centrales de la Zone Franc contre la dépréciation de l'Euro par rapport aux Droits de Tirage Spéciaux (DTS) (Figure 3). Notons que la fluctuation du montant des dépôts des Banques Centrales Africaines et de leur rémunération s'explique par trois facteurs principaux : la variation du taux directeur de la Banque Centrale Européenne, la sollicitation par les banques

---

28 Cour des comptes, note d'analyse de l'exécution budgétaire 2019, « *Gestion de la dette et de la trésorerie de l'Etat* », https://www.ccomptes.fr/system/files/2020-04/NEB-2019-Gestion-dette-et-tresorerie-Etat.pdf

centrales de la Zone Franc de leurs réserves et leurs décisions de placement de ces réserves (si des conditions plus avantageuses de rémunération leur sont offertes sur d'autres comptes). Selon les responsables de la BCEAO, l'institution dispose au total de 32 comptes. Par exemple, la forte baisse observée en 2016, en CEMAC, s'expliquait par la chute des prix du pétrole et la mobilisation de ressources pour lutter contre Boko Haram et, dans l'UEMOA, par les politiques budgétaires expansionnistes menées par certains États membres et par la pression sur le cours des matières premières.

Malgré cette rémunération, il est remarquable de noter que cette obligation de centralisation réduit les liquidités disponibles pour le développement des économies locales. En achetant des devises aux agents économiques de leurs zones pour constituer leurs réserves, les banques centrales émettent de la monnaie locale et l'injectent dans l'économie locale. Ainsi, les devises reçues en contrepartie par les acteurs économiques peuvent être utilisées pour financer des projets de développement. Notons également que bien que rémunérant ce solde créditeur, la France bénéficie également d'une certaine manière de cette forme de solidarité. En effet, ce système de centralisation des devises de la zone contribue à financer une fraction, vraiment très petite (0,5 %) de sa dette publique (TINEL, 2016).

Figure 3 : Évolution du montant des dépôts des Banques Centrales Africaines et de leur rémunération depuis 2010 (en millions et en milliards d'Euros)

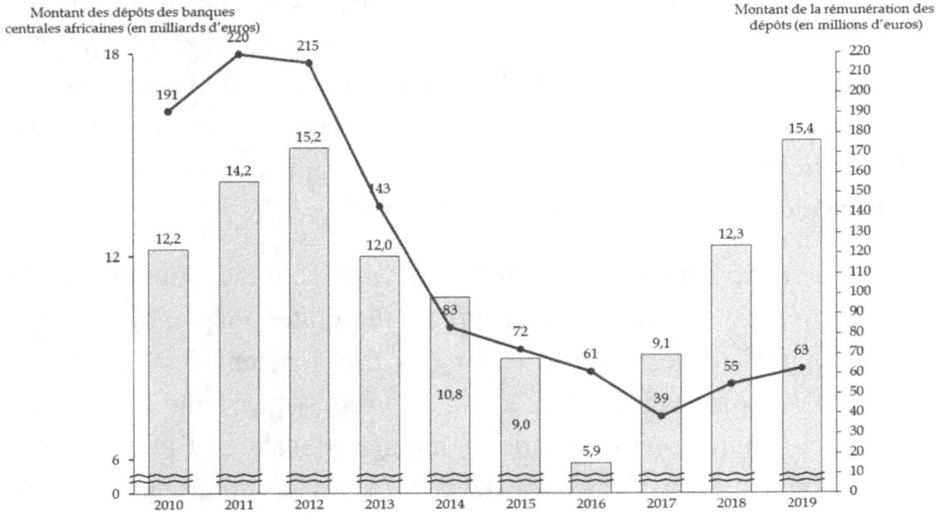

Source : Commission des finances de la France, d'après le compte général de l'État et les notes d'exécution budgétaire de la Cour des comptes sur le Compte d'Opérations « Gestion de la dette et de la trésorerie de l'État » pour les années 2010 à 2019.

Depuis la fin de l'année 2021, les Comptes d'Opérations sont fermés conformément au nouvel accord de Coopération Monétaire en date du 21 décembre 2019, en remplacement de l'ancien accord datant de 1973. La BCEAO a confirmé la clôture définitive du Compte des Opérations de l'UEMOA qui était ouvert au sein du Trésor public français, a appris l'Agence ECOFIN. On peut lire en bas de page du rapport sur les états financiers de la BCEAO en 2021 et dans la rubrique détaillant les avoirs extérieurs, la confirmation en ces termes : « *Conformément aux décisions des organes de l'Union, le Compte des Opérations a été clôturé* ».

Le Compte d'Opérations (Trésor français) qui culminait à 6.155, 941 milliards de FCFA au 31 décembre 2020 est tombé à 0 au 31 décembre 2021. Mais, le compte "correspondants et dépôts" qui était de 698,902 milliards de FCFA au 31 décembre 2020 est passé à 3.880,313 milliards de FCFA au 31 décembre 2021. De même, le portefeuille de titres qui était de 1.132,925 milliards de FCFA au 31 décembre 2020 est passé à 4.775,856 milliards de FCFA au 31 décembre 2021. On voit bien que les réserves retirées sur le Compte d'Opérations ont été investies ailleurs, surtout sur les comptes "correspondants et dépôts" sur le compte "portefeuilles de titres". Retenons toutefois que la fermeture du Compte d'Opérations ne veut nullement dire que la France ne contrôle plus rien au niveau du système CFA. Il suffit d'analyser en détail le poste "Correspondants et dépôts" des états financiers de la BCEAO pour fin 2021. Le compte ordinaire de la BCEAO à la Banque de France, dont le solde était de 147,411 milliards de FCFA au 31 décembre 2020, est passé à 339,772 milliards de FCFA au 31 décembre 2021. Le solde du "Compte ordinaire chez les autres correspondants", qui était de 332,238 milliards de FCFA au 31 décembre 2020, est passé à 3.540,541 milliards de FCFA au 31 décembre 2021.

Si la BCEAO avait gagné 24,1 milliards de FCFA en 2020, au titre des intérêts perçus sur le Compte d'Opérations, pour 2021, ce gain est naturellement de zéro. Mais au titre des intérêts acquis sur les comptes de "correspondants et dépôts", le solde, qui était de zéro au 31 décembre 2020, est passé à 3.569 millions de FCFA au 31 décembre 2021. Les "produits sur portefeuille de titres" ont rapporté à la BCEAO 29,180 milliards de FCFA au 31 décembre 2020 alors que l'institution a gagné 64,529 milliards de FCFA au 31 décembre 2021.

Ces chiffres appellent trois commentaires utiles pour la compréhension.

Le premier est que la fermeture du Compte d'Opérations ne signifie pas que la France ne contrôle plus les réserves des pays de la Zone UEMOA. En fait, une bonne partie des réserves qui étaient déposées au Trésor français seront désormais reversées sur le compte ordinaire à la Banque de France. Les montants déposés permettront à la France d'orienter, via ses experts à la BCEAO, la politique monétaire des pays membres de l'Union. D'ailleurs, sur les 8.694,687 milliards de FCFA que la BCEAO détient comme avoirs en monnaies étrangères au 31

décembre 2021, on remarque que 8.363,242 milliards de FCFA sont placés en Europe, dont 7.822,568 milliards de FCFA en Euro et 526,604 milliards de FCFA en USD.
Le second commentaire est que la fermeture du Compte d'Opérations au Trésor français va permettre à la BCEAO de placer ces réserves afin d'en tirer des intérêts. Au titre des avoirs en monnaies étrangères, le "portefeuille des titres" est passé de 1.132,925 milliards de FCFA au 31 décembre 2020 à 4.775, 856 milliards de FCFA au 31 décembre 2021. La BCEAO commence par profiter des intérêts qu'elle peut engranger de ses placements en titres sur les marchés les plus porteurs.
Le troisième commentaire concerne les lieux de placement de l'argent des Africains. Le rapport de la BCEAO de décembre 2021 évoque des placements "auprès des correspondants" et "auprès des autres correspondants", sans une réelle signification. Les sommes nouvelles collectées par la BCEAO ont des affectations avec des décideurs qui ne semblent pas être les Africains, puisqu'une partie substantielle de ces réserves sert d'abord à soutenir l'économie des pays riches ou des institutions financières multilatérales dont les principaux actionnaires sont les pays riches.
La décision de ces nouvelles affectations des réserves de pays de l'UEMOA est le fait des dirigeants français. Pour éviter que la France soit le seul pays à subir les critiques des Africains, elle a décidé que la manne africaine profite à plusieurs pays développés. Comme le note l'agence ECOFIN, ce sont environ 2.702 milliards de FCFA qui ont été prêtés à des pays développés, comme ceux de la Zone Euro, les Etats-Unis et plus généralement, les pays membres de l'OCDE ainsi qu'à des agences et institutions financières internationales. En définitive, l'argent des pays africains sert à financer les pays riches ou des agences et institutions financières internationales. Autrement dit, la BCEAO aurait prêté l'argent des pays membres de l'UEMOA à des institutions comme la Banque Mondiale, le FMI, la BAD, etc. Il ne s'agit donc pas d'une décision monétaire, économique ou financière, mais bien d'une décision politique qui ressemble à de la servitude monétaire. La France estime qu'elle n'est qu'un garant financier alors qu'elle décide encore de tout en catimini.

1.6. Des économies peu compétitives du fait de l'arrimage à l'Euro

Lorsque l'Euro se déprécie, les autres monnaies convertibles deviennent plus chères, tout comme les dettes détenues en dollars américain, tandis que les exportations sont plus compétitives. Or, cet avantage ne bénéficie, en réalité, que peu aux économies de la Zone Franc : leurs exportations reposent encore, en grande partie, sur des produits agricoles de base dont la demande est peu sensible aux variations de prix, contrairement à la demande pour les produits industriels.

Lorsque l'Euro s'apprécie, la compétitivité export des économies de la Zone Franc se dégrade. Leurs recettes baissent et les importations deviennent au contraire moins onéreuses. L'arrimage du Franc CFA à l'Euro pose alors un problème de compétitivité : à chaque fois que l'Euro s'apprécie, le Franc CFA s'apprécie également. Lorsqu'une monnaie faible est arrimée à une monnaie forte, comme l'Euro, cette situation ne peut que freiner le développement d'une industrie locale et compétitive. Pour les autorités françaises, cela ne change que peu de choses : les pays de la Zone ne disposant d'un avantage comparatif que sur un nombre restreint de produits agricoles, peu complexes et soumis à une forte instabilité de prix, le taux de change ne jouerait qu'un rôle faible par rapport aux performances des économies. En avançant de telles allégations, on oublie que dans une telle situation, la flexibilité du taux de change pourrait être une solution pour ces économies. En tout cas, les économies de l'UEMOA souffrent d'un problème de compétitivité-prix à l'export. Le Forum Economique Mondial, dans son rapport de 2019, a fait un classement de 37 économies africaines, sur 141 économies intégrées au classement. L'Ile Maurice et l'Afrique du Sud occupent les deux premières places du classement parmi les pays africains et se situent respectivement à la 52e et à la 60e place. Les pays africains les plus performants sont ceux d'Afrique du Nord et d'Afrique du Sud : l'écart de compétitivité avec les pays ouest-africains et d'Afrique Centrale ne peut donc pas seulement s'expliquer par une différence monétaire.

Quant aux résultats des économies ouest-africaines, leur classement est extrêmement proche, qu'elles appartiennent ou non à l'UMOA. Dans le classement du Forum Economique Mondial, les économies de l'UMOA se distinguent toutefois par leur score obtenu sur le pilier de la stabilité macroéconomique : il dépasse de 15 points (75 contre 60) celui obtenu par les pays d'Afrique de l'Ouest non membres de l'UEMOA. Cette différence significative est de nature à attester que l'appartenance à la Zone Franc peut favoriser la stabilité macroéconomique, même si c'est loin d'être le seul critère à devoir être pris en compte.

En outre, notons que le Franc CFA, arrimé à une monnaie forte agit comme une taxe sur les exportations et une subvention sur les importations, rendant difficile l'obtention de l'équilibre de la balance commerciale. L'analyse de l'évolution du Taux de Change Effectif Réel (TCER) permet d'appuyer le constat précédent. De nombreuses études empiriques ont ainsi mis en évidence une surévaluation du Franc CFA de l'ordre de 10 % (KIEMA *et alii*, 2011 ; COUHARDE *et alii*, 2011). En effet, le TCER de la zone s'est apprécié sur la période 1999-2014, d'où une perte de compétitivité pour les économies domestiques (figure 4).

L'étude du TCER est primordiale dans la mesure où il s'agit d'un indicateur de compétitivité globale. Ses déviations par rapport à sa tendance d'équilibre de long terme altèrent les signaux des marchés et induisent d'importants coûts d'ajustement. Qu'il soit positif ou négatif, un désalignement du TCER reflète une mauvaise politique de change et induit une mauvaise allocation des ressources productives, pouvant mener à une crise prolongée susceptible de plomber les efforts de développement et les dynamiques de croissance. Entre 2011 et 2016, le coton a perdu 40 % de sa compétitivité dans la Zone CFA. On est resté dans l'idée que la diversification de l'économie n'était pas nécessaire.

Figure 4 : Répartition des pays d'Afrique de l'Ouest selon leur score et leur classement dans le Global competitiveness report 2019

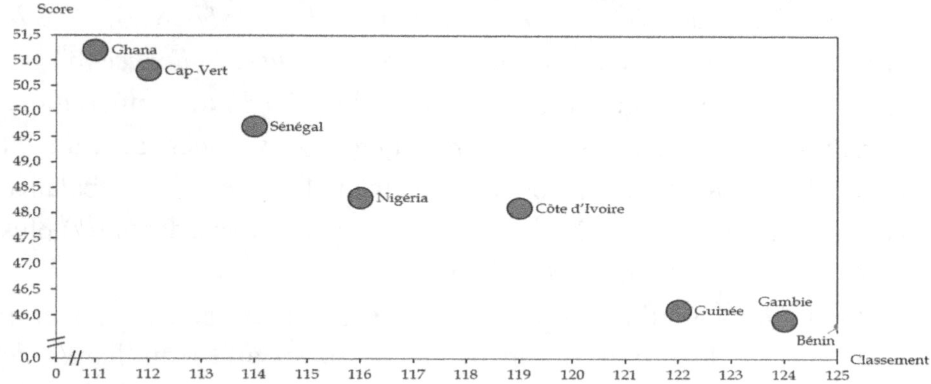

Source : Commission des finances de la France, d'après les données figurant dans le Global Competitiveness Report 2019 du Forum économique mondial

Notons, pour finir, que l'appartenance à la Zone Franc ne stimule pas pour autant les échanges commerciaux entre la France et les PAZF. En effet, selon une note publiée en novembre 2023 par la direction générale du Trésor au Ministère des Finances Français, en Afrique Subsaharienne, les trois principaux partenaires commerciaux de la France ne sont pas de la Zone Franc. Ce sont plutôt le Nigéria, l'Angola et l'Afrique du Sud. C'est ce qui ressort d'un document du Trésor français sur ses relations commerciales avec la région. Les chiffres parlent d'eux-mêmes : les échanges économiques entre la France et le Nigéria ont doublé depuis 10 ans.

Le géant ouest-africain, avec ses 225 millions d'habitants, occupe désormais la première place en tant que partenaire commercial de la France en Afrique subsaharienne et la 4eme en Afrique derrière le Maroc, l'Algérie et la Tunisie. Une centaine d'entreprises françaises y sont présentes et emploient plus de 10 000 personnes, principalement dans les secteurs clés du pétrole et du gaz. La dynamique française est aussi visible dans les secteurs de la banque, des infrastructures et de la logistique au Nigeria. Pays producteur de pétrole, le Nigéria doit cette place essentiellement à la vente de pétrole brut vers la France.

D'ailleurs, le Trésor français explique que les importations d'hydrocarbures naturels, d'autres produits des industries extractives, d'électricité et de déchets « *représentent à elles seules 85,5 % de la valeur des échanges commerciaux entre le Nigéria et la France* »[29]. Au total, le Nigéria assurerait, selon l'institution, 4,7 % des importations françaises de pétrole en 2022. Bien que le pays ouest-africain ait importé pour 641 millions dollars de marchandises en 2022, sa balance commerciale par rapport à la France reste largement excédentaire à plus de 4,5 milliards de dollars pour l'année 2022.

La France est aussi l'un des premiers investisseurs étrangers au Nigéria, avec un stock d'investissement qui s'élève à 10 milliards de dollars. Avec plus de 2 milliards d'euros investis au cours des dix dernières années (chiffres de 2021) par l'intermédiaire de l'Agence Française de Développement, la France est le 2eme plus grand créancier bilatéral du Nigéria, après la Chine.

Concernant l'Angola, le volume des échanges au cours de la période 2020/2022, entre ce pays et la France, est d'environ 4 milliards de dollars. Sur ce montant, 2,9 milliards de dollars sont des exportations de l'Angola vers la France et 1,1 milliard de dollars de la France vers l'Angola.

De l'Angola, la France importe massivement du pétrole et du gaz naturel. Les hydrocarbures représentent 99 % des importations françaises en provenance de Luanda, pour des échanges commerciaux estimés à 4,2 milliards de dollars en 2022. Et d'après les autorités françaises, les importations d'hydrocarbures depuis l'Angola ont explosé « *à partir du mois de février 2022, en conséquence de l'agression russe en Ukraine* ». Une structure d'importation, qui se retrouve également au cœur des échanges commerciaux de Paris avec l'Afrique du Sud où les hydrocarbures représentent le premier poste d'importation.

---

29 https://www.lepoint.fr/afrique/le-nigeria-premier-partenaire-commercial-de-la-france-en-afrique-subsaharienne-23-11-2023-2544336_3826.php

Malgré ces chiffres, il faut souligner que la France conserve des relations commerciales fortes avec ses anciennes colonies, notamment celles d'Afrique de l'Ouest. L'Union Économique et Monétaire Ouest-Africaine (UEMOA) abrite deux des trois premiers clients de la France en Afrique Subsaharienne à savoir : la Côte d'Ivoire et le Sénégal. Selon les chiffres du Trésor français, Abidjan a importé 1,5 milliard de dollars de produits de la France en 2022[30], se classant juste derrière l'Afrique du Sud en matière d'importation de produits français en Afrique Subsaharienne.

II. L'ECO-CFA : UNE NÉO-DOMINATION

Comme dans le cas du Franc CFA, l'ECO version MACRON et OUATTARA que nous baptisons ECO-CFA, maintient toujours la domination de la France en Afrique. Malgré l'accord signé entre les pays de l'UEMOA et la France dans le cadre de la nouvelle réforme, le combat doit être mené pour restaurer le projet originel de l'ECO.

2.1. L'ECO-CFA : le nouveau projet de la France en Zone UEMOA

Les mécanismes de coopération monétaire entre la France et la CEMAC, ainsi que l'Union des Comores, reposent sur quatre principes fondamentaux : la garantie de convertibilité, la fixité des parités, la libre transférabilité et la centralisation des réserves de change. Ces mécanismes ont sensiblement évolué en Zone UEMOA depuis la signature d'un nouvel accord de coopération monétaire le 21 décembre 2019, lequel remplace l'ancien accord qui date de 1973. Le rôle de la France en Zone UEMOA se limite désormais à celui de strict garant financier. Toutefois, le régime de change dans l'UEMOA reste inchangé avec le maintien de la parité fixe entre l'Euro et la devise de

30 https://www.agenceecofin.com/commerce/2711-114065-afrique-subsaharienne-le-nigeria-l-angola-et-l-afrique-du-sud-sont-les-3-premiers-partenaires-commerciaux-de-la-france

l'Union. En outre, la réforme maintient toujours la garantie de convertibilité assurée par la France.

En effet, les discussions entre la France et ses partenaires de l'UEMOA ont abouti à une réforme des instances et du fonctionnement de la coopération monétaire suivant trois axes.

Le premier axe concerne le changement de nom de la devise : les autorités de l'UEMOA ont indiqué leur souhait de passer *du « Franc CFA » (XOF) à l'« ECO »*. Le choix du nom de la devise est du seul ressort de nos partenaires de l'UEMOA. Cependant, avec la réforme de la coopération monétaire en Zone UEMOA intervenue en 2019, la fixité du taux de change est conservée (1 EUR = 655,957 FCFA). Dans cette nouvelle coopération, la France accorde une garantie de convertibilité illimitée de la monnaie, ce qui permet d'assurer la convertibilité des Francs CFA en Euros à cette parité fixe, même en cas de choc sur la balance des paiements. Emmanuel MACRON avait d'ailleurs annoncé ses intentions vis-à-vis du Franc CFA dès 2017 lors de son discours à Ouagadougou : « *S'ils veulent en changer le périmètre, j'y suis plutôt favorable. S'ils veulent en changer le nom, j'y suis totalement favorable.* ».

Le second axe porte sur la suppression de l'obligation de centralisation des réserves de change sur le Compte d'Opérations au Trésor français. L'article 2 prévoit également que : « *la BCEAO, [...] met en œuvre la politique de change de l'UMOA et gère les réserves officielles de change* ».

Aux termes de la convention de Compte d'Opérations du 4 décembre 1973, la BCEAO dispose d'un compte courant ouvert dans les écritures du Trésor français. La clôture de ce compte devait être effective une fois le solde ramené à zéro, soit avant la fin de l'année 2020.

Le troisième axe concerne le retrait de la France des instances de gouvernance de la Zone : les représentants de la France dans les organes décisionnels de l'UEMOA, notamment au Conseil d'Administration de la BCEAO et à la Commission Bancaire de l'UMOA, ne siègent plus dans ces instances. C'est dire qu'avec la réforme, on doit enregistrer la sortie des représentants français des instances de gestion de la monnaie.

L'article 4 de l'accord stipule que : « *le Comité de politique monétaire de la BCEAO comprend une personnalité indépendante et qualifiée, nommée* intuitu personae *par le Conseil des ministres de l'UMOA en concertation avec le garant. Cette personnalité est choisie en fonction de son expérience professionnelle dans les domaines monétaire, financier, ou économique* ».

In concreto, la personnalité devra être capable de faire le pont entre les dynamiques de réflexion en Zone Euro et en Zone UMOA.

En définitive, la France retirera l'ensemble de ses représentants à la BCEAO, à la Commission Bancaire, au Comité de Politique Monétaire au profit de cette personnalité indépendante au Comité de politique monétaire.

Les représentants de la France devraient s'abstenir de siéger aux instances de gouvernance technique auxquelles ils demeureraient convoqués.

2.2. L'ECO-CFA : la pérennisation de la domination française

Le projet de l'ECO-CFA est une façon subtile pour la France de saboter le projet souverainiste des pays ouest-africains afin de maintenir son pré carré sous sa férule. La nouvelle réforme contient toujours les éléments de domination de la France.

Premièrement, la fin du Compte d'Opérations est une escroquerie financière. En réalité, la BCEAO va continuer à loger ses réserves au Trésor français. Pour être franc, la France escroque les pays africains depuis la création de cette monnaie. Les Comptes d'Opérations sont simplement un instrument de domination financière de la France. La France applique aux Africains ce qu'elle reprochait à l'Angleterre dans le passé. Maurice NIVEAU (dans *Histoires des Faits Economiques Contemporains*, PUF, 1966, p.306-307) nous rapporte le sentiment français, par les propos de M. Emile MOREAU (gouverneur de la Banque de France de 1926 à 1930) qui disait ceci à M. POINCARÉ (président du Conseil) : *« j'expose au président du Conseil que l'Angleterre ayant été le premier pays européen à retrouver une monnaie stable et sûre après la guerre, a profité de cet avantage pour jeter sur l'Europe les bases d'une véritable domination financière. [...] les remèdes comportent toujours l'installation auprès de la banque d'émission d'un contrôleur étranger anglais ou déguisé par la banque d'Angleterre, et le dépôt d'une partie de l'encaisse de la banque d'émission à la Banque d'Angleterre, ce qui sert à la fois à soutenir la livre et à fortifier l'influence anglaise... »*.

En avril 2014, l'hebdomadaire américain spécialisé sur les sujets économiques révélait l'escroquerie française du siècle. Selon cet hebdomadaire, le stock de liquidités des pays africains à la Banque de France est estimé à 20 milliards de dollars (US$) mais seulement rémunéré à un taux d'intérêt de 0,75 %. En 2019, les réserves étaient en moyenne de 7,5 milliards d'Euros. Les dépôts sont rémunérés au taux de 0,75 %, ce qui a occasionné pour le Trésor français une dépense de l'ordre de 40 millions d'Euros cette même année. Du coup, les autorités françaises estiment que les banques centrales des trois zones ont plutôt intérêt à placer cet argent auprès du Trésor français. Et pourtant qui peut croire que la France rémunère des dépôts sans placer les 7,5 milliards d'Euros pour en tirer des bénéfices. Ce serait purement et simplement une comédie de mauvais aloi. Rappelons que les avoirs extérieurs déposés dans les Comptes d'Opérations sont rémunérés au taux de la facilité de prêt marginal de la Banque Centrale Européenne (BCE), pour la quotité obligatoire des dépôts (50 %), et au taux minimum des opérations principales de refinancement de la BCE pour les avoirs déposés au-delà de la quotité obligatoire des 50 %, dans l'hypothèse où les Banques Centrales Africaines souhaitent centraliser leurs avoirs extérieurs auprès du Trésor français au-delà de ces 50 % prévus par les textes. Par contre, si le compte est débiteur, les importations hors Zone Franc des États africains sont alors couvertes par la France ; et ils sont tenus de verser à la France des intérêts débiteurs.

Dans la pratique, l'éventualité d'un compte débiteur est très peu probable dans la mesure où dans la convention liant la France à ses anciennes colonies, il est prévu que lorsque le rapport entre les avoirs extérieurs nets et les engagements à vue de chacune des banques centrales devient inférieur à 20 % durant trois mois consécutifs, des mesures drastiques, comme le relèvement des taux directeurs et la réduction des montants de refinancement, sont appliquées. De plus, les concours des banques centrales aux Trésors nationaux ne peuvent excéder 20 % des recettes fiscales ou des recettes budgétaires ordinaires du dernier exercice budgétaire, selon la zone concernée. D'ailleurs, selon les textes, cette pratique de demande d'avance au Trésor doit être un recours exceptionnel et implique des paiements d'intérêts. Pour éviter que les comptes soient durablement débiteurs, le taux de couverture de la monnaie doit être supérieur à 20 %. En pratique, ce seuil sert plus de signal d'alarme : une "clause de ratissage" indique que les Banques Centrales Africaines doivent se procurer des devises auprès des banques commerciales ou même du FMI avant que le Trésor ne mette à disposition ses devises. La seule fois où la situation l'exigeait en 1993, le Franc CFA fut dévalué. Rappelons que le taux de facilité de prêt marginal est le taux que les banques paient lorsqu'elles empruntent de la liquidité auprès de la BCE pour une durée de 24 heures. Dans ce cadre, les banques doivent fournir des sûretés, des titres par exemple, pour garantir que les sommes empruntées seront remboursées. Le taux de la facilité de prêt marginal est l'un des trois taux d'intérêt que la BCE fixe toutes les six semaines en vue de préserver la stabilité des prix dans la Zone Euro. Les deux autres taux sont le taux des opérations principales de refinancement, auquel les banques peuvent emprunter à la BCE de la liquidité pour une durée d'une semaine (qui est moins chère que la liquidité à 24 heures), et le taux de la facilité de dépôt, qui est la rémunération perçue (ou le prix payé en période de taux d'intérêt négatifs) par les banques quand elles déposent de la liquidité à 24 heures auprès de la BCE.

Dans le même temps, la France prête aux pays africains à des taux usuriers. Pour atténuer l'indigence dans laquelle elle loge les pays africains, l'aide française est venue comme une bouée de sauvetage. En effet, les PAZF sont les principaux bénéficiaires de l'aide publique française au développement. Même là encore, l'aide extérieure reçue de la part de la France n'est rien d'autre que l'argent des Africains qu'on prête à nouveau aux Africains dans le seul dessein de maintenir le rayonnement français en Afrique. C'est en tout cas intelligent de la part de la France qui place les fonds des Africains lorsque le Compte d'Opérations est créditeur, puis récupère les bénéfices pour irriguer l'aide au développement et les appuis budgétaires aux pays africains.

Deuxièmement, le rôle de garant de la France est une escroquerie. L'article 2 du Titre II du nouvel accord stipule « *le Garant apporte son concours à l'UMOA pour garantir la convertibilité de sa monnaie en Euro à un cours fixe, sur la base de la parité en vigueur. Au titre de ce concours, la BCEAO, qui met en œuvre la politique de change de l'UMOA et gère les réserves officielles de changes des États membres de l'Union, dispose d'un accès illimité auprès du Garant en cas d'épuisement des réserves officielles de change de l'UMOA. Une convention de garantie, conclue entre le Ministre de l'Economie et des Finances du Garant et le Gouverneur de la BCEAO, précise les modalités d'activation de la garantie prévue au premier alinéa* ».

Selon l'article 2, en cas d'épuisement des réserves, la France fournit les réserves nécessaires. Le nouveau rôle de garant financier de la zone est une escroquerie car selon l'article 8 de la nouvelle réforme, lorsque le montant des avoirs extérieurs de la BCEAO et le montant moyen des engagements à vue devient inférieur ou égal à 20 %, le garant désigne un représentant du Comité de Politique Monétaire (CPM) pour gérer la crise. Dans les faits, le gouvernement français ne provisionne jamais en vue d'honorer sa promesse de garantie de convertibilité, c'est parce qu'il compte sur la solidarité instaurée entre États africains via la centralisation de leurs réserves de change : les devises des gros pays exportateurs, comme la Côte d'Ivoire et le Cameroun, permettent de compenser le faible niveau de celles de pays comme la République centrafricaine ou le Togo, qui disposent de moins de ressources.

En Zone UEMOA, compte tenu de la situation macroéconomique globalement favorable de l'Union avant la crise déclenchée par l'épidémie de la Covid-19 et de la maîtrise des déficits de balances des paiements courants, on a enregistré un niveau élevé de réserves de change – environ 12 milliards d'euros fin mai 2020, soit près de cinq mois d'importations.

Signalons au passage que la centralisation des devises n'est pas une mauvaise chose en soi. En effet, une union monétaire s'inscrit dans un régime de souveraineté monétaire connu sous le vocable de souveraineté monétaire *« coopérative ou partagée »*. Pour la viabilité d'une zone monétaire, la théorie des Zones Monétaires Optimales (ZMO) accorde le primat à la synchronisation des cycles économiques, aux mécanismes de partage de risque et à la notion de crédibilité des politiques économiques. Une symétrie des chocs ou un haut degré de synchronisation des cycles économiques entre les États membres est crucial pour un fonctionnement harmonieux de l'union monétaire. La synchronisation des cycles facilite la mise en place d'une politique monétaire commune satisfaisante et bénéfique pour tous les pays membres de l'Union alors que la désynchronisation complique le fonctionnement de l'union monétaire. Les pays qui se situent à des phases différentes de leurs cycles économiques sont confrontés à des exigences monétaires différentes (CHEN et MILLS, 2010). Pour FIELDING et SHIELDS (2001), le coût d'appartenance à une union monétaire dépend du degré de similarité des chocs d'offre et de demande à long terme.

Pour ce faire, il faut d'une part, un niveau de coopération élevé entre les autorités publiques, émanation d'un contrat social à l'échelle régionale ; et d'autre part, la capacité de celles-ci à mettre en œuvre les politiques économiques conformes à l'intégrité du régime monétaire en vigueur. La centralisation fait en sorte que les pays créditeurs soutiennent les pays débiteurs, dans une sorte de solidarité horizontale.

Paris a également mis en place des règles drastiques de gestion qui rendent la situation de *« zéro réserve de change »* assez improbable, particulièrement en ce qui concerne la BEAC et la BCEAO. Siégeant dans les Conseils d'Administration des banques centrales, les représentants français ont, en effet, les moyens de surveiller la gestion monétaire des pays africains et peuvent au besoin exiger des mesures correctrices.

Par ailleurs, il existe un dispositif d'alerte destiné à prévenir une situation de découverts fréquents des Comptes d'Opérations. Lorsque son Compte d'Opérations risque de devenir débiteur, la BCEAO doit l'alimenter en y déposant les avoirs extérieurs qu'elle détient ailleurs, les devises qu'elle pourrait racheter auprès des organismes publics et privés et, au besoin, les avoirs en DTS dont elle disposerait au FMI. Cette règle dite du *« ratissage »* a toutefois perdu de son importance au profit d'une autre, basée sur le taux de couverture de l'émission monétaire, qui est le rapport entre les avoirs extérieurs et les engagements à vue (billets en circulation et dépôts à la banque centrale). À la BCEAO et à la BEAC, le taux minimal requis de couverture de l'émission monétaire est de 20 %. S'il se situe à ce niveau ou en dessous pendant trois mois consécutifs, la BCEAO doit prendre toutes *« les dispositions appropriées »*. Selon l'article 76 de ses statuts : *« lorsque le rapport entre le montant moyen des avoirs extérieurs de la banque centrale et le montant moyen de ses engagements à vue est demeuré, au cours de trois mois consécutifs, égal ou inférieur à vingt pour cent, le Gouverneur, après en avoir avisé le président du Conseil des Ministres de l'UMOA, convoque en session extraordinaire le Comité de Politique Monétaire aux fins d'examiner la situation et de prendre toutes dispositions appropriées, en particulier de réexaminer les décisions prises précédemment qui ont pu affecter la situation monétaire de l'UMOA* ».

En clair, il prendra les mesures vigoureuses pour ne pas que la France débourse un seul centime. Grâce à ce mode de gestion, la garantie a été rarement activée pour les pays de l'UEMOA entre 1960 et aujourd'hui. D'ailleurs, l'obligation de dépôt sur le Compte d'Opérations au Trésor français est le moyen pour la France de s'informer sur son risque financier et de le piloter.

La France a honoré sa promesse de « *garantie* » uniquement pendant la période 1980-1993. En réalité, elle l'avait fait pour permettre aux entreprises françaises, qui anticipaient une dévaluation du Franc CFA, de rapatrier leurs capitaux et leurs revenus. Selon la BCEAO, la « *garantie* » française portait à cette époque sur un montant annuel de 32 milliards de Francs CFA, un chiffre relativement dérisoire comparé à une fuite de capitaux estimée dans la Zone Franc à 750 milliards de FCFA pour les seules années 1988-1989. En outre, pour éviter ce secours français, les autorités d'alors ont opté pour la dévaluation du Franc CFA sous la houlette du Fonds Monétaire International (FMI). Les représentants français n'ont rien à faire au sein des organes de décisions de nos banques centrales. Les PAZF n'ont pas également besoin d'une garantie française pour donner une crédibilité à leurs monnaies. Par-dessus tout, les Comptes d'Opérations constituent un maillon stratégique de la gestion monétaire qu'on ne doit pas exposer à tout le monde.

Rappelons que les réserves de change dans les Comptes d'Opérations sont estimées à 13.000 milliards de FCFA, soit plus de 19 milliards d'Euros fin 2015 selon *Jeune Afrique* du 9 Novembre 2016. Le solde global du Compte d'Opérations de la Banque des États de l'Afrique Centrale (BEAC) a régressé de 3.288,31 milliards en 2015 à 1.155,95 milliards de FCFA en 2016.

Ces mesures prises par les banques centrales pour accumuler les réserves de change, comme nous venons de le constater, passent par une plus grande sévérité des conditions d'octroi de crédits à l'économie.

Pour être franc, la supposée garantie apportée par la France au Franc CFA est non seulement une comédie de mauvais aloi mais également une façon pour elle de justifier son immixtion dans les affaires monétaires des PAZF. En effet, dès février 1961, la France faisait connaître sans équivoque sa position sur la question de sa place dans l'institut d'émission : « *On ne peut garantir de façon illimitée une monnaie sans que le garant ait une participation suffisante aux décisions* » (JULIENNE, 1988, p.163).

Depuis les indépendances, la France a toujours voulu avoir un œil regardant sur la conduite de la politique monétaire dans ses anciennes colonies. Aujourd'hui encore, la France demeure toujours au sein de la Commission Bancaire, structure communautaire en charge de la gestion de l'activité bancaire, créée par une convention signée par les Ministres des Finances des États membres de l'UMOA, le 24 avril 1990 à Ouagadougou, dans le but de contribuer à assurer une surveillance uniforme et plus efficace de l'activité bancaire et une intégration de l'espace bancaire dans l'UMOA. On voit bien que, par sa présence dans bien de structures de l'UMOA, le rôle de la France dans cette institution dépasse parfois le cadre de simple garant pour revêtir le manteau de *« garde-fou »*.

Troisièmement, les Français sont toujours présents au Conseil d'Administration et au Comité de Politique Monétaire. Pour gérer la relation entre le Garant et l'UMOA, la France propose, selon l'article 4 du nouvel accord, la nomination d'un expert international, comme présenté ici : *« le Comité de Politique Monétaire de la BCEAO comprend une personnalité indépendante et qualifiée, nommée intuitu personae par le Conseil des Ministres de l'UMOA en concertation avec le Garant. Cette personnalité est choisie en fonction de son expérience professionnelle dans les domaines monétaire, financier ou économique »*.

Il est clair que le choix de ces experts sera fortement influencé par la France. En clair, la France est toujours présente au cœur du processus décisionnel dans la banque centrale à travers ce fameux expert international. Du coup, rien ne bouge tout se transforme simplement. Selon l'Article 19 des statuts de la BCEAO, « *le Comité de Politique Monétaire définit les principes généraux des opérations d'open market et de crédit effectuées par la banque centrale. Il arrête la liste des intervenants et celle des supports éligibles à ces opérations. Il fixe les critères d'admissibilité des effets et valeurs au portefeuille de la banque centrale* ».

En d'autres termes, le Comité de Politique Monétaire de la BCEAO est chargé de la définition de la politique monétaire au sein de l'UMOA ainsi que de ses instruments, conformément aux dispositions des statuts. Ses différentes missions sont celles des activités quotidiennes des banques centrales modernes. La présence même d'un seul français dans le Comité de Politique Monétaire peut empêcher l'adoption de politique monétaire favorable au développement des pays membres de l'Union.

Et pourtant, le 1er avril 2010 marque l'entrée en vigueur de la réforme institutionnelle de l'UMOA et de la BCEAO. Cette réforme acte notamment l'évolution des liens organiques entre l'autorité monétaire souveraine et l'institut d'émission vers la doctrine de l'indépendance de la banque centrale. Selon cette doctrine, une banque centrale isolée du pouvoir politique serait le gage de la stabilité des prix et cela, sans peser sur les autres variables macroéconomiques comme la croissance et le chômage. Théoriquement, l'indépendance politique de la BCEAO est garantie par son article 4 en ces termes : *«Dans l'exercice des pouvoirs et dans l'accomplissement des missions qui leur sont conférés par le Traité de l'UMOA et par les statuts, la banque centrale, ses organes, un membre quelconque de ses organes ne peuvent ni solliciter ni recevoir des directives ou des instructions des Institutions ou organes communautaires, des gouvernements des États membres de l'UMOA, de tout autre organisme ou de toute autre personne »*. Une interdiction est même faite à la BCEAO d'accorder des financements monétaires aux Trésors publics, aux collectivités locales ou à tout autre organisme public des États membres de l'UMOA, comme consigné dans l'article 36 des statuts de la BCEAO.

Ainsi, le Comité de Politique Monétaire (CPM) de la BCEAO se compose, à l'instar de bien d'autres, de membres internes et de membres externes. Les internes sont censés être issus du personnel de l'institut d'émission, tandis que les externes, choisis en dehors des rangs du personnel de la banque centrale, y sont nommés par le politique. Conformément à ce critère de référence, la structure du comité se présente comme suit :

- quatre (4) internes dont le gouverneur, les deux vice-gouverneurs et le haut fonctionnaire français ;

- douze (12) externes composés des huit (8) membres proposés par chaque Etat membre de l'UMOA et nommés par le Conseil des Ministres, puis quatre (4) membres supplémentaires ressortissants de l'Union et nommés *intuitu personae* également par le Conseil des Ministres.

Sur ce critère, la structuration du Comité de Politique Monétaire de la banque centrale répond à une logique duale, empruntée à la doctrine d'économie politique des membres du CPM de la Banque d'Angleterre. Cette logique est justement ce qui explique la supériorité des externes dans le CPM. En effet, le CPM de la BCEAO a une indépendance d'objectif et instrumental. Alors que les membres du CPM de la BCEAO, qui font des choix affectant profondément la vie des citoyens des pays membres de l'UEMOA, ne sont pas directement élus. La nomination de la majorité des membres laissée au pouvoir politique, qui représente le vœu du peuple, permet aux femmes et hommes siégeant en son sein de jouir d'une certaine légitimité démocratique (BOKINO, 2014).

Par ailleurs, le style de prise de décision au sein de la BCEAO a été conçu de sorte à répondre à ce besoin démocratique. En effet, l'article 72 des statuts de la banque centrale énonce que les décisions du Comité de Politique Monétaire sont prises de façon collégiale à la majorité simple des suffrages exprimés. En cas d'égalité parfaite dans la répartition des voix, celle du Gouverneur, prépondérante, tranche l'issue du scrutin.

Dans le cadre d'opérations d'exception au cœur de la politique de la monnaie telles que les opérations d'escompte, d'acquisition, de vente, de prise en pension ou en gage des créances sur les États de l'Union, les entreprises et particuliers entre bien d'autres instruments de politique monétaire, il est requis une majorité des six septièmes des voix. Cette même majorité qualifiée est également exigée pour tous les choix de politiques monétaires énoncés dans les articles 10 à 15 du statut et aux articles 52-3 et 52-8 (KOULIBALY, 2009). Il en découle que la recherche de cette majorité, qualifiée des six septièmes des voix, rend illusoire toute réforme qui serait initiée sans que l'unanimité ne soit acquise, du moins, sans réunir au minimum 86 % des voix.

Autrement dit, la souveraineté monétaire pourrait, si les pays membres de l'UEMOA le souhaitent vraiment, s'obtenir à condition que tous s'entendent sur les choix à faire même sans l'aval des représentants français (KOULIBALY, 2009). Même s'il existe aujourd'hui un seul français dans le CPM de la BCEAO, il est notable de remarquer que la pondération de ses pouvoirs lui garantit un droit de veto pour certaines décisions relatives à des situations exceptionnelles : *« Le poids de la participation française s'accroît avec l'élévation des dangers auxquels la monnaie se trouve confrontée »* (VINAY, 1980, p.119). C'est ainsi que l'accord effectif de la représentation française est nécessaire dans deux situations bien précises : la modification des statuts de la banque centrale et la suspension de l'application des mesures auxquelles les statuts confèrent un caractère automatique, et qui entre en vigueur de plein droit en certaines circonstances (DELAGE et MASSIERA, 1994).

Cela, en remettant en cause purement et simplement les accords de coopération liant la France aux États membres, si elle *« estime que l'évolution du régime défini par cet accord compromet ou risque de compromettre substantiellement ses intérêts »* (Art. 13 accords de coopération France-UMOA, 1973). Le constat révélateur est le mois de septembre 1993 où le gouvernement BALLADUR a mis à mal, unilatéralement, la clause de convertibilité illimitée du franc CFA.

Dans les faits, la France a un réel et puissant contrôle sur la souveraineté monétaire. Malgré sa marginalisation au CPM, elle a obligé les pays de la Zone Franc à dévaluer leurs monnaies en 1994, sans réel fondement économique.

Notons par ailleurs, que jusqu'à présent, le Ministre des Finances et le Gouverneur de la Banque de France participent aux deux réunions annuelles de la banque centrale dont l'une se déroule à Paris.

Quatrièmement, la parité fixe est une façon pour la France de réduire les coûts d'investissements des entreprises françaises en Zone UEMOA en réduisant à néant le risque de change. Mais, avec cette parité fixe, les pays africains vivent soit en dessous, soit au-dessus de leurs moyens. En réalité, les monnaies africaines sont surévaluées, c'est-à-dire que la valeur externe de la monnaie est forte par rapport à la richesse créée.

Cette parité fixe et la monnaie forte opèrent comme une taxe à l'exportation et une subvention à l'importation.

En définitive, retenons que sur le papier, la réforme MACRON-OUATTARA a ostensiblement transféré une plus grande responsabilité de surveillance et de gestion aux Banques Centrales Régionales (BCR). Dans la pratique, les changements sont largement cosmétiques. La réforme de 2019 semble avoir donné lieu à un discours, surtout en France, laissant entendre que le régime du Franc CFA appartenait désormais au passé. Dans le même temps, il y a eu une certaine confusion quant à la place de l'ECO dans une initiative plus large de monnaie commune ouest-africaine menée par le Nigéria et conçue pour unir les économies ouest-africaines anglophones et francophones.

2.3. Un maintien de la parité fixe avec l'Euro discutable

Le choix fait par les chefs d'Etats des pays membres de l'UMOA de maintenir une parité fixe avec l'Euro est, dit-on, un choix de prudence pour des pays qui n'ont pas encore une crédibilité suffisante et qui ont besoin d'un ancrage externe. En théorie, les pays ou les zones monétaires en voie d'acquérir cette crédibilité ont des régimes de change gérés dans lesquels la banque centrale intervient pour réguler le taux de change et éviter une dépréciation ou une appréciation trop rapide, susceptible de générer des désordres macroéconomiques. Les pays de l'UEMOA appartenant aux pays à faibles revenus ont donc fait le choix d'un régime de change en adéquation avec le développement de leurs économies et de leurs systèmes financiers.

Il est également avancé l'argument selon lequel le choix d'un régime de change fixe découle du choix d'avoir une union monétaire entre pays plutôt importateurs, comme le Sénégal, pays caractérisé par un important déficit de la balance commerciale extérieure[31], et pays exportateurs, comme la Côte d'Ivoire, qui a besoin d'une monnaie faible pour soutenir sa filière café-cacao et des pays qui pratiquent le réexport de produits importés, comme le Bénin. A défaut de

31 *7 % du PIB en 2019 (source : Banque mondiale).*

convergence des modèles économiques, un régime de change flexible ferait prendre un risque à la zone. Il serait en effet susceptible d'aggraver les chocs externes et pourrait amener un pays à quitter la zone monétaire comme nous l'avons constaté avec la Grèce, et dans une moindre mesure, l'Italie à la suite de la crise des dettes souveraines européennes des années 2010.

Ces arguments ne sont pas fondés au regard des mesures d'accompagnement nécessaires pour un bon fonctionnement du régime de change fixe. En effet, les régimes de change fixes supposent un engagement implicite ou explicite de la part des autorités publiques de ne pas autoriser les fluctuations du taux de change au-delà d'une marge donnée, de manière à ce que le taux de change constitue un ancrage nominal significatif pour les attentes du secteur privé concernant le comportement du taux de change, et la politique monétaire d'accompagnement qui s'impose. La caisse d'émission est le régime de parité fixe le plus rigide ; sous ce régime, la politique monétaire est entièrement subordonnée à la politique de change. Un tel régime ne permet pas d'ajuster le taux de change réel en agissant sur le taux de change nominal. Il s'ensuit que l'ajustement économique doit se faire par d'autres canaux, notamment les prix et les coûts intérieurs, l'activité économique ainsi que l'emploi.

Sous tous les régimes de change, exception faite au flottement libre des taux, il faut envisager des mesures d'accompagnement qui prévoient des interventions et une régulation officielle pour orienter le marché des changes. Retenons surtout que le laissez-faire n'est probablement pas souhaitable en matière de change. Lorsque le marché des changes est étroit et dominé par un nombre plutôt faible d'intervenants, si les pouvoirs publics manquent de fournir une orientation et un soutien aux intervenants, il y a des chances pour que le taux de change soit volatil. La situation s'aggravera si les pays ne mettent pas en œuvre, sur le long terme, des politiques axées sur la stabilité macroéconomique, susceptibles d'ancrer fermement les attentes du marché. Ainsi, en réalité, les pays en développement et en transition, dont le régime de change est assez flexible, se servent habituellement eux aussi de la politique monétaire et des interventions officielles pour influer sur le taux de change. Les interventions sont généralement plus efficaces dans les pays qui disposent d'un accès limité aux marchés internationaux de capitaux. Dans ce contexte, les autorités sont mieux à même d'influer sur le marché des changes en achetant ou en vendant directement des devises.

Il est à noter qu'il n'existe que quatre zones monétaires dans le monde : le franc CFA XOF, le franc CFA XAF qui constituent deux zones bien distinctes malgré le même nom, la Zone Caraïbes et la Zone Euro. Seule la Zone Euro a opté pour un régime de change flottant au regard de sa puissance économique et financière. Toutefois, faisons remarquer que la puissance économique ne préserve pas une zone monétaire ou un pays des crises comme l'ont montré les crises successives de l'Euro.

Le régime de change fixe a certes des avantages mais aussi des limites. Lors de la crise ghanéenne qui a éclaté en 2022, le régime de change flexible a été fortement critiqué dans les pays de la zone CFA. Pour nous, ces critiques sont futiles et inappropriées car le jugement porte sur une situation de crise et non en période normale.

Comment ont évolué les marges de manœuvres monétaires avec la crise de la Covid-19 ? Pour répondre à cette question, notons que la plupart des banques centrales en Afrique Subsaharienne (ASS) ont comme objectif la stabilité de leurs monnaies. Même dans les pays en ciblage d'inflation, cette stabilité est entendue comme externe (taux de change nominal) et interne (inflation), l'ancrage externe étant encore nécessaire, faute d'une efficacité suffisante de l'ancrage interne. Plus le taux de change est stable et l'inflation maîtrisée, plus la banque centrale a des marges de manœuvre pour une réponse contracyclique, et inversement.

Même si le constat ne peut pas être généralisé à tous les pays d'ASS, la crise de la Covid-19 a moins pesé sur la stabilité externe que la crise de 2008-2009 grâce à des conditions de financement sur les marchés internationaux qui sont redevenues favorables dès l'automne 2020 et à des soutiens financiers internationaux. Cette stabilité est souvent analysée à l'aune de deux indicateurs, comme le fait par exemple le FMI dans son *Regional economic outlook* pour l'Afrique (REO) d'octobre 2021 : l'évolution du niveau des réserves de change et celle du taux de change. Sur cette base, en comparaison des pays ayant un taux de change flexible ou intermédiaire, les pays avec un taux de change fixe ont été mieux protégés des pressions sur le change lors de la crise actuelle et sans que cela ne soit au détriment de leur niveau de croissance. Ce constat est particulièrement net pour l'Union Economique et Monétaire Ouest Africaine (UEMOA), et dans une moindre mesure, pour les pays de la Communauté Economique et Monétaire d'Afrique Centrale (CEMAC). Ces deux unions monétaires, dont la monnaie est ancrée sur l'Euro, ont en effet affiché, en moyenne, d'après le FMI, un taux de croissance du PIB de + 4,4 % et + 0,3 % en 2020 et 2021, contre respectivement + 3,1 % et - 1,7 % pour l'ensemble de l'ASS.

En matière d'inflation, le constat est également clair, particulièrement eu égard à la situation observée en 2021 et début 2022 (voir Figure 5).

La crise de la Covid-19 a entraîné une nette remontée de l'inflation en ASS (10,7 % en moyenne annuelle en 2021, contre 8,2 % en 2019, FMI (REO octobre 2021), à l'inverse de la crise précédente qui avait vu l'inflation baisser de 11,7 % en 2008 à 7,5 % en 2010, FMI (REO avril 2011).

La remontée actuelle de l'inflation entraîne une forte réduction des marges de manœuvre de certaines banques centrales, en particulier pour les pays qui ne sont pas dans un régime de change fixe. D'après le FMI (REO octobre 2021), l'inflation devrait s'élever en 2021 à 2,1 % en CEMAC et 2,9 % en UEMOA, contre 24,4 % en Angola, 22,8 % en

Zambie ou 16,9 % au Nigéria pour prendre quelques cas de pays ayant un régime de change intermédiaire.

Figure 5 : Evolution de l'inflation en Afrique Subsaharienne de 2008 à 2022.

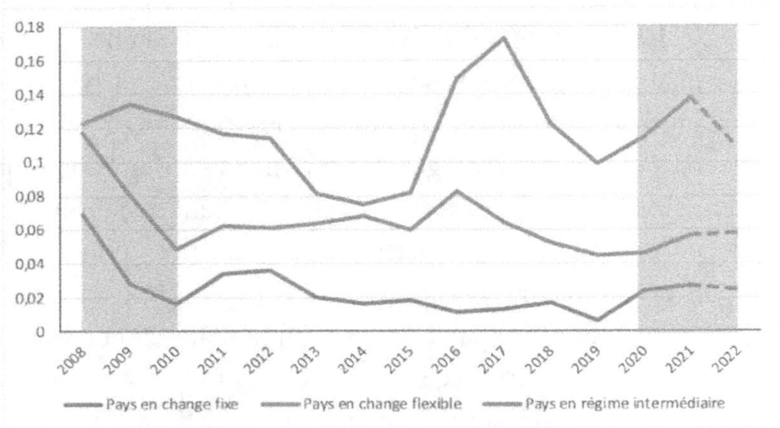

Source : FMI (Perspectives économiques mondiales, oct. 2021, en pointillé = prévisions) et calculs Banque de France.

Plus encore, il importe de préciser que cette dégradation des marges de manœuvre n'est pas linéaire, mais qu'elle a tendance à s'accélérer au-delà de certains seuils. En effet, lorsque la stabilité monétaire (externe ou interne) est assurée, la crédibilité de la banque centrale n'est pas remise en cause. Mais, elle peut l'être quand on est sur des niveaux éloignés des situations d'équilibre. Il s'agit généralement pour le change d'une baisse du taux de plus de 25 % sur un horizon court (FRANKEL et ROSE, 1996, p.353) ou un niveau de réserves de change inférieur à 3 mois d'importations de biens et services (règle dite Greenspan-Guidotti (JEANNE et RANCIERE, 2006, p.6)), normes fréquemment utilisées par le FMI. En matière d'inflation, des niveaux très supérieurs à la cible de la banque centrale risquent de déclencher des effets *« boule de neige »* pouvant conduire à un désancrage des anticipations d'inflation. Deux des quatre pays d'ASS qui ont adopté un régime de ciblage d'inflation, selon le FMI (*Annual report on exchange rate arrangements and exchange restrictions*), le Ghana et les Seychelles, pourraient se trouver dans ce cas (voir Tableau 6).

Tableau 6 : Cibles d'inflation et taux d'inflation de 4 pays d'ASS en ciblage d'inflation

	Cible d'inflation	Taux d'inflation (variation sur un an)		
		Déc-19	Déc-20	Déc-21
Afrique du Sud	3-6 %	4,00 %	3,1 %	5,9 %
Ghana	8 %+/-2	7,9%	10,4%	12,6%
Ouganda	5 %	2,4 %	2,5 %	2,9 %
Seychelles	0-4 %	2,6 %	3,78 %	7,95 %

Sources : Banques centrales et Instituts nationaux de statistiques cible pour l'année 2019

On peut se poser encore la question de savoir quelles sont les marges de manœuvre de politiques monétaires face à l'inflation en fonction des régimes de change.

Au cours de 2020, la majorité des banques centrales d'ASS ont pu procéder à des assouplissements monétaires plus significatifs que pendant la crise de 2009. Elles ont souvent innové, combinant mesures conventionnelles (baisses des taux directeurs et des coefficients de réserves obligatoires) et mesures non conventionnelles (augmentation des injections de liquidité, assouplissement du cadre d'éligibilité du collatéral voire achats de titres publics). Les banques centrales africaines (y compris nord-africaines) ont dans leur ensemble significativement accru leur bilan entre 2019 et 2020, passant d'un peu plus d'un quart de leur PIB à plus d'un tiers (le bilan de l'Eurosystème représentait 62 % du PIB de la Zone Euro à fin 2020 et celui de la *Federal Reserve* 35 % du PIB américain). Ces assouplissements monétaires ont représenté un soutien contracyclique efficace.

Les assouplissements monétaires ne sont cependant pas sans risque pour la stabilité monétaire, notamment pour les pays d'Afrique Subsaharienne (ASS) davantage sensibles au risque inflationniste, avec une ancre externe moins efficace. Lors de la crise de 2009, qui était un choc de demande, les pressions inflationnistes avaient très rapidement reculé au niveau mondial et l'inflation s'était stabilisée à un niveau très bas. Dans ce contexte, la flexibilité du taux de change avait permis, en ASS, d'amortir le choc économique sans faire peser un risque inflationniste.

En revanche, la situation actuelle marquée par la crise de la Covid-19 est sensiblement différente. En effet, cette crise a été marquée par des pressions inflationnistes au niveau mondial du fait des contraintes sur l'offre et d'une très rapide reprise de la demande dans les pays avancés qui ont retrouvé, dès la fin de l'année 2021, les niveaux d'activités avant la crise.

Dans les pays à régimes de change flexibles et intermédiaires qui ont accommodé le choc par une dépréciation du taux de change, cette dépréciation a accentué la transmission des pressions inflationnistes externes déjà fortes dans des petites économies ouvertes. Ces pays ont souvent été contraints de resserrer leurs politiques monétaires avant même que les premiers effets de la reprise économique se concrétisent. Ainsi, dès le début de 2021, certaines banques centrales de pays en change flexible ou intermédiaire ont dû remonter leurs taux directeurs : le Mozambique en janvier 2021 de + 300 points de base, la Zambie en février et novembre 2021 de + 100 points de base, Madagascar en mai, août et novembre 2021 de + 290 points de base, l'Angola en juillet 2021 de + 450 points de base, le Ghana en novembre 2021 de + 100 points de base et enfin l'Afrique du Sud en novembre 2021 et janvier 2022 de + 50 points de base. Précisons que les deux derniers pays cités, le Ghana et l'Afrique du Sud, font partie des quatre pays d'ASS en ciblage d'inflation.

En ce qui concerne les pays en régime de change fixe, en revanche, l'inflation est restée sous contrôle, au voisinage des cibles, notamment en UEMOA et en CEMAC. La pression sur la stabilité externe qui s'exerce sur les réserves de change a été limitée. Seule la Banque des États d'Afrique Centrale (BEAC), dont le niveau de réserves reste proche du seuil des trois mois d'importations, a remonté ses taux en novembre 2021, seulement de 25 points de base. La meilleure résistance des pays en taux de change fixe à la remontée de l'inflation leur permet dans les circonstances actuelles, de plus grandes marges de manœuvres de politiques monétaires.

Au regard des caractéristiques économiques actuelles des PAZF, la flexibilité ou au moins l'arrimage à un panier de monnaies ferait l'affaire. Dans ce régime monétaire, la monnaie est rattachée à un panier de monnaies. Ce panier peut être constitué des monnaies des principaux partenaires au niveau commercial. Le fait d'avoir un panier permet d'amortir les chocs de la volatilité des taux de change sur les marchés de change internationaux, et ce, contrairement à d'autres pays dont la monnaie est fixe par rapport à l'Euro (le cas actuel des pays de la zone) ou au dollar.

Encore une fois, c'est aux États africains de décider souverainement si et quand ils souhaiteraient passer à un régime de change plus flexible permettant d'utiliser l'arme monétaire pour leur développement sans risques excessifs.

CHAPITRE 3 : L'ECO-CFA : POURQUOI ET COMMENT EN SORTIR POUR UNE MONNAIE SOUVERAINE ?

Nous venons de montrer que le projet de l'ECO version française est le système Franc CFA bis. Il fera autant de mal que le système CFA actuel. C'est pourquoi il faut en sortir. Cette idée n'est pas étrangère à l'Agenda 2063. En effet, au-delà de l'ECO et de l'Afrique de l'Ouest, nous nous mettons dans l'optique de l'Agenda 2063 de l'Union Africaine qui a réservé en bonne place la mise en œuvre d'une monnaie africaine. Nous traitons également dans ce chapitre comment sortir de cette coopération monétaire pour une monnaie souveraine ouest-africaine.

I. ECO-CFA : POURQUOI EN SORTIR ?

La réponse à cette question est multiple. Le Franc CFA est un instrument au service de la France. Or, l'importance de la monnaie va au-delà des fonctions de réserve de valeur, d'unité de compte et d'intermédiaire des échanges. La monnaie est un instrument de politique économique et de souveraineté.

1.1. Le Franc CFA et l'ECO-CFA : des instruments au service de la France

Pour le montrer, notons que le Franc CFA est avant tout un outil permettant de défendre les intérêts français dans ses anciennes colonies. Les pays africains n'ont d'ailleurs jamais décidé réellement de l'avenir de cette monnaie. Bien plus, le système CFA empêche les pays membres de profiter des bienfaits de la mondialisation.

a) Le Franc CFA, un outil de défense des intérêts économiques de la France en Afrique

Du Franc CFA à l'ECO-CFA, le système néocolonial n'a connu aucune modification de fond. Deux acteurs en sont les principaux bénéficiaires : l'État français et les firmes multinationales françaises dont les intérêts sont entremêlés. En effet, le Franc CFA tout comme l'ECO, donne à la France un accès privilégié et sans coûts à des ressources agricoles, forestières, minières et stratégiques.

Le mécanisme du Compte d'Opérations permet à la France d'acquérir en Zone Franc des matières premières dans sa propre monnaie. Un importateur chinois qui achète le Cacao ivoirien doit se procurer les dollars nécessaires pour régler sa facture. Dans le même temps, l'importateur français ne pose aucun problème à la Banque de France. Cette dernière, par simple jeu d'écriture, crédite l'équivalent en Euros du montant dans le Compte d'Opérations de la BCEAO. La France paye ainsi ses importations depuis les Pays Africains de la Zone Franc avec sa propre monnaie et n'a pas besoin de passer par d'autres devises. Avec le système du Franc CFA, la France économise ses réserves extérieures. Grâce à ce système, la France reste l'un des premiers créanciers des États de la Zone Franc.

En outre, notons que le système du Franc CFA et même de l'ECO-CFA profite aux grandes entreprises françaises comme les Groupes *Bolloré, Bouygues, Orange, la Compagne fruitière, Castel, Total, EDF, Société générale, Accor, BGI, Vinci, Air liquide, Rougier*, etc. Tous ces groupes français, le plus souvent en situation de monopole en Zone Franc, y réalisent des *« surprofits »* grâce à un faible coût du travail, à de généreux abattements fiscaux et à une monnaie arrimée à l'Euro. Le continent africain représente 25 % du chiffre d'affaires global de Bolloré et 80 % de ses profits globaux[32]. Depuis les années 2000, les entreprises françaises sont soumises à une forte concurrence des entreprises chinoises, indiennes, marocaines, turques, etc. Entre 2000 et 2011, la France a vu sa part de marché en Afrique chuter de moitié, de 10,1 % à 4,7 %, tandis que celle de la Chine a été multipliée par huit (8) entre 1990 et 2011, passant de 2 % à 16 %. En 2013, la Chine l'avait dépassée dans la Zone Franc. Sa part de marché était de 17,7 % contre 17,2 % pour la France[33]. La Chine gagne du terrain en Afrique en raison de son poids économique dans le monde. En 2022, le PIB de la Chine était de 3 %, soit 17.450 milliards de dollars américains malgré les

32 *« La machine Afrique de Bolloré »,* Les Echos, 28 février 2013.
33 Ces chiffres sont dans l'ouvrage de Fanny PIGEAU et NDONGO Samba Sylla (2018), intitulé *« L'arme invisible de la* françafrique, *une histoire du Franc CFA »*, Edition La découverte.

séquelles de la crise de la Covid-19. En 2021, ce taux était de 8,4 % selon *Perspective Monde*. Les réserves de change de la Chine s'élevaient à 3.133,2 milliards de dollars à la fin du mois de février 2023, d'après des données publiées par l'Administration d'État des changes de la Chine.

La France sécurise avec le Franc CFA des produits stratégiques dont elle a besoin pour ses industries. Il s'agit de l'Uranium du Niger que le Groupe *ORANO (ex-AREVA)* exploite depuis des lustres. En Côte d'Ivoire, le Groupe français *TotalEnergies* est dans le secteur du pétrole, pendant que *Cemoi, Touton et SucDen* sont dans le secteur du cacao. Encore en Côte d'Ivoire, six (6) multinationales (*Barry Callebaut, Olam, Cargill, Ecom, SucDen et Touton*) dominent le marché ivoirien des exportations de cacao et achètent la quasi-totalité de la production du pays, dont 80 % est acheminée vers l'Europe. Au Gabon, *TotalEnergies* est présent au dans l'exploration et la production du pétrole depuis plus de 80 ans à travers sa filiale *TotalEnergies EP Gabon*, ainsi que dans le marketing et les services avec son unité *TotalEnergies Marketing Gabon.* En août 2023, le petit producteur français de pétrole *MAUREL & PROM* est devenu le premier opérateur au Gabon, devant *Total Gabon*, suite au rachat d'*ASSALA ENERGY* au fonds d'investissement américain Carlyle pour 730 millions de dollars (670 millions d'euros), intégralement financé par la dette. Toujours au Gabon, le Groupe français *ERAMET* exploite le manganèse depuis plus de 50 ans. Quant au Groupe *ROUGIER,* il est dans le secteur du bois et présent dans le pays depuis 1952.

Au Niger, l'Uranium, dont le pays est un des principaux producteurs mondiaux, constitue la principale ressource d'exportation. Le pays fournit plus de 25 % de l'Uranium européen et était encore le 1er fournisseur du Vieux Continent en 2021 avant d'être relégué à la 2eme place, l'année dernière, par le Kazakhstan (près de 27 %). Selon le Comité Technique Euratom (CTE), à l'échelle nationale, le Niger a été le 3eme fournisseur d'Uranium de la France, derrière le Kazakhstan et l'Australie, contribuant pour 19 % de ses approvisionnements entre

2005 et 2020. Notons que concernant l'Uranium, le Niger est un partenaire historique de la France depuis plus de 50 ans. Quand la France a choisi la voie du nucléaire, il a fallu du combustible adapté, c'est-à-dire de l'Uranium, qui est un minerai dont elle a un besoin chaque année de plusieurs milliers de tonnes pour faire tourner ses centrales. Dans les années 70, deux compagnies nationales s'installent donc au Niger, une ancienne colonie française. Elles exploitent deux mines dans la région du désert d'Arlit, proche de l'Algérie : l'une, à ciel ouvert, et l'autre, souterraine. En 2008, 43 % de l'Uranium produit par *AREVA*, l'ancêtre d'*ORANO*, provenaient du Niger. On est passé de 43 % en 2008 à 30 % en 2021, soit 2000 tonnes par an. Les réserves s'étant épuisées, l'une des deux mines a fermé en 2021. L'autre restera exploitée jusqu'en 2040. Le Groupe *ORANO*, spécialisé dans le cycle du combustible nucléaire, emploie quelque 900 salariés dans le pays, essentiellement du personnel local réparti entre Niamey et Arlit.

b) Les Pays Africains de la Zone Franc n'ont jamais décidé pour le FCFA

La France a toujours décidé à la place des pays africains sur les questions liées au Franc CFA. La dévaluation du Franc CFA de 1994 est là pour éclairer les lanternes. Tout commence au début des années 80 avec la hausse des taux d'intérêt au niveau mondial, la chute des cours des matières premières et la crise internationale de la dette qui s'ensuit. Très vite, on assiste à une descente aux enfers des poids lourds comme le Cameroun et la Côte d'Ivoire. Le FMI proposa un *« ajustement monétaire »* pour accompagner *« l'ajustement réel »*, c'est-à-dire une compression de la demande intérieure via une baisse des dépenses publiques et des importations afin de ramener à l'équilibre les comptes publics et le solde extérieur. Pour le FMI, il s'agissait d'installer les conditions nécessaires à l'imposition de son dogme néolibéral en plein triomphe depuis la chute du bloc soviétique en 1991. La France refuse dans un premier temps car une telle décision risquait de saper ce symbole important de la *« Françafrique »*. Le FMI, avec, à sa tête le français Michel CAMDESSUS, pratique un chantage honteux : l'institution refuse de prêter à la Côte d'Ivoire à la fin de 1991. Deux options s'offrent au pays : accepter la dévaluation ou rembourser les dettes contractées auprès du FMI. Avec l'aide de Paris, la Côte d'Ivoire arrive à rembourser ses dettes auprès du FMI. Tout se complique pour les pays africains avec le changement de majorité politique en France. En effet, en mars 1993, Edouard BALLADUR, partisan de la politique néolibérale, est nommé Premier Ministre. Le 2 août 1993, les autorités monétaires de la Zone Franc suspendent les rachats des billets CFA en dehors de la Zone Franc. Peu après, la BEAC décide de ne plus assurer la convertibilité de ses billets de Franc CFA détenus dans l'UMOA. La BCEAO fait de même concernant ses billets se trouvant au sein de la CEMAC. Dès lors, les Francs CFA des deux zones ne peuvent plus s'échanger directement entre eux. Il faut désormais passer par la monnaie d'ancrage. Le 16 septembre 1993, Edouard BALLADUR annonce par écrit aux chefs d'Etats africains que la France ne consentira plus d'avances aux pays qui n'auront pas conclu un accord avec le FMI et la Banque Mondiale. Cette nouvelle politique appelée *« doctrine d'Abidjan » ou « doctrine BALLADUR »* fait de la dévaluation un passage obligé, vu que le FMI ne veut traiter qu'avec les États ayant accepté le principe d'une dévaluation. En janvier 1994 à Dakar, officiellement, les représentants des pays de la Zone Franc dont dix chefs d'Etats, y sont réunis pour décider du sort de la compagnie aérienne panafricaine *Air Afrique* qui traverse une grave crise. En réalité, cette réunion est consacrée à la dévaluation que les pays africains tentent d'éviter en présence du Directeur du Trésor français, Christian NOYER, du Ministre français de la Coopération Michel ROUSSIN, du Directeur Général du FMI, Michel CAMDESSUS et d'une responsable de la Banque Mondiale, Katherine MARSHALL. Après dix-sept heures d'un huit clos très houleux, les dirigeants africains capitulent. Le soir du 11 janvier à 20 heures 50 minutes, le Ministre camerounais des Finances, Antoine NTSIMI, encadré par Michel CAMDESSUS et Michel ROUSSIN, annonce aux médias qu'à partir du 12 janvier à 0 heure, 1 Franc CFA vaudra 0,01 Franc français, contre 0,02 auparavant. Le Franc comorien a, quant à lui, été dévalué de 33 % car 1 Franc comorien vaut désormais 0,0133 Franc français contre 0,02 Franc Français auparavant.

Avant de terminer l'histoire de la dévaluation du Franc CFA, faisons un détour sur les fondements théoriques et les conséquences de la dévaluation d'une monnaie. En théorie, il existe des fondements à la dévaluation d'une monnaie. En cas de déficit de la balance des paiements, diverses actions peuvent être mises en œuvre. On peut en citer quatre.

La première action, la plus importante, est celle qui tend à réduire la demande globale par les politiques budgétaires et monétaires restrictives. Il est en effet indispensable de résorber l'excès de la demande intérieure sur la production, c'est-à-dire de diminuer *« l'absorption »* du produit intérieur par la consommation et par l'investissement. Une telle politique a pour effet de limiter les importations et de dégager en faveur de l'exportation une part de la production intérieure.

La deuxième action consiste à élever les taux d'intérêt par rapport aux taux pratiqués à l'étranger, ce qui permet d'améliorer la balance des opérations en capital, notamment en freinant la sortie des capitaux nationaux et en attirant les capitaux étrangers.

La troisième action consiste à recourir à des contrôles directs. Les restrictions quantitatives aux échanges (contingentement des importations) soumises à des limitations très sévères par des accords internationaux ne peuvent être que des mesures de crise très graves.

La quatrième action vise à apprécier le déséquilibre fondamental de l'économie. Lorsque les mesures qui viennent d'être indiquées ne peuvent aboutir à restaurer l'équilibre à moins d'une récession marquée de l'activité économique et du chômage, l'économie se trouve dans un état de *« déséquilibre fondamental »*. Dans ce cas, la disparité entre les coûts et les prix intérieurs et extérieurs ne peut être corrigée que par un changement de la parité monétaire, c'est-à-dire par une dévaluation.

Le fondement théorique de la dévaluation étant connu, reste à présenter quelques conséquences d'une dévaluation. Cette dernière n'a de forte chance de produire les effets escomptés que si les prix internes augmentent. En réalité et surtout pour les pays dont le secteur domestique est très important, la hausse des prix intérieurs sera, dans l'ensemble, moins rapide et moins forte que la dépréciation du taux de change. En effet, de nombreux produits sont obtenus dans le pays et ne souffrent d'aucune concurrence étrangère (secteur abrité) si bien que leurs prix ne subissent qu'avec retard ou faiblement, la contagion de la hausse due à la dépréciation. Il en va de même des prix des services et des facteurs de productions qui peuvent être déconnectés des prix étrangers. Pour les Pays Africains de la Zone Franc, leur dépendance plus ou moins grande à l'égard des importations va les obliger à alourdir le déficit commercial si les exportations ne sont pas stimulées. L'accroissement des exportations peut alors, dans certains cas, provoquer une perte de substance pour l'économie nationale. Or, à la suite d'une dévaluation, l'accroissement de la valeur des exportations (en monnaie nationale) sera d'autant plus important que l'élasticité de la demande étrangère sera forte. Étant donné que les pays membres de la Zone Franc CFA sont essentiellement exportateurs de matières premières de base, et face à une demande léthargique accompagnée d'une concurrence des pays asiatiques, il s'ensuit que les bénéfices de la dévaluation sont théoriquement maigres.

De l'avis de ceux qui sacralisent la dévaluation, la surévaluation du Franc CFA oblige les pays membres à déprécier leurs monnaies car *« le coût de la main-d'œuvre, déjà élevé en comparaison avec les pays asiatiques, en est artificiellement gonflé. Il encourage les importations au détriment des productions locales, y compris l'importation de biens qui ne sont pas nécessairement indispensables ».* Une dévaluation, selon cette *« école »,* va renforcer la compétitivité des produits, permettre une augmentation des exportations et de leurs revenus, et une atténuation de la pression des importations. Il est vrai qu'à l'exportation, les productions locales deviennent moins compétitives que celles de nos concurrents des pays hors Zone Euro. Il en est ainsi du coton béninois, de la banane camerounaise, du café ou du cacao ivoirien face aux produits analogues américains et latino-américains qui sont exportés en dollars, et qui, de surcroît, sont subventionnés. En conséquence, le revenu des exportations de matières premières africaines facturées en dollars, diminue conséquemment.

A contrario, une catégorie d'économistes prudents, se méfie des dévaluations à tout va. Pour eux, une dévaluation du Franc CFA aurait pour conséquence une hausse vertigineuse du coût des importations, un surenchérissement de la facture pétrolière, une inflation globale. Cela n'a rien d'entonnant quand on sait que la croissance que connaît l'Afrique est tirée par les pays exportateurs de pétrole. La faiblesse du dollar diminue la facture énergétique des pays et le prix élevé du baril ne peut donner l'illusion de résister à cette surévaluation du Franc CFA.

Mais pour combien de temps la manne pétrolière contrebalancera les effets pervers d'un déficit structurel de balance des paiements ? La dévaluation ne peut être bénéfique pour un pays donné que si ses exportations explosent ; mais à condition que les autres monnaies ne se déprécient pas dans les mêmes proportions. Historiquement, les dévaluations concurrentes ont été malheureusement adoptées par un grand nombre de gouvernements entre 1930 et 1940. L'exemple le plus éloquent fut la concurrence faite aux dévaluations britanniques et américaines supprimant du même coup l'effet-prix favorable aux exportations britanniques et américaines. Lorsque la hausse des prix est plus rapide dans un pays tiers qu'à l'étranger, le gouvernement peut être contraint à la dévaluation. Cette situation est indéniable lorsque le déficit de la balance des paiements est structurellement considérable. Une surévaluation de la monnaie peut aggraver les difficultés d'exportation. Une croissance inflationniste ne peut durer indéfiniment car elle compromet gravement la compétitivité des entreprises sur les marchés extérieurs. Les pays qui marchent en tête dans la progression des prix se condamnent aux dévaluations successives et sapent la confiance dans la monnaie.

Pour le Franc CFA, la France a imposé la dévaluation aux Pays Africains de la Zone Franc sans en anticiper les limites de l'ajustement monétaire. En effet, le fait d'appliquer un taux de dévaluation unique à 14 États n'était pas justifié car le degré de surévaluation du taux de change diffère selon les pays. La France et le FMI sont non seulement allés à l'encontre de la volonté de la majorité des pays africains mais également à l'encontre de la cohérence économique qu'exige le recours à une dévaluation comme solution de restauration de l'équilibre extérieur. Avec cette dévaluation, la France en a tiré trois dividendes.

Le premier est que grâce au taux unique de dévaluation, elle a maintenu sa zone intacte.

Le second est qu'en s'associant avec le FMI et en l'utilisant comme paravent, la France a pu échapper à son rôle de garant. En réalité, elle n'a rien déboursé puisqu'elle n'a pas assuré la garantie de convertibilité.

Le troisième est que la dévaluation de 50 % a permis à la France de doubler mécaniquement, au lendemain de l'ajustement, sa capacité d'action financière en Franc CFA. En effet, le budget du Ministère Français de la Coopération, qui s'élevait à 8 milliards de Franc Français avant la modification de la parité, passait ainsi à 800 milliards de Francs CFA, le 11 janvier 1994.

Pour les pays de la Zone Franc, le bilan de la dévaluation de 1994 est mitigé. En effet, le 11 janvier 1994, après 46 années de stabilité monétaire, les 14 pays de la Zone Franc, sous la pression des institutions internationales et la France, s'accordent pour modifier la parité du Franc CFA à compter du 12 janvier 1994 à 0 heure. Au-delà des traumatismes engendrés par cette mesure et plusieurs années après, un consensus se dégage : les effets de la dévaluation sont encore difficiles à évaluer dans leur ensemble car ils possèdent un échelonnement différent dans le temps. L'objectif était de restaurer la compétitivité des économies afin de relancer le commerce extérieur. Mais, le bilan de la dévaluation de 1994 est mitigé. L'ajustement monétaire et l'amélioration des échanges extérieurs ont permis d'engranger de réserves de change, ce qui a permis de respecter à nouveau le niveau exigé de la couverture monétaire. On est passé d'un taux de couverture de 17 % en 1993 à environ 80 % en 1994 puis environ 100 % en 1999. Le commerce intra-UEMOA est passé de 11,35 % en 1996 à 15,4 % en 2000 (Rapport de la Zone Franc, 2000).

Selon l'étude de Bernard CONTE (1997), trois ans après le changement de parité, l'IED[34] de la sous-zone UEMOA s'élève à 38,1, supérieur de 8,1 points à la limite inférieure de l'intervalle de succès fixé par S. EDWARDS. Notons au passage que cet indicateur se calcule par l'expression suivante :

$$IED = \left(\frac{1}{\Delta e}\right).(1+\Delta e).\left\{\left[\frac{1+\Delta p^*}{1+\Delta p}\right]-1\right\}$$

Malgré l'incertitude pesant sur la fiabilité des données statistiques, il semble bien que la dévaluation soit une réussite, au moins sur le plan de la compétitivité-prix externe. Ces résultats *« en moyenne »* cachent une hétérogénéité croissante des performances nationales. Malgré le changement de parité, les soldes des balances des paiements courants hors transferts unilatéraux publics de l'ensemble des pays de l'UEMOA restent négatifs. Selon la Banque de France, en 1995, la croissance des exportations a résulté d'une reprise des achats de biens d'équipement et de biens intermédiaires, en relation avec la progression des

34 L'IED signifie : indicateur d'effectivité de la dévaluation. Cet indicateur, inspiré de S. EDWARDS, se présente comme le rapport de la variation du taux de change réel à la variation du taux de change nominal. Soient : i) e la variation du taux de change à l'incertain de la monnaie nationale ; (ii) p le taux d'inflation interne ; (iii) p* le taux d'inflation de « l'extérieur ». (EDWARDS S. 1989. *Real exchange rates, devaluation and adjustment,* Cambridge, MIT Press).

investissements[35]. Toujours selon l'auteur cité ci-dessus, en termes d'IED, les performances de la Communauté Economique et Monétaire de l'Afrique Centrale (CEMAC) sont inférieures à celles de l'UEMOA au cours des trois années après la dévaluation. Trois années après le changement de parité, l'IED moyen de la sous-zone se fixe à hauteur de 34,1, soit 4,1 points au-dessus de la limite inférieure de l'intervalle de succès.

Dans le cas ivoirien, on a constaté une dégradation générale des termes de l'échange de près de 50 % entre 1985 et 1993, suite à l'effondrement des cours des principaux produits d'exportation (chute d'environ 50 % pour le cacao et le café, 20 % pour le coton entre 1984 et 1992). Du coup, la baisse des recettes d'exportation entraîne dans son sillage celle des recettes publiques largement tributaires des taxes sur le commerce extérieur.

Il ne faut pas également oublier l'appréciation nominale du Franc Français (FF) vis-à-vis du dollar américain décidée en septembre 1985 lors de l'accord de PLAZA, provoquant une appréciation automatique du Franc CFA, étroitement liée au Franc Français par une parité fixe. Le cours des matières premières étant fixé en devises, principalement en dollars américains sur le marché mondial, la Côte d'Ivoire reçoit moins de Francs CFA par unité de volume, ce qui amplifie l'effet récessif de la dégradation des termes de l'échange sur les recettes d'exportation.

À cela, s'ajoute la politique de baisse des taux de change menée dans des pays africains tels que le Ghana, le Nigéria et l'émergence d'économies compétitives en Asie du Sud-Est (Malaisie et Indonésie).

---

35 Cf. Jean FOYER, France, *qu'ont-ils fait de ta liberté*, F-X De GUIBERT, 1999, p. 17

En ce qui concerne l'effet bénéfique de la dévaluation du Franc CFA de 1994, les tests empiriques restent peu enthousiastes. L'assainissement des comptes extérieurs et les mesures de traitement de la dette ont permis une nette amélioration des ratios d'endettement. En effet, neuf PAZF ont pu obtenir une réduction de leur dette envers le Club de Paris. Par exemple, la Côte d'Ivoire a obtenu des accords avec le Club de Londres et le Club de Paris.

Le Programme d'Ajustement Structurel (PAS), couvrant la période 1994-1997, a permis à la Côte d'Ivoire de bénéficier d'un concours financier du FMI de 281 milliards de Franc CFA, la Banque Mondiale ajoutant 435 millions de dollars. La Caisse Française de Développement (CFD) apporte au pays un concours qui s'élève à 1,451 milliard de Franc Français. L'inflation a été maîtrisée. En effet, après la dévaluation, l'inflation a été bien contrôlée dans la mesure où son niveau (32.5 %) qui est inférieur à ce qui a été prévu par le FMI (35 %) a considérablement chuté les années suivant la dévaluation : 7.7 % en 1995 ; 5% en 1996 et en 1997. À prix courants, le Produit Intérieur Brut (PIB) a progressé de 40,3 % en 1994 grâce, en particulier, à la hausse du prix des produits exportés.

Il atteint le montant de 5.441,7 milliards de Francs CFA en 1996. Mais la dévaluation n'a pas profondément changé la géographie des échanges du pays avec ses partenaires. La Communauté Européenne et la sous-région africaine demeurent les zones avec lesquelles la Côte d'Ivoire entretient la majeure partie de ses échanges.

Reprenant à son compte les conclusions de l'étude de GOREUX (1995), Sylvie COSTE (1999) indique qu'en Côte d'Ivoire, 9 % de l'augmentation de la valeur des exportations est imputable à l'effet quantité, 20 % à l'effet cours mondiaux et 71 % à l'effet mécanique de la dévaluation. Les effets quantité et cours mondiaux sont deux fois plus importants en 1995 qu'en 1994, avec une croissance plus rapide de l'effet cours mondiaux. Cela signifie que le succès relatif de la dévaluation serait le fait d'éléments externes tels que les cours mondiaux et non d'éléments internes au pays. Notons quand même que l'économie ivoirienne a enregistré une hausse de 2 % de son PIB, en termes réels, en 1994 contre une baisse moyenne de 1 % entre 1987 et 1993 (- 0,4 % en 1993). La dévaluation a aidé le pays à retrouver un sentier de croissance élevée supérieure à celle du taux de croissance de la population.

L'éligibilité de plusieurs PAZF à l'initiative PPTE *(« Pays Pauvres Très Endettés »)* est venue conforter cette évolution. Dans le même temps, de profondes réformes structurelles visant à créer un cadre favorable à la croissance ont été mises en œuvre, portant principalement sur l'assainissement des finances publiques, la restructuration du secteur bancaire et la privatisation des entreprises publiques. Par ailleurs, avec l'appui de la France et le plus souvent du FMI, les PAZF, à l'exception de la Guinée Equatoriale et des Comores, ont mis en œuvre des Programmes d'Ajustement Structurels leur permettant d'accompagner la dévaluation de 1994 par un effort soutenu de stabilisation et d'assainissement de leurs économies. Pour autant, au détour de cette rapide revue du succès macroéconomique de la dévaluation, il convient de souligner trois échecs patents (mais qui ne sont pas spécifiques à la Zone Franc) :

- l'échec en matière de croissance de la consommation par tête ;
- l'échec (relatif) en matière de diminution de l'endettement ;
- l'échec (relatif et limité aux pays côtiers) de la substitution de produits vivriers locaux aux produits vivriers importés.

En définitive, la dévaluation a touché de plein fouet les principales variables macroéconomiques et les fondements de la société à tel point que, selon SEMEDO et VILLIEU (1997), *« la majorité de la population n'a pas eu les moyens de se prémunir contre la taxe inflationniste immédiate, et la confiance dans la monnaie s'en est trouvée amoindrie »*. Cependant, la période post-dévaluation est marquée par la mise en place de nouvelles politiques d'ajustement et de réformes économiques visant à stabiliser les principales variables macroéconomiques, à une gestion rigoureuse des finances publiques et une suppression des politiques nationales protectionnistes susceptibles d'entraver les échanges commerciaux.

c) Le Franc CFA, un obstacle pour profiter des bénéficies de la mondialisation

La mondialisation est un processus qui se déroule en trois étapes : l'internationalisation, la transnationalisation et la globalisation. Les pays africains et surtout ceux de la Zone Franc présentent d'énormes obstacles les empêchant de profiter des bienfaits de la mondialisation. La Chine, première économie mondiale, sous-évalue expressément sa monnaie pour maintenir sa compétitivité internationale malgré son potentiel économique. Elle arrive ainsi à profiter des effets bénéfiques de la mondialisation puisqu'elle est non seulement l'atelier du monde mais également elle enregistre d'énormes réserves de change. L'ECO-CFA, en maintenant la parité fixe avec l'Euro tout comme le Franc CFA, les mêmes problèmes structurels demeurent. Cette parité fixe, comme l'explique l'économiste Bruno TINEL, fait que cette monnaie commune est une monnaie forte comme l'Euro, pourtant pour des pays à économies faibles. Cela *« rend les importations des PAZF en biens manufacturés très peu chères, si bien qu'il n'est pas profitable de produire ces biens sur place. Une monnaie forte confère en outre un désavantage en matière de compétitivité prix à l'export, ce qui ne stimule pas non plus le développement de filières manufacturières exportatrices. »* (*Jeune Afrique*, 26/10/2016)[36].

Le système du Franc CFA ne stimule pas le développement des filières manufacturières exportatrices. Il en découle que les Pays Africains de la Zone Franc perpétuent une spécialisation primaire, produisant exclusivement des matières premières à faible valeur ajoutée.

---

36 https://www.jeuneafrique.com/368923/economie/cfa-monnaie-forte-economies-faibles/

d) La réforme du Franc CFA pour que rien ne change

Nous avons mentionné plus haut dans ce livre que la France cherche à saboter le projet souverainiste des États de la CEDEAO, aidée par ses suppôts africains. En effet, si cette réforme touche à des symboles importants, les quelques détails qui sont déjà connus montrent que cela ne changera en rien la situation de domination qu'exercera Paris sur ces pays à savoir : le Bénin, le Burkina Faso, la Côte d'Ivoire, la Guinée-Bissau, le Mali, le Niger, le Sénégal et le Togo. Et aucune annonce n'a été faite concernant le Franc CFA des 6 pays de la Communauté Economique et Monétaire de l'Afrique Centrale (CEMAC), ni sur le Franc comorien. Le premier changement concerne le nom de la monnaie : le Franc CFA, qui signifiait originellement Franc des Colonies Françaises d'Afrique puis aujourd'hui Franc de la Communauté Financière Africaine (pour les pays de l'UEMOA), disparaîtra pour prendre le nom d'ECO. Le deuxième changement est le retrait des représentants français. MACRON et OUATTARA ont aussi annoncé le retrait des administrateurs français de la Banque Centrale des États d'Afrique de l'Ouest (BCEAO). Sauf que selon le *Financial Times*, du 1er janvier 2020, la France continuera à désigner un représentant « *indépendant* » auprès de la Banque Centrale Régionale dont le rôle sera de surveiller quotidiennement les réserves. Le troisième changement concerne la suppression du Compte d'Opérations et du dépôt des réserves de change au Trésor français. Les deux présidents ont annoncé la fin du Compte d'Opérations et du dépôt de 50 % des réserves de change des pays ouest-africains au Trésor français. Par contre, Paris reste le garant officiel de cette monnaie qui conserve, comme le Franc CFA, une parité fixe avec l'Euro. De plus, selon un commentaire fait le 21 décembre 2019 sur Radio France Internationale, la France « *se réserve le droit de revenir dans une instance de décision, en l'occurrence le conseil de politique monétaire* » (RFI, 21/12/2019). Ce comité est l'organe central de décision concernant la politique monétaire, notamment en ce qui concerne la création de monnaie et le niveau des crédits autorisés dans la zone monétaire.

e) L'arrimage du Franc CFA, un manque d'assouplissement

Sans nier les avantages du régime de change, notamment en matière de stabilité macroéconomique, les structures économiques commandent qu'on adopte un peu plus de flexibilité quant au taux de change. Les premiers éléments montrent en effet que le seul arrimage à l'Euro, monnaie forte, en particulier face au dollar, affecte négativement l'économie des pays de la Zone Franc. Même si l'Union Européenne demeure encore le principal partenaire commercial de ces pays, les matières premières, au poids prépondérant dans les exportations des pays de la zone, sont principalement comptabilisées en dollars. Dans ses relations commerciales avec les pays africains, la Chine est devenue ces dernières années un partenaire important. De même, l'ensemble des observateurs s'accordent à dire que l'UEMOA et la CEMAC sont deux zones très différentes avec des pays dont les réalités économiques sont loin d'être identiques. Dès lors, on peut s'interroger sur ce qui justifie l'adoption d'une parité identique pour les deux Francs CFA.

Dans la littérature économique, un régime de change plus flexible est en effet perçu comme permettant davantage aux pays de répondre aux chocs exogènes et aux aléas économiques internationaux. En effet, un taux de change flexible présente l'avantage d'offrir un instrument d'ajustement en cas de choc et renforce l'efficacité de la politique monétaire, même si cette flexibilité peut mener à une instabilité des prix et à une guerre des changes. C'est la raison pour laquelle les petites économies ouvertes, comme celles de la Zone Franc, gagnent en adoptant un régime de change semi-flexible qui permet de mieux tenir compte des évolutions économiques. L'ancrage ne doit plus se faire avec l'Euro ni avec une quelconque autre devise, mais avec un panier de devises et une bande de fluctuations. Cela permet une plus grande flexibilité et assigne un rôle plus important aux forces du marché. Dans un tel régime, on autorise au marché de jouer pleinement son rôle dans l'allocation des ressources. Les monnaies africaines ne doivent plus être arrimées à l'Euro ou au dollar mais à un panier de devises afin de bénéficier d'une plus grande flexibilité. Lorsque cela s'avérera nécessaire, la banque centrale ajustera elle-même la bande de fluctuation de la monnaie en fonction de l'évolution des marchés et de la situation économique et financière. Le taux de change de la monnaie sera plus flexible, basé sur les conditions du marché, en référence à un panier de monnaies de référence. La banque centrale devient responsable du maintien de la stabilité de cette monnaie à un niveau d'équilibre adaptatif, afin de promouvoir l'équilibre de la balance des paiements et garantir la stabilité macroéconomique et financière.

f) Le Franc CFA entrave notre souveraineté

La souveraineté est le droit exclusif d'exercer l'autorité politique sur une zone géographique ou un groupe de peuples. La souveraineté est la qualité de l'État de n'être obligé ou déterminé que par sa propre volonté dans les limites du principe supérieur du droit et conformément au but collectif qu'il est appelé à réaliser. Or, la monnaie est un pouvoir, et partant, un attribut de la souveraineté d'un pays. Elle est aussi au cœur de la souveraineté politique. C'est par la circulation de la monnaie et un cycle ininterrompu de paiements que la société se reproduit et apparaît aux yeux de ses membres comme éternelle, et donc autorité souveraine. C'est ainsi qu'on peut expliquer l'universalité de la monnaie selon AGLIETTA et ORLEAN (1998) qui montrent dans *La monnaie souveraine* que la monnaie est un fait social total qui ne se résume pas seulement à une liste de fonctions mais repose sur un triple socle : dette, souveraineté, confiance. Le Franc CFA entame la souveraineté des pays qui l'utilisent. L'organisation monétaire hiérarchique de la Zone Franc était le reflet d'un système politique de domination coloniale s'opposant aux structures anciennes. Une des principales caractéristiques du colonialisme fut de remplacer les monnaies primitives par les monnaies européennes en les imposant pour le paiement des impôts. Or, ces liens sociopolitiques ont eu historiquement tendance à se distendre alors que la superstructure monétaire demeurait. La monnaie *« Franc CFA »* s'est imposée historiquement par la violence. Elle s'est étendue au sein de la société notamment par la traite négrière, le commerce import-export et l'impôt (ASSIDON, 1989). La monnaie, signe CFA issue de cette histoire, apparaît souvent comme extérieure à la société qu'elle veut normer. Si la valeur d'une monnaie est liée aux fondamentaux de cette économie, alors elle doit avoir un lien sociologique avec le pays. Ce qui n'est pas le cas des Pays de la Zone Franc. D'ailleurs, la Zone Franc a deux dimensions : une dimension verticale du fait des liens monétaires et sociopolitiques entre la France et les pays africains, et une dimension horizontale compte tenu des relations d'intégration que nouent les pays africains de la zone entre eux. Un autre argument peut être développé : le Franc est historiquement étranger aux africains. La naissance du *« Franc »* français remonte au 5 décembre 1360, à Compiègne. Le roi Jean II le Bon (c'est-à-dire le brave) est fait prisonnier à la bataille de Poitiers. Il subit une très longue captivité en Angleterre et son geôlier, le roi anglais Edouard III, lui a réclamé une rançon d'environ 3 millions de livres tournois (12,5 tonnes d'or). Jean II le Bon est obligé de *« vendre »* sa fille à un riche duc de Milan, Galéas Visconti, contre 600.000 livres. Avec cette somme, il est libéré avec 400.000 livres et s'engage à payer le reste. Et c'est sur le chemin de retour à Compiègne qu'il prend des ordonnances dont celle de la création du *« Franc »* pour commémorer sa libération. Car dans le vieux français, *« être franc de quelque chose »*, veut dire *« être libéré de quelque chose ».* Il en découle que le Franc n'a rien à voir avec des Africains. Et pourtant, nous venons de dire que la monnaie est étroitement liée à la souveraineté.

Dans presque tous les États, la souveraineté s'exerce au minimum dans les domaines suivants :

- la sécurité extérieure : la diplomatie et la défense nationale ;
- la sécurité intérieure : la police, la loi ;
- la justice ;
- les finances : la monnaie, la collecte des impôts et le contrôle des marchés financiers.

La monnaie est envisagée comme un attribut de la puissance publique et un instrument de propagande au service de cette dernière. Le principe de la souveraineté mis en lumière par Jean BODIN a permis de dégager une souveraineté de l'État dont la souveraineté monétaire semblait être partie intégrante. Naturellement, la souveraineté ne peut se concevoir sans la monnaie. C'est ce que dit CARTELIER, lorsqu'il écrit : *« La monnaie est inséparable d'un ordre ou d'un pouvoir. À tout système monétaire est assignée une limite, qui est celle de l'acceptation des moyens de paiement. L'aire d'extension du système de paiement se confond avec celle de la souveraineté de l'institution qui émet la monnaie légale. Monnaie et souveraineté sont étroitement liées »* (CARTELIER, 1995).

L'époque romaine montre bien que la monnaie faisait partie des symboles qui exprimaient la personnalité, la puissance et permettait de situer le romain et tout ce qui n'était pas romain. En l'an 70, après la destruction du temple, la Judée était devenue une colonie romaine et sa monnaie fut intégrée dans le système provincial de l'Empire. En clair, les monnaies frappées en Israël représentaient les symboles romains. À l'origine, le *« souverain »* est une monnaie anglaise (pas un roi). C'est une monnaie d'or anglaise qui a été frappée pour la première fois en 1489 par Henry VII d'Angleterre. Bien que la pièce ait une valeur nominale d'une *Livre Sterling* ou 20 *Shillings*, le « *souverain »* était à l'origine une monnaie sur laquelle ne figurait aucune marque de valeur. La souveraineté est donc le pouvoir de battre (frapper) *« le souverain* » (monnaie de l'époque). Or, seul le roi avait ce pouvoir de battre monnaie, d'où le parallélisme entre *« souverain »* et roi. On sait, par ailleurs, que dans un régime démocratique, le pouvoir de battre monnaie devrait être confié à des élus du peuple. Car le pouvoir de battre monnaie signifie la possibilité de définir une *« politique monétaire »* qui, elle-même, va financer la politique économique. A contrario, on ne peut financer une politique économique (par exemple le plein-emploi), si on ne maîtrise pas la monnaie. Le pouvoir de battre monnaie a toujours été reconnu comme un attribut de la souveraineté nationale. Et les banques, en tant qu'intermédiaires financiers, ont toujours eu pour vocation le financement de l'essor économique des Nations. C'est la raison pour laquelle, l'exercice du pouvoir monétaire, c'est-à-dire l'orientation de la politique monétaire est une préoccupation constante des gouvernements.

Selon Jérôme BLANC (2006), on doit d'abord comprendre que la monnaie, en elle-même, n'est pas une marque de la souveraineté : le propre de la souveraineté est le pouvoir de modifier le cours légal et le contenu métallique des pièces. Mais si cette manipulation relève de la puissance de la loi, qui est celle du souverain, seul le droit de battre monnaie est de la même nature que la loi. Elle est en ce sens l'attribut de toute souveraineté nationale car, de son allocation, dépend le futur que l'on veut donner à son pays. Il n'est donc pas étonnant que toute oligarchie veuille cacher ce rôle et en faire l'instrument de son pouvoir pour perpétuer sa domination au détriment des peuples.

Avoir une monnaie relève de la souveraineté nationale. Entendons par souveraineté, la capacité d'un Etat à décider et à s'engager librement et sans contraintes. Le FCFA pose ce problème de souveraineté. Seule la France contrôle cette monnaie et non les pays utilisateurs. Comme l'explique DEMBA Moussa Dembélé, président de l'Africaine de Recherche et de Coopération pour l'Appui au Développement Endogène (ARCADE) : *« Quand un pays devient indépendant, il y a trois symboles qui le reflètent : l'hymne national, le drapeau et la monnaie »*. La monnaie manque encore aux PAZF. En définitive, la monnaie fait partie de l'identité d'un pays. Le Franc CFA, lui, est une monnaie étrange imposée de l'étranger ; il n'est donc pas notre monnaie.

g) Les pays sortis de la Zone Franc font mieux que les pays du système CFA

Il est admis que lorsqu'un système est bon, il permet de faire avancer toute chose. Si réellement, le système CFA était un bon système, alors les Pays Africains de la Zone Franc devraient avoir un bien-être supérieur aux autres pays qui n'en font pas partie, c'est-à-dire aux pays africains hors Zone Franc. Il convient donc de comparer le niveau du bien-être des pays qui sont sortis de la Zone Franc pour une aventure monétaire et ceux qui sont restés jusqu'à ce jour. Dans cet exercice, nous convoquons deux indicateurs utilisés couramment par les économistes : le PIB par habitant et l'Indice de Développement Humain (IDH).

Le PIB par habitant est un indicateur économique qui permet de comparer les niveaux de richesse créée par différents pays, car il calcule le rapport entre la valeur de la production finale d'un pays et la population de ce dernier sur une période définie. Cet indicateur est le résultat du rapport entre le PIB, qui représente l'ensemble de la production de biens et services produits par un pays, et la population résidente de ce pays. Le terme de population résidente représente les nationaux résidents et les personnes se trouvant ou ayant l'intention de se trouver sur le territoire économique du pays pour une période d'au moins un an.

Notons que les pays hors Zone Franc choisis sont : le Maroc, la Tunisie, la Guinée, l'Algérie, le Madagascar, la Mauritanie et le Ghana. Après leur indépendance, les six premiers sont sortis de la Zone Franc : la Tunisie en 1958, la Guinée en 1959, le Maroc en 1960, l'Algérie en 1964, le Madagascar et la Mauritanie en 1973.

Concernant le PIB par habitant, la Tunisie, le Maroc et l'Algérie font mieux que la Côte d'Ivoire (Tableau 7). Cette dernière ne dépasse que légèrement le Ghana en termes de PIB par habitant en 2019.

La Mauritanie fait mieux que le Sénégal, 2ème puissance de l'UEMOA et même le Cameroun. La Mauritanie a fait le choix de quitter en 1973 le Franc CFA parce qu'elle avait l'ambition de prendre en main sa propre destinée, c'est-à-dire mener sa propre politique monétaire. C'est d'ailleurs le choix d'un pays souverain dans ce domaine. Aujourd'hui, le Mauritanien vit mieux que le Sénégalais.

Concernant l'Indice de Développement Humain, il se mesure à partir de trois critères principaux : le PIB par habitant, l'espérance de vie des citoyens d'un Etat et le niveau d'éducation mesuré à partir de 15 ans et plus. Depuis 1990, l'IDH remplace le PIB qui occultait largement le niveau d'épanouissement individuel et collectif pour ne se focaliser que sur des critères économiques. En faisant entrer l'éducation et l'espérance de vie de la population dans sa grille de lecture, cet indice de mesure permet d'être plus précis dans l'analyse du développement des États.

Tableau 7 : Eléments de comparaison entre les pays sortis de la Zone Franc et trois grands pays de la Zone Franc

	PIB réel/habitant (dollars) en 2019	IDH en 2019
Tunisie	3317,5	0,740
Maroc	3204, 1	0,686
Algérie	3948,3	0,748
Mauritanie	1677,9	0,546
Madagascar	526,22	0,528
Guinée	1058,14	0,477
Côte d'Ivoire	2286,2	0,538
Sénégal	1446,8	0,512
Cameroun	1494,9	0,563
Ghana	2202,1	0,61

Source : La Banque Mondiale (2019)

Depuis 2011 et surtout depuis le rapport sur le développement humain, cet indice statistique a été amélioré pour devenir l'Indice de Développement Humain ajusté selon les Inégalités (IDHI). Plus méthodique encore, l'IDHI favorise une meilleure appréhension des inégalités entre les États du monde et permet d'adopter une meilleure stratégie de politique mondiale en faveur de l'éducation et du bien-être social. Lorsqu'on considère cet indicateur, on constate que la Tunisie, le Maroc, l'Algérie, la Mauritanie et le Ghana font mieux que la 1ère puissance de l'UEMOA, la Côte d'Ivoire. En clair, ces pays procurent un épanouissement individuel et collectif mieux que la Côte d'Ivoire. Le Ghana fait mieux que la Côte d'Ivoire, le Sénégal et le Cameroun, tous des pays importants dans le dispositif CFA.

Si donc l'appartenance à la Zone Franc ne permet pas aux pays membres de faire mieux que certains pays hors Zone Franc aux caractéristiques communes, alors on peut se poser la question suivante : pourquoi céder sa souveraineté monétaire pour récolter moins de dividendes que ceux qui la possèdent ?

1.2. L'arrimage à l'Euro crée des incertitudes au niveau de l'endettement en dollars et des pressions inflationnistes

Au niveau des incertitudes sur le niveau général des prix en Zone CFA, la baisse du cours de l'Euro par rapport au dollar peut créer des poussées inflationnistes. En effet, la baisse du cours de l'Euro, d'environ 16 % par rapport au dollar sur un an, c'est-à-dire en 2022, a eu des conséquences jusqu'en Afrique Centrale et en Afrique de l'Ouest. Cette dépréciation touche par ricochet le Franc CFA, indexé sur la devise européenne et utilisé dans 15 pays africains. Elle renchérit le coût de leurs importations et alimente la flambée des prix de l'énergie comme des denrées alimentaires, déjà sous tension depuis la guerre russe en Ukraine et les nombreuses restrictions aux exportations instaurées dans la foulée.

En Côte d'Ivoire, en 2022, le gouvernement a bloqué les prix de sept (7) produits de base dont le sucre, le riz et l'huile de palme, au moins jusqu'en septembre de la même année. Le Sénégal subventionne l'importation sur le blé et tente de promouvoir la culture de céréales locales comme le mil, le sorgho ou encore le niébé, riches en protéines. Au Togo, le président Faure GNASSINGBE a déclaré, fin juin 2022, que les subventions à hauteur de 20 millions de dollars (19,7 millions d'Euros) chaque mois n'étaient pas *« viables »* pour les finances du pays et qu'il privilégierait plutôt une stratégie de substitution des importations. Dans une telle configuration, pour les pays très endettés en dollars, la dévaluation du Franc CFA pèse lourd sur les finances publiques. À titre d'exemple, lorsque le Franc CFA perd 20 % de sa valeur par rapport au dollar, cela signifie que le remboursement de la dette libellée en dollars augmente de 20 %. Et pourtant, de nombreux pays à bas revenu ont dû contracter des emprunts en dollars pour faire face à la pandémie de la Covid-19. Au Sénégal, ces emprunts représentent à eux seuls, 40 % de la dette extérieure.

Les seuls gagnants de cette dépréciation sont les exportateurs des pays de la zone. Mais là encore, l'effet de compétitivité lié à la baisse du Franc CFA est limité par le fait que les exportations, en majorité constituées de matières premières, sont principalement libellées en dollars.

Au niveau de l'endettement, la variabilité du cours de change entre l'Euro et le dollar affecte mécaniquement les économies africaines, sans une explication au niveau des fondamentaux de ces économies. En effet, l'augmentation du taux d'intérêt, notamment aux USA où il est passé de 0,25 % en 2021 à 2,5 % en 2022, pourrait être plus grave sur les Pays en Développement (PED) de la région MENA[37] (*« Middle East and North Africa »)* compte tenu du gonflement de leur dette extérieure publique et sa grande partie (80 %) libellée en dollars US. Les monnaies des pays de la région ont été globalement sujettes à une dépréciation face au dollar US. Par ailleurs, la Zone Franc CFA a subi le même sort sans avoir de levier de politique monétaire sur lequel s'appuyer. En effet, le Franc CFA étant arrimé à l'Euro, il s'est déprécié par rapport au dollar car l'Euro s'est déprécié par rapport au dollar. Par conséquent, les pays utilisant cette monnaie, dont la dette extérieure est majoritairement libellée en dollars, voient leur service de la dette augmenter. Ils doivent en effet débourser davantage de Francs CFA qu'avant la dépréciation de l'Euro par rapport au dollar pour rembourser 1 dollar. Cette dépréciation contribue également à l'augmentation des primes de risques sur les prêts des pays. Les agences de notation jonglent sur les notes souveraines. Elles influencent les décisions de prêts, les conditions de la dette souveraine et les taux d'intérêt.

---

37 La région du monde comportant l'Afrique du Nord et le Moyen-Orient.

1.3. Une monnaie qui favorise la consommation de produits importés au détriment des productions locales et d'exportation

Le fonctionnement de la monnaie unique ouest-africaine fait clairement apparaître une préférence pour la stabilité souvent au détriment de la croissance et de l'emploi. La croissance est loin d'être inclusive dès lors qu'elle repose sur les matières premières et sur un petit nombre de grandes entreprises attirées par la stabilité mais peu pourvoyeuses d'emplois.

En outre, la maîtrise de l'inflation profite principalement à une faible partie de la population, celle qui a les moyens de consommer des produits importés. Dans certaines zones rurales, il n'est pas rare que les transactions se fassent sous forme de trocs tant la valeur de la monnaie est trop élevée pour être utilisée dans les petites transactions quotidiennes. Par ailleurs, la frange la plus aisée de la population a la possibilité de transférer librement ses avoirs à l'extérieur des pays concernés. Elle est probablement la plus concernée par le maintien du régime actuel.

En revanche, la valeur de la monnaie renchérit mécaniquement les coûts de production et, même s'il ne s'agit pas du seul facteur, empêche les pays de la sous-région de tirer pleinement profit du faible coût de leur main-d'œuvre dans les échanges internationaux. À titre d'exemple, le coton malien est produit en Franc CFA et cédé sur les marchés mondiaux en dollar. Toute dépréciation de la devise américaine par rapport à l'Euro réduit les marges bénéficiaires des opérateurs maliens. Dans cette configuration, la Chine qui maintient sa devise à un taux bas et évidemment les États-Unis ont un avantage comparatif déterminant avec le dollar. Le Franc CFA, avec le maintien du niveau de parité, entretient une préférence pour le produit importé et favorise l'économie de rente au détriment des entrepreneurs. C'est également le cas pour le riz, aliment de base en Afrique de l'Ouest, qui est encore majoritairement importé d'Asie.

Si la monnaie CFA et sa parité avec l'Euro ne sont pas les seules raisons, loin s'en faut, elles contribuent à maintenir un niveau de production faible. Ainsi, la récente baisse du taux directeur de la BCEAO, destinée à soutenir l'activité pendant l'épidémie mondiale, reste prudente tellement est grande l'appréhension d'une réalimentation de la pompe à importations payables en Euro ou en dollar. La baisse des réserves de change peut entraîner une dévaluation à moyen terme et rappeler le souvenir cuisant de l'année 1994. Cette politique monétaire prudente, destinée à contenir l'inflation et à maintenir la parité entre le Franc CFA et l'Euro, entraîne cependant une rareté de la liquidité pour les porteurs de projets locaux, obligés de chercher des financements au sein de leurs communautés ou de faire appel à des bailleurs internationaux, notamment par le biais de l'aide au développement.

Lorsqu'on interroge les entrepreneurs locaux et les plus importantes banques de la Zone UEMOA, il ressort que les déterminants de l'investissement sont de trois ordres : le coût de la ressource, le coût du risque et le gain attendu. Il en découle que l'existence du Franc CFA n'est pas neutre. S'il minimise le coût du risque, notamment du risque de change, il renchérit le coût de la ressource dès lors qu'il est nécessaire de maintenir des taux d'intérêt élevés afin de maintenir la parité. Les banques commerciales ont fait état de taux d'intérêt situés entre 15 et 20 %, ce qui demande des taux de rentabilité extraordinaires pour déclencher un investissement.

C'est une des raisons, non la seule, qui obèrent la croissance d'un tissu de Petites et Moyennes Entreprises (PME) locales qui permettrait de créer une dynamique d'emploi.

1.4. La monnaie : au-delà du pur instrument de calcul économique

La monnaie joue un rôle important dans le tissu social. Elle est avant tout un *« instrument de lien social »,* liens de dette et de vie, et de ce fait, l'ordre social dépend de la stabilité de leur valeur monétaire et donc de la confiance des populations en cet objet qui lie les individus les uns des autres. Pour MAUSS (1969), *« la monnaie n'est nullement un fait matériel et physique, c'est essentiellement un fait social : sa valeur est celle de sa force d'achat, et la mesure de la confiance qu'on a en elle* [....] *il n'est pas certain qu'il y ait eu, parmi les sociétés que nous connaissons ou que nous nous représentons par hypothèse, aucune qui fût complètement démunie de notions au moins analogues à celle que nous désignons pratiquement maintenant sous le nom de monnaie* [....] *La monnaie* [....] *c'est une valeur étalon, c'est aussi une valeur d'usage qui n'est pas fongible, qui est permanente, transmissible* [....] *L'argent ne fut pas primitivement employé à l'acquisition de biens de consommation, mais à l'acquisition de biens de luxe, et à celle de l'autorité sur l'homme. Le pouvoir d'achat de la monnaie primitive, c'est avant tout, selon nous, le prestige que le talisman confère à celui qui le possède et qui s'en sert pour commander aux autres »*.

La monnaie ne peut pas être considérée comme neutre et n'est pas le résultat des limites du troc. Un examen approfondi de la question revient à considérer que cette hypothèse n'est qu'un mythe dénoncé par les études socio-économiques et anthropologiques[38].

La monnaie constitue un réseau de dettes et d'obligations, de confiance et garantit les liens entre les individus[39]. Il est primordial de comprendre la monnaie sous cet aspect non économique pour bien appréhender l'essence même de l'organisation sociale. L'histoire économique et sociale nous apprend beaucoup. Les exemples des annulations de la dette en Mésopotamie (GRAEBER, 2013), ou le cas des structures d'endettement d'Ancien Régime, montrent le rôle public et collectif de la monnaie et l'importance du pouvoir politique dans sa gestion pour garantir la stabilisation sociale (FONTAINE, 2008). Son caractère non marchand est un invariant historique, seule la dynamique du capitalisme

38 GRAEBER David, 5000 ans de dette, Paris, Les Liens qui libèrent, 2013

39 AGLIETTA et ORMEAN (1998 ; 2002). À la suite de ces travaux, THERET (2008) sans remettre en cause ce champ, mais en tentant de dépasser une vision trop économique qui conserve la notion de fonction, développe l'idée de trois états de la monnaie à travers lesquels elle se caractérise par sa nature symbolique, économique et politique. Voir aussi SERVET (2012)

repose sur un usage marchand de la monnaie, mais de façon purement subjective. La monnaie est un *« fait social total »* à la base des sociétés et qui les structure, et non la marchandise déshumanisée de l'économie standard. Elle est une institution sociale qui découle d'un rapport social qui traverse toutes les sociétés. Mais, la monnaie, c'est est aussi la confiance ; elle existe car l'ensemble du groupe social l'accepte. Elle est donc protégée par la souveraineté collective et participe à la diffusion des symboles, normes et valeurs collectives[40]. Les pratiques monétaires sont multiples et variées. Elles consacrent des univers symboliques « *caractérisés par une hiérarchie en valeurs et des normes morales* » (BLANC, 2006).

Sur le plan politique, la monnaie est tout sauf neutre. Dans les faits, détenir un monopole sur la monnaie permet au moins trois choses. La première est d'avoir un symbole politique puissant de promotion du sentiment d'identité.

La seconde est de gérer des revenus importants, grâce à la pratique du seigneuriage.

La troisième consiste à posséder un outil de gestion d'une économie. Le choix des taux d'intérêt sur le crédit et l'épargne est effectivement un moyen efficace pour orienter les comportements d'épargne et de consommation des ménages.

La monnaie est aussi la production d'un monopole d'État qui impose le médium d'échange et tente de le contrôler. La puissance publique tire profit de cette situation à divers échelons : la monnaie sert, à la fois, de source d'unité symbolique du pays, de source de revenu pour l'État et de moyen d'indépendance politique, le pays ayant sa propre devise. Georges SIMMEL met pour sa part en avant que si la monnaie ne doit rien à l'État, dans sa genèse, un fonctionnement viable ne peut cependant être garanti par celui-ci. C'est dans cette filiation que se situe l'approche étatique de KNAPP (1973) à laquelle fait référence KEYNES (1930) dans le *« Treatise on money ».* Cette approche peut

40 Voir THERET (2013).

être résumée en ces termes : *« la monnaie est une créature de la loi »*, c'est-à-dire du droit. En fait, selon KNAPP, l'État sélectionne et impose une forme de monnaie en choisissant une certaine unité et en lui donnant une validité sur un territoire qui correspond à son espace national. Ainsi, l'acceptation inconditionnelle de la monnaie par les individus est garantie par l'État. Il s'agit de dire que c'est l'autorité politique représentative qui, dans un espace national donné, fait battre monnaie et lui donne cours légal, un principe repris, après bien des vicissitudes, du droit romain.

En outre, bien qu'elle soit un enjeu entre les classes sociales et un instrument de domination des uns sur les autres, la monnaie est aussi un bien public. Elle ne peut exister que par la légitimation politique qui lui donne la capacité d'être un pouvoir d'achat immédiat ou futur, garantissant son rôle de réserve à travers le temps.

Au total, la monnaie doit être comprise et caractérisée par ses usages non économiques et non marchands. Ces éléments remettent en cause l'idée économique traditionnelle de fongibilité et de convertibilité de la monnaie, qui stipule qu'elle est essentiellement un instrument quantitatif, interchangeable et impersonnel (BLANC, 2008 ; 2009). Au contraire, comme l'ont démontré POLANYI (1983), BLANC (2001), ZELIZER (2005) ou ORLEAN (2009), il existe des différences d'usages et des diversités de pratiques monétaires. L'argent ne peut donc pas être considéré comme simple instrument, outil de l'échange marchand, mais plutôt comme un acteur fondamental de la cohésion sociale, aussi bien dans les sociétés primitives que dans les sociétés modernes (SERVET, 2012).

1.5. Le système CFA n'a pas synchronisé les cycles d'affaires en Zone UEMOA

Une Zone Monétaire Optimale (ZMO) est une zone dans laquelle il est économiquement viable d'avoir en commun une seule monnaie. Pour ce faire, les chocs subis par ces pays doivent être symétriques. Il apparaît ainsi que la synchronisation des cycles économiques (ou des chocs) constitue un prérequis déterminant au fonctionnement harmonieux d'une union monétaire. Cela dit, la concordance des cycles économiques (ou des chocs) ne constitue pas pour autant une garantie pour les candidats face à d'éventuelles perturbations idiosyncratiques une fois l'Union créée. Mais dans l'effort de synchronisation des cycles d'affaires, des critères de premier et de second rang sont imposés aux différents États membres afin de rendre les économies homogènes. On constate en Zone UEMOA, une véritable disparité entre les pays. En effet, deux groupes se distinguent relativement au respect des différents critères : il y a ceux qui, considérés comme les *« bons élèves »* (Côte d'Ivoire, Sénégal, Bénin, Niger et Burkina Faso), se distinguent par deux caractéristiques fondamentales : le poids de leur économie dans la sous-région et/ou leur relative stabilité politique. Puis, les « *moins vertueux* » (Guinée-Bissau, le Togo et le Mali) dont les performances macroéconomiques pâtissent de leurs environnements tant socio-économiques que politiques.

Dans sa thèse de doctorat soutenue le 5 juin 2023 à l'Université Grenoble Alpes, en France, KARAMOKO Hamed montre que sur la période 1974-2019, l'analyse des indices de concordance du PIB réel dans la Zone Franc ouest-africaine laisse apparaître une corrélation relativement faible (0,54 en moyenne), suggérant un faible degré de synchronisation des cycles à l'échelle de l'Union. A ce titre, la Côte d'Ivoire et, dans une moindre mesure, le Bénin et le Niger sont les économies les moins synchronisées. Avec une corrélation moyenne de 0,48, la Côte d'Ivoire semble même entretenir une relation cyclique asymétrique avec les autres membres de la zone. Certains pays se démarquent toutefois par leurs fortes correspondances, à l'instar des binômes Burkina Faso/Sénégal, Mali/Sénégal et Mali/Niger comme en témoignent leurs coefficients significatifs supérieurs à la moyenne (respectivement 0,67 ; 0,78 et 0,67). L'observation de la corrélation entre les États de la sous-région et leurs partenaires privilégiés que sont la France en particulier et la Zone Euro en général, révèle une faible symétrie cyclique en moyenne entre ces derniers (respectivement 0.59, 0.56), mais meilleure que la moyenne au sein de l'Union. La conséquence est que, bien que non négligeable, le degré de partage des chocs asymétriques au sein de la Zone UEMOA demeure relativement faible. En effet, sur la période 1974-2019, 70,26 % des chocs ne sont pas absorbés par les canaux de partage de risque. Autrement dit, seulement 29,74 % (1-0,7026) des chocs asymétriques sont neutralisés dans l'Union.

L'auteur indique dans sa thèse que le régime de souveraineté monétaire de la Zone Franc ouest-africaine n'a favorisé que marginalement la symétrie des cycles des affaires intra-UEMOA. Celle-ci, bien que tout aussi limitée, est demeurée toutefois plus prononcée entre les États membres et leurs partenaires privilégiés que sont la France et la Zone Euro. Ces résultats interpellent par ailleurs sur une dynamique asynchrone des cycles économiques entre les États membres de l'Union monétaire. Autrement dit, les diverses mesures de consolidation de l'intégration ne semblent pas avoir favorisé un processus d'optimalité endogène au sein de la Zone UEMOA, bien au contraire. Les résultats de l'analyse de KARAMOKO (2023, p.188) révèlent une faible concordance des co-mouvements cycliques entre les États membres de l'Union. L'observation de la dynamique des indices de correspondance indique par ailleurs que l'asymétrie cyclique aurait même tendance à se renforcer à mesure que l'intégration se consolide dans le temps. Ces indicateurs montrent en outre que, bien que tout aussi limitée, la synchronisation cyclique est demeurée toutefois plus prononcée entre les États membres et leurs partenaires privilégiés que sont la France et la Zone Euro. Pour ce jeune chercheur ivoirien, ces observations soulèvent à cet effet, deux problématiques majeures auxquelles serait confrontée l'UEMOA. Elles suggèrent, d'une part, que le niveau et la dynamique de désynchronisation constatée maintiennent significativement la probabilité d'occurrence des chocs asymétriques au sein de l'Union et les coûts de l'abandon de l'autonomie monétaire élevés. D'autre part, elles font ressortir, dans une certaine mesure, la dépendance structurelle qu'entretiendraient les États membres de l'Union vis-à-vis de la France en particulier et de la Zone Euro en général. À cet égard, la Zone UEMOA s'exposerait, à terme, à la remise en cause des trois niveaux de confiance en la monnaie unique, c'est-à-dire la confiance méthodique, la confiance hiérarchique et la confiance éthique, et partant, à la contestation de l'architecture d'ensemble de son régime de souveraineté monétaire coopérative.

1.6. La monnaie : un puissant outil de politique économique

La monnaie doit être au service de la politique économique pour le bien-être des populations. Elle permet de stabiliser l'économie par une bonne mise en œuvre de la politique monétaire. Or, dans le cadre de la coopération monétaire entre les PAZF et la France, la politique monétaire est contrainte et nullement pro-pauvre.

a) La politique monétaire comme un outil de stabilisation économique

L'impulsion des théories monétaristes a conduit, à partir des années 80, à leur donner un rôle primordial dans la régulation de l'activité économique. Utilisée par le biais de la quantité de monnaie en circulation, la politique monétaire se fonde sur le rôle de la monnaie sur l'activité économique. La monnaie n'est donc pas neutre et permet d'influencer l'activité, notamment en agissant sur les taux d'intérêt à court terme.

Les objectifs de cette politique varient en fonction des choix politiques. Mais on peut considérer qu'il s'agit majoritairement de lutter contre l'inflation, même s'ils peuvent avoir pour objet le plein-emploi ou la croissance. La baisse du taux d'intérêt va ainsi permettre l'augmentation de l'investissement car investir coûte alors moins cher. Cette baisse s'établit par la mise en place de mesures *d'open market*. Ces dernières consistent en des propositions de montant faites par les banques commerciales pour acquérir de la monnaie centrale (ces établissements fixent le taux qu'ils sont prêts à payer pour en avoir et ainsi se renflouer).

Le crédit bancaire peut également être une source de dynamisation de l'activité. Les ménages peuvent ainsi faire plus de crédits, et essentiellement, plus de crédits à la consommation. C'est ce qui avait été mis en place durant les *« Trente glorieuses »* dans le cadre du contrôle des quantités de monnaies. On tentait alors d'orienter les crédits vers des secteurs précis, mais l'encadrement du crédit a été abandonné en raison de la possibilité des agents de se tourner vers d'autres financements.

Cependant, la politique monétaire expansionniste trouve ses limites dans l'impossibilité de baisse permanente des taux d'intérêt ; c'est la trappe (niveau au-dessous duquel le taux d'intérêt ne peut descendre). KEYNES (1936) préconise alors de revenir à une politique budgétaire.

b) Le Franc CFA et la BCEAO comme des pesanteurs au développement des pays

Afin de mieux exposer les lacunes de la Banque Centrale des États de l'Afrique de l'Ouest que nous rebaptisons "*Banque Centrale Européenne en Afrique de l'Ouest*", il paraît utile de faire la genèse de sa création.

i) L'origine de la BCEAO

L'exploitation des colonies s'accéléra au tournant du XXe siècle. Les cultures destinées à l'exportation firent leur apparition, et les grandes firmes commerciales telles que la *CFAO* et la *SCOA*, s'en assurèrent le monopole côté français, comme l'assura du côté anglais, la firme anglo-hollandaise *UNILEVER*. La gestion monétaire des colonies était assurée par des banques privées bénéficiant dans leurs zones respectives de privilèges d'émission. Tout commence le 27 avril 1848, date de l'abolition de l'esclavage dans les colonies françaises. De nombreux propriétaires d'esclaves sont ruinés, tant dans les Caraïbes que dans les possessions françaises d'Afrique. Le 30 avril 1849, une loi portant indemnisation des colons par suite de l'abolition de l'esclavage est votée. Le 21 décembre 1853, le décret portant création de la Banque du Sénégal est signé par Louis Napoléon BONAPARTE. Son capital, fixé à 230.000 Francs, est formé du prélèvement du 8ème des indemnités accordées aux colons, par suite de l'abolition de l'esclavage, et des arrérages échus de l'inscription de rente représentative de ce prélèvement. Cette Banque du Sénégal, fondée en 1853, avait ses locaux à Saint-Louis et était spécialisée dans le crédit à court terme. Cependant, elle n'a jamais pu servir à une réelle politique de mise en valeur de la colonie. Le 29 juin 1899, un décret est pris portant création de la Banque de l'Afrique Occidentale (BAO). Le siège de la BAO est fixé à Paris (78, rue de Provence) et Henri NOUVION fut nommé premier Directeur du nouvel établissement. La même année, débutèrent les activités de la BAO à Dakar, tandis qu'une agence était créée à Conakry.

À l'origine, le rôle de la *« Banque du Sénégal »,* qui deviendra l'Institut d'Emission de l'Afrique Occidentale Française et du Togo (de 1955 à 1959) et enfin, la Banque Centrale des États de l'Afrique de l'Ouest (à partir de 1959), est d'organiser la paupérisation du corps social africain pour empêcher l'érection d'une bourgeoisie nationale du commerce, en refusant le crédit aux populations locales en Afrique noire. Cette politique criminelle contre le développement de l'Afrique se poursuit de nos jours. En effet, jusqu'aujourd'hui, les banques françaises en Afrique n'accordent aucun crédit de développement aux particuliers. Elles n'accordent aucune ligne de crédit à la consommation aux ménages les plus démunis. Son rôle colonial, c'est d'encaisser le maximum d'argent liquide pour la métropole sans investir localement, ni dans les entreprises africaines ni dans le développement.

Depuis cette date, la BCEAO a toujours été dirigée par un Directeur Général français. Le dernier en date est Robert JULIENNE qui occupa le poste de Gouverneur depuis le 28 septembre 1962 jusqu'en 1973. Le siège de la banque était à Paris. Avant de passer le flambeau aux Africains pour la direction et le siège de la banque, la France exigea la signature de plusieurs accords avec les pays africains. La Convention de Coopération Monétaire entre les États de l'Afrique Centrale est signée le 22 novembre 1972. Elle deviendra la Convention régissant l'Union Monétaire de l'Afrique Centrale (UMAC) en 1996 et sera modifiée en 2008. À l'instar des pays d'Afrique de l'Ouest, les États d'Afrique Centrale appartenant à la Zone Franc s'engagent dans la constitution d'une union monétaire. La France et les États de l'Afrique

Centrale appartenant à la Zone Franc signent une convention de coopération monétaire (Convention entre les États membres de la Banque des États de l'Afrique Centrale et la République Française) le 23 novembre 1972. Cette convention n'a jamais été modifiée. Aux cinq États constituant alors l'UMAC (Cameroun, République centrafricaine, Congo, Gabon, Tchad) s'est ajoutée la Guinée Equatoriale en 1985. Le Traité constituant l'Union Monétaire Ouest Africaine est signé le 14 novembre 1973. L'accord de coopération monétaire entre la République Française et les Républiques membres de l'Union Monétaire Ouest Africaine, est signé le 4 décembre 1973. Cette convention régit l'UMOA et la BCEAO et concerne : la France, le Bénin, le Burkina Faso, la Côte d'Ivoire, le Niger, le Sénégal et le Togo, puis le Mali à partir du 1er juin 1984.

C'est finalement le 15 décembre 1974 que M. Abdoulaye FADIGA sera nommé aux fonctions de Gouverneur de la BCEAO. Ce dernier va œuvrer pour le transfert du siège de la BCEAO de Paris à Dakar en Juin 1978 et l'inaugurer le 26 mai 1979.

ii) Les critiques théoriques et pratiques de la politique monétaire

Avant de clore ce point sur la BCEAO, disons un mot sur la fonction d'une banque centrale. La BCEAO, que nous rebaptisons sous le nom de *« Banque Centrale Européenne en Afrique de l'Ouest »*, ne fait qu'appliquer les directives de la BCE. À l'occasion de l'entrée en vigueur de la réforme institutionnelle de l'UMOA et de la BCEAO (1er Avril 2010), M. Philippe-Henri DACOURY-TABLEY, Gouverneur de la BCEAO, donnait dans une interview l'objectif de cette réforme en ces termes : *« la mise en œuvre de la réforme devrait, en assignant à la BCEAO un objectif prioritaire de stabilité des prix, permettre, de garantir le pouvoir d'achat de notre monnaie et apporter une réponse adéquate au défi du financement des économies ».* Le constat est frappant et clair : la BCEAO poursuit prioritairement un objectif de stabilité des prix au sein de l'Union Monétaire Ouest-Africaine. En effet, elle vise à maintenir une inflation inférieure mais proche de 2 %.

Elle tend à atteindre cet objectif par des instruments de politique monétaire. Ce sont surtout les taux d'intérêt directeurs qui sont utilisés à cette fin. Sur les objectifs et missions de la BCEAO, il est possible de formuler au moins deux grandes critiques : une d'ordre théorique et l'autre d'ordre pratique.

La première porte sur l'exclusivité donnée à la stabilisation des prix. Comme la BCE, l'objectif principal de la BCEAO est de maintenir la stabilité des prix, en d'autres termes, de sauvegarder la valeur interne du Franc CFA. En outre, la politique monétaire conduite par la BCEAO s'appuie essentiellement sur la règle de pilotage des taux d'intérêt par le canal de ses guichets de refinancement. Le système de gestion monétaire de la BCEAO comprend désormais trois volets essentiels : le marché monétaire par voie d'appel d'offres et le marché interbancaire, les procédures permanentes de refinancement et le système des réserves obligatoires. Les concours directs de la BCEAO aux trésors nationaux sont supprimés. Par ailleurs, dans la volonté d'approfondissement du système financier, les autorités monétaires ont créé des institutions financières sous-régionales : le Conseil Régional de l'Épargne Publique et des Marchés Financiers (CREPMEF) et la Bourse Régionale des Valeurs Mobilières (BRVM).On peut donc s'interroger sur la pertinence du choix opéré par la BCEAO de recourir aux seuls mécanismes du marché monétaire pour à la fois endiguer les pressions inflationnistes par la régulation de la demande intérieure et maintenir l'ancrage nominal du Franc CFA à l'Euro.

Dans une telle configuration, une contraction des réserves en devises, traduisant un risque de dépréciation nominale de la monnaie, peut être contrée par un resserrement de la politique monétaire. Il en découle qu'une augmentation des taux d'intérêt sur le marché de capitaux intérieur pourrait inciter les banques à recourir à des emprunts extérieurs auprès de leurs correspondants étrangers pour le financement de leurs besoins en trésorerie. Une telle situation encourage le recours aux émissions d'obligations par les États sur les marchés internationaux, notamment la Côte d'Ivoire et le Sénégal, en raison de leurs poids économiques. En outre, la diminution du refinancement de la BCEAO se traduit par une amélioration systématique du taux de couverture de l'émission monétaire par les réserves de change. Ces effets combinés de la politique monétaire sur les réserves de change amènent la banque centrale à mener une politique de stérilisation indirecte en l'absence de marché de devises et une politique active de retrait de liquidité. La gestion du régime de change peut poser des problèmes pour les pays ayant opté pour le ciblage de l'inflation. Sur le plan théorique, la plupart des auteurs (CLARIDA et al., 2001) estiment que les mesures prises pour orienter le taux de change doivent être secondaires à côté de la problématique de minimisation des fluctuations du taux d'inflation et de la production, qui demeure la préoccupation principale des autorités monétaires. À cet égard, BENES et al. (2013) puis OSTRY et al. (2012) soulignent que l'insertion du taux de change dans la règle du taux d'intérêt se révèle inutile et risque de créer une confusion dans l'esprit du public sur les véritables intentions de la banque centrale à contrôler l'inflation. Généralement, il est indiqué que la banque centrale reste en marge du marché de change.

Des auteurs comme MISHKIN et SEVASTANO (2001) et McCALLUM (2007) affirment que la détermination du taux de change par les fondamentaux du marché est une condition préalable au succès des mesures de ciblage de l'inflation. Mais, rappelons tout de même le rôle très important que joue le taux de change dans la formulation de la politique monétaire dans les pays en développement ayant opté pour le ciblage de l'inflation que dans les pays avancés (STONE et al., 2009). L'effet des variations du taux de change sur l'inflation, appelé effet *Pass-through*, est particulièrement important pour les économies en développement. Le *pass-through* complet se produit quand une appréciation (ou dépréciation) en termes de pourcentage d'une devise étrangère entraîne une augmentation (ou diminution) d'un pourcentage égal du prix d'un bien importé (évalué en devise du pays de destination). De la même façon, on définit un *pass-through* partiel ou incomplet lorsque la réaction du prix est inférieure au pourcentage donné par le taux de change.

Le canal du *pass-through* agit directement sur les prix sous l'effet des fluctuations des taux de change et indirectement à travers la volatilité du taux de change sur les anticipations de prix.
Avec l'affirmation depuis 2010, de l'objectif de stabilité des prix par la BCEAO, désormais le niveau des réserves de change est fixé de facto comme un objectif intermédiaire de la politique monétaire. Ce double objectif de la stabilité des prix et de l'équilibre extérieur entraîne un arbitrage de la part des autorités monétaires dans la conduite de la politique monétaire. En effet, en présence des chocs relativement importants, les décisions de politique monétaire ne sont pas toujours en mesure d'atteindre les deux objectifs. Par exemple, une perte soudaine de réserves de change peut conduire à un resserrement de la politique monétaire au moment où l'inflation est encore bien en deçà de l'objectif de moyen terme de 2 %. De même, le taux de change fixe pourrait exercer une pression à la baisse sur l'inflation globale (dans un contexte marqué par une faible inflation dans la Zone Euro), rendant l'objectif de stabilité des prix de la BCEAO plus difficile à atteindre. Il arrive que les fluctuations du taux d'intérêt cible de la BCEAO se dissocient de celles du taux d'inflation. Dans ce cas, la corrélation négative entre le taux cible et le taux de couverture de l'émission monétaire se renforce notamment sur le court terme, comme si la banque centrale réagissait dans un délai court, à toute baisse significative des réserves de change, en appliquant une politique monétaire restrictive. En tout cas, on a constaté un changement d'orientation de la politique monétaire vers le milieu des années 2010, passant du ciblage direct de l'inflation à la préservation de la stabilité du taux de change.

En zone UEMOA, FALL et DEMBA (2019) ont mené une étude sur la conduite de la politique monétaire face au double ancrage, le ciblage d'inflation et celui du taux de change. A l'aide d'un Modèle de Prévision Trimestriel (QPM en anglais) intégrant une fonction de réaction de la banque centrale basée sur la poursuite des objectifs d'inflation et de réserves de change, ces auteurs montrent que la baisse des réserves de change conduit à une politique monétaire restrictive. Les simulations ont permis de comprendre les mesures de durcissement de la politique monétaire prises par la BCEAO visant à freiner la baisse des réserves de change, dans un contexte où le taux d'inflation moyen est resté en deçà de 1 %. De tels résultats suggèrent que les mesures prises par la BCEAO s'écartent de l'objectif de ciblage de l'inflation du fait de la contrainte de rigidité du taux de change nominal. Autrement dit, la poursuite du double objectif de ciblage de l'inflation et des réserves en devises suscite la prise de décisions incompatibles de politique monétaire avec l'évolution de l'inflation, objectif principal par ailleurs. Ces résultats sont conformes à ceux de DOUMBIA (2013) pour qui :

« *Dans un contexte de grave récession se traduisant par l'effondrement du taux de couverture des engagements à vue par les actifs extérieurs (réserves de change), la BCEAO se doit de choisir entre la reconstitution des avoirs extérieurs, donc une politique restrictive, et la relance conjoncturelle. Dès lors, la fixité du taux de change apparaît comme une contrainte empêchant l'application du ciblage de l'inflation. Elle entraîne l'annihilation de son avantage principal qui est la possibilité d'une politique de stabilisation conjoncturelle.* ».

En effet, dès que les réserves commencent à baisser, une certaine panique non justifiée gagne les autorités monétaires au point d'évoquer une possible dévaluation. C'est à croire que la politique monétaire en Zone UEMOA vise la défense d'une parité au détriment du financement de l'activité. En effet, *« les réserves de la BCEAO étant tombées à 17 % en 1993, en dessous du seuil plancher de 20 % prévu par les statuts de la Banque, le gouvernement BALLADUR a alors imposé une dévaluation de 50 % en janvier 1994, ce qui a conduit le taux de réserves à remonter à 81,4 % dès la fin de l'année 1994, puis au-dessus de 100 % après 1999 »* (TINEL, 2016, p. 108).

Dans la pratique, on remarque que l'objectif final de la BCEAO est d'assurer la défense de la parité au travers de la garantie structurelle de la solvabilité du système bancaire. À cet égard, comme le souligne NUBUKPO, *« du fait de l'impératif de s'assurer un montant plancher de devise, le « programme monétaire » se déroule toujours et continue d'attribuer un volume précis de liquidités aux économies via les systèmes bancaires nationaux. Ainsi, le risque de puiser dans les devises de la banque centrale pour financer des importations massives consécutives à une ouverture trop grande des vannes du crédit bancaire est limité, de même que tout risque de dévaluation du franc CFA. On retrouve donc un système où la gestion par les prix (le taux d'intérêt) est théoriquement chargée de réguler le volume des liquidités bancaires, mais où, en réalité, l'ancien système d'encadrement du crédit perdure* » (NUBUKPO, 2016, p.127). Le tableau 8 indique l'évolution du taux de couverture monétaire de la BCEAO de 2010 à 2022.

Tableau 8 : Evolution du taux de couverture monétaire de la BCEAO de 2010 à 2022

Années	2010	2011	2012	2013	2014	2015	2016
Taux de couverture en %	112,0%	109,1%	105,5%	90,4%	84,3%	80,2%	68,2%

Années	2017	2018	2019	2020	2021	2022
Taux de couverture en %	73,4%	77,1%	78,4%	77,3%	79,3%	63,2%

Source : Auteur, à partir des rapports annuels de la BCEAO (2010-2022).

Le régime de change des francs CFA est souvent considéré comme une fixité conventionnelle de *jure* en comparaison aux régimes de change extrêmes tels que le *currency board* ou la dollarisation. Le classement de la Zone CFA parmi les régimes de change conventionnels s'explique par l'existence de certaines règles officielles d'apparence plus souples que celles qui sont théoriquement en œuvre dans les économies sous *currency board.* Depuis la dévaluation de 1994, force est de constater que la tendance est au durcissement des contraintes monétaires, surtout en ce qui concerne l'accumulation des réserves de change. La conséquence en a été de rapprocher son fonctionnement de celui des économies sous *currency board*, notamment les versions les plus modernes. Notons que le système du *currency board* instaure à la fois une parité fixe en principe irrévocable entre la monnaie nationale et une monnaie externe, et une règle d'émission stricte au niveau de l'institution monétaire, la caisse d'émission. Cette règle stipule que la base monétaire, constituée des dépôts détenus par les banques et mobilisés pour régler leurs positions, et des billets émis par la caisse d'émission – doit être couverte intégralement et à la marge par de la monnaie de réserve. Cette règle des 100 % de réserves instaure de *facto* une inélasticité de la monnaie de base et est censée asseoir définitivement la crédibilité des autorités monétaires et l'irrévocabilité du taux de change.

Sur le plan instrumental, le *currency board* est tel que la caisse d'émission assure seule la convertibilité au pair (par exemple, au taux de 1 pour 1) de ses émissions en monnaie de réserve et constitue à ce titre, une réserve unique. La caisse d'émission réalise les compensations interbancaires et les banques peuvent lui demander le remboursement de leurs avoirs en monnaie externe (monnaie de réserve). Deux éléments définissent alors le *currency board* : la règle d'émission de la base monétaire et l'existence d'une réserve unique qui l'applique.

À partir de là, force est de constater que tous les éléments sont réunis, hormis la règle de couverture à 100 % de la base monétaire, pour considérer la Zone CFA comme un *currency board* de *jure*. Fixée à 20 % des Engagements Monétaires à Vue (EMAV) dans les accords, dans les faits et depuis la dévaluation de 1994, la constitution des réserves de change par les banques centrales couvre totalement non seulement la base monétaire, mais aussi très largement le seuil statutaire des 20 % des EMAV ; ce qui fait de la Zone CFA un espace qui respecte les mêmes règles que les caisses d'émission, surtout les versions modernes. Ainsi, la deuxième règle du régime des caisses d'émission, la convertibilité totale de la monnaie émise, est également satisfaite dans les pays de la Zone CFA. Le taux de couverture des EMAV n'était pas aussi élevé par le passé. De 1960 à 1980, les banques centrales ont maintenu leur ratio entre 20 % et 80 %. Dans les années 80, elles ont eu du mal à respecter les 20 %. À partir de 1994, elles ont largement dépassé la barre des 20 %, traduisant une augmentation quasi-exponentielle des réserves de change. Cette hausse résulte surtout du changement intervenu dans la politique monétaire avec la dévaluation. Son objectif principal est désormais l'accumulation des réserves de change (VEYRUNE, 2007). Le résultat est que la Zone CFA est sous-financée au profit de la défense de la parité fixe. En effet, le réseau bancaire de l'UEMOA a augmenté d'une unité par rapport à fin décembre 2021 pour s'établir à 133 banques à fin décembre 2022, pendant que le financement bancaire reste très faible. La politique monétaire de la BCEAO ne profite pas au financement de l'économie des pays membres. Elle se consacre à la défense de la parité entre le franc CFA et l'Euro depuis 1999. En effet, entre 2011 et 2019, la Zone UEMOA a enregistré un taux de croissance moyen du PIB réel excédant 5,7 % par an. En 2020, la région a fait preuve d'une certaine résilience face à la pandémie de la Covid-19 avec un taux de croissance de 1,7 % (contre une contraction de 1,7 % pour l'Afrique Subsaharienne), avant d'enregistrer un important rebond à 5,9 % en 2021. Malgré la guerre en Ukraine, la croissance a légèrement ralenti en 2022 à 5,7 %, soutenue par les investissements et la consommation finale. Pourtant, le secteur bancaire et financier n'a pas joué un rôle important à la hauteur des attentes. En effet, les encours de crédit à l'économie n'ont représenté que 21,9 % du Produit Intérieur Brut (PIB) en Zone UEMOA et 15 % en Zone CEMAC en 2014. En comparaison, ce ratio se situe à 80 % en Afrique Subsaharienne dont 35 % au Nigéria, 32 % au Ghana et 187 % en Afrique du Sud. Au Maroc, il s'établit à 115 %. Enfin, dans les pays de l'OCDE, les crédits à l'économie représentent 136 % du PIB en France, 206 % au Royaume-Uni et 230 % aux Etats-Unis. En 2019, le crédit à l'économie rapporté au PIB se situait à 26,5 %. Pour la Côte d'Ivoire, les crédits à l'économie ne représentaient que près de 20 % du PIB en 2019, contre une moyenne de 45 % en ASS, d'après les Statistiques financières internationales du Fonds Monétaire International (FMI).

La seconde critique est que l'orientation de la politique monétaire axée sur la stabilité des prix met de côté l'objectif de croissance. Et pourtant, les Pays Africains de la Zone Franc, tous des pays pauvres, ont un fort besoin de croissance. Dans le cas de l'UEMOA, la coopération monétaire existant avec la France, qui contribue à garantir le maintien d'une parité fixe entre le Franc CFA et l'Euro, a des implications sur la politique monétaire de l'UEMOA. Elle contraint les autorités monétaires de l'UEMOA, du point de vue de leur autonomie dans la conduite de leur politique monétaire, dans un contexte de libre circulation des capitaux entre les deux Zones CFA et la Zone Euro (triangle des incompatibilités de MUNDELL). En effet, dans un régime de change fixe, l'inflation contribue, du fait de la perte de compétitivité qu'elle engendre, à la détérioration progressive des comptes extérieurs et à la surévaluation du taux de change, fragilisant ainsi la parité entre les monnaies. De fait, la cible d'inflation de 2 % retenue par la BCEAO, identique à celle de la Banque Centrale Européenne (BCE), semble impérative au regard des contraintes qu'induit l'existence d'un taux de change fixe entre les deux zones. Cependant, une telle cible d'inflation peut sembler exagérément restrictive pour des économies qui ont besoin de 7 % de croissance du PIB pour atteindre les Objectifs du Millénaire pour le Développement (OMD). Citant une étude de la Banque Mondiale menée en 1996 sur l'évolution de l'inflation et de la croissance dans 127 pays, de 1960 à 1992, GOUX (1998) indique qu'il existe un lien étroit entre la hausse de l'inflation et la baisse de la croissance économique. Selon cette étude, les pays qui ont le taux de croissance le plus élevé sont dans une situation d'inflation comprise entre 0 et 5 %. Un tel résultat est corroboré par des études empiriques effectuées dans les économies développées et en développement qui ont montré que si l'existence de l'arbitrage entre inflation et croissance économique était avérée à court terme, à long terme les variables fondamentales de l'économie ont tendance à retourner à leur niveau initial, avec un taux d'inflation plus élevé qu'auparavant.

Cependant, la lutte contre l'inflation ne doit pas être l'objectif principal de la BCEAO, ni avoir une cible d'inflation de 2 % comme la BCE car les populations ouest-africaines ne vivent pas les mêmes conditions économiques que les européens. En effet, la cible d'inflation choisie dépend de la structure économique des pays et de leur histoire. L'Allemagne qui domine économiquement la Zone Euro a fortement influencé les 2 % fixés par le traité de Maastricht. L'Allemagne est un partenaire clé de la construction européenne non seulement par la taille de son économie mais aussi par son influence sur la gouvernance économique et monétaire de la Zone Euro. Ce n'est évidemment pas un hasard si le siège de la Banque Centrale Européenne a été établi à Francfort. Rappelons également que l'on doit l'initiative du Pacte de Stabilité et de Croissance (PSC) à Theodor WAIGEL, Ministre allemand des Finances en 1995, qui considérait que la stabilité monétaire était indissociable d'une gestion saine des finances publiques. De fait, les années ayant précédé la création de l'Euro furent caractérisées par le leadership allemand en matière monétaire. La réputation de la *Bundesbank* en matière de lutte contre l'inflation était sans aucun doute bien plus forte que celle de ses partenaires ; et le Système Monétaire Européen (SME) fut un système de change fixe asymétrique d'ancrage de facto au *mark*. Cette crédibilité serait pour certains, la conséquence du traumatisme engendré par l'hyperinflation qu'a connue l'Allemagne au début des années 20. Pour revenir au Franc CFA, à l'époque de sa création, il était censé protéger les pays d'une forte volatilité en créant un point d'arrimage à une monnaie forte. Ainsi, les pays de la Zone Franc CFA ont bénéficié d'une certaine stabilité macroéconomique, avec notamment, une monnaie stable et une faible inflation. Mais le coût de ce système rigide a été élevé en termes de croissance et de production perdues à une époque où le développement était tiré par le commerce mondial et les exportations. En outre, alors qu'en théorie une union monétaire devrait aider les pays les plus pauvres à rattraper les pays les plus riches, dans la pratique, les revenus des premiers ne convergent pas vers ceux des seconds.

Dans le cas des Pays Africains de la Zone Franc (PAZF), la question des liaisons existant entre inflation et croissance revêt un intérêt particulier à plusieurs égards. En effet, le fort taux de pauvreté prévalant au sein de la Zone Franc commande l'atteinte des taux de croissance élevés, nécessaires à la réduction de la pauvreté. Ces défis se posent avec une certaine acuité pour les Banques Centrales Africaines, chargées de la stabilité des prix et de la préservation de la valeur interne et externe des monnaies. En fait, la politique monétaire appliquée dans l'UEMOA est élaborée par la Banque Centrale Européenne (BCE) à Francfort. Or, l'objectif macroéconomique fixé par la BCE est la lutte contre l'inflation, alors que l'objectif macroéconomique des pays de la CEMAC et de la CEDEAO est la croissance économique. En effet, seule une croissance économique importante permet de réduire le taux de pauvreté dans ces pays et d'enclencher, toute chose égale par ailleurs, une dynamique de développement. De fait, la politique monétaire appliquée dans la Zone CFA est à l'inverse de ce qui devrait être fait : on lutte contre l'inflation alors qu'il faudrait stimuler la croissance tout en s'accommodant d'une remontée des prix (Courbe de PHILIPS). À cet égard, le CFA apparaît donc comme un frein à la croissance.

La BCEAO doit donc agir comme la Banque Centrale Américaine, la FED. En effet, son objectif principal est le maintien de la croissance. C'est dans ce cadre qu'elle va, avant tout, viser le plein-emploi. Elle va donc utiliser ses instruments de politique monétaire pour maintenir ou atteindre le plein-emploi. Elle utilise les taux d'intérêt dans cette optique. La stabilité des prix ne vient qu'en deuxième position dans ses priorités. La façon d'aborder les prix est différente entre les deux banquiers centraux. La BCE prend en compte les changements dans les coûts de l'énergie alors que la FED les omet volontairement. Le troisième objectif de la FED est le maintien des taux d'intérêt à long terme peu élevés. En conclusion, la principale différence entre la BCE et la FED réside dans leurs objectifs poursuivis. La BCE recherche la stabilité des prix là où la FED se préoccupe avant tout du plein-emploi.

Notons toutefois qu'à la faveur de la pandémie liée à la Covid-19, nous avons, pour une fois, vu la BCEAO agir comme une banque centrale résolument engagée à jouer son rôle. En effet, en pareille situation, une banque centrale doit mener une politique monétaire accommodante pour faciliter la relance économique. C'est justement ces dispositifs qui ont été mis en place par la BCEAO. En réponse à l'épidémie de la Covid-19, la BCEAO a adopté quatre mesures principales[41] :

1. l'allocation de 25 milliards de Francs CFA au Fonds fiduciaire pour la Banque de Développement de l'Afrique de l'Ouest afin d'augmenter le montant des prêts concessionnels aux pays éligibles pour financer leurs dépenses urgentes d'investissement et d'équipement ;

2. une communication renforcée sur le programme spécial de refinancement des crédits bancaires accordés aux Petites et Moyennes Entreprises ;

3. l'amorçage de négociations avec les entreprises émettant de la monnaie électronique pour encourager son utilisation ;

4. la couverture des besoins en billets dans les guichets automatiques.

Du côté de la CEMAC, suite au Comité de Politique Monétaire du 22 juillet 2020, la BEAC a rappelé les mesures prises pour répondre à l'épidémie :

1. la mise en œuvre d'un programme de rachats ponctuels et ciblés, sur le marché secondaire, des obligations des États de la CEMAC avec une enveloppe globale de 600 milliards de Francs CFA et pour une durée de six mois prolongeable une fois ;

2. la reprise d'opérations d'injection de liquidité à long terme pour fournir aux établissements de crédits les ressources dont ils ont besoin. Pour accéder à ce refinancement, les banques devront respecter plusieurs conditions dont la non-réduction de leur portefeuille de crédits à l'économie.

---

41 Source : Banque Africaine de Développement, *« Perspectives économiques en Afrique de l'Ouest 2020 »* ; Communiqué de presse du 22 juillet 2020 du Comité de politique monétaire de la Banque des Etats d'Afrique Centrale, https://www.beac.int/wp-content/uploads/2020/07/Communiqu%C3%A9-de-Presse-CPM-extra-22072020.pdf

II. ECO-CFA : COMMENT EN SORTIR POUR UNE MONNAIE SOUVERAINE OUEST-AFRICAINE ?

Le but ultime de la France est de saboter le projet de l'ECO et forcer la main aux pays anglophones à rentrer dans son pré carré. Au regard de l'Histoire de ces pays, la stratégie dominante de la France est de parier sur le statu quo en ce qui concerne les pays de l'UEMOA.

2.1. La mobilisation africaine d'hier à aujourd'hui

Le combat que nous menons se situe dans la droite ligne de celui de nos devanciers. Certains anciens présidents ont mené cette lutte au péril de leur vie. Aujourd'hui, les chercheurs et la société civile africaine sont conscients des enjeux de la monnaie et militent pour une souveraineté monétaire.

a) Les contestations des anciens présidents

Les critiques contre le Franc CFA sont très anciennes, portées par exemple par les premiers présidents du Togo et du Mali - respectivement Sylvanus OLYMPIO et Modibo KEITA. Concernant le président Modibo KEITA, deux ans après la proclamation de l'indépendance du Mali, le 22 septembre 1960, le pays abandonna le Franc CFA. Le 30 juin 1962, à l'Assemblée nationale du Mali, le président Modibo KEITA déclarait ceci : *« Point n'est besoin d'être économiste pour savoir que la monnaie, au niveau national, est à la fois une garantie de liberté et, mieux encore, un instrument de puissance. Garantie de liberté, parce qu'elle nous permet, non pas de faire ce que l'on veut, mais bien plutôt d'agir dans le sens de l'intérêt national. Instrument de puissance - dans la mesure où elle nous donne la possibilité de contraindre les féodalités économiques et les groupes de pression qui veulent ignorer l'intérêt national pour ne défendre que les privilèges exorbitants hérités du régime colonial moribond »*. Le 1er juillet 1962, le président Modibo KEITA passa du discours à l'acte en créant le Franc malien, dont les billets et les pièces furent fabriqués en Tchécoslovaquie. Mais, les *« intellectuels colabos »,* ou les *« mains serviles »* de la France vont saboter le projet à coup de meetings en faveur de la France et une contre-attaque des réseaux françafricains. Finalement, le Mali réintègre la Zone Franc, le 1er juillet 1984, après d'intenses négociations.

Au Togo, le premier Président, Sylvanus OLYMPIO, voulait l'indépendance monétaire pour son pays. Le Togo devient indépendant le 27 avril 1960 et obtient un siège à l'ONU en septembre de la même année. Le nouveau président, ayant compris l'importance de la monnaie, a entrepris la sortie de son pays de la Zone Franc. L'une des plus importantes décisions du Président Sylvanus OLYMPIO était le vote de la loi N°62-20 du 12 décembre 1962 portant création de la Banque Centrale du Togo et approuvant ses statuts. Reprenons ici *in extenso* la loi promulguée par Sylvanus OLYMPIO le 12 décembre 1962 : *« L'Assemblée nationale a délibéré et adopté, le président de la République promulgue la loi dont la teneur suit : Article premier. –Il est créé un établissement public national doté de la personnalité civile et de l'autonomie financière dénommé « Banque Centrale du Togo ». Le service de l'émission au Togo sera assuré par la Banque Centrale du Togo. Art. 2 –La monnaie légale du Togo est le Franc togolais. Art. 4 –Le gouvernement est habilité à prendre toutes les mesures transitoires nécessaires. À cet effet, il peut notamment négocier et signer tout accord utile avec la Banque Centrale des États de l'Afrique de l'Ouest et les autorités de la Zone Franc. La période transitoire prendra fin à la date de retrait des billets et monnaies émis avant l'entrée en vigueur de la présente loi ».* La sortie de la Zone Franc était prévue pour 1963 et la monnaie togolaise devait être adossée au Deutsche Mark allemand. Le 13 janvier 1963, il est traqué nuitamment avant d'être froidement abattu devant l'ambassade des Etats-Unis. Il est assassiné un mois après la promulgation, juste avant que l'indépendance monétaire du Togo ne soit acquise. La France n'est d'ailleurs pas innocente dans cet assassinat si on s'en tient aux relations exécrables que Sylvanus OLYMPIO entretenait avec les autorités françaises[42].

b) Les oppositions des économistes et chercheurs africains

Au niveau des chercheurs africains, le professeur Joseph Tchundjang POUEMI, auteur en 1980 de « *Monnaie, servitude et liberté : La répression monétaire de l'Afrique* », reste le tout premier à jeter le pavé dans la mare en critiquant de façon scientifique l'esclavage monétaire que subissent les Pays Africains de la Zone Franc. Au début de son livre, l'auteur estime que faute d'accorder aux questions monétaires l'attention qu'elles méritent, l'Afrique inflige à ses enfants, et plus encore à ceux qui ne sont pas encore nés, des souffrances tout à fait gratuites.

L'économiste souligne que la fonction monétaire qui, jadis, se limitait au moyen de paiement à l'unité arithmétique et à une valeur de conversion, a perdu, au fil du temps, sa rationalité et sa clarté pour devenir un mystérieux instrument de domination, de colonisation et de dignité éventuellement réservé à une classe sociale particulière (les oligarques). Pour lui, la monnaie demeure essentiellement la propriété souveraine de la nation, car l'approbation des salaires et des emprunts dépend de l'ambition politique et économique du pays, et ne doit ni être contrôlée ni être régie par les étrangers. Mais, les revendications pour une réelle indépendance monétaire ont pris ces dernières années une autre ampleur en Afrique. Elles ont tout d'abord été portées par de nombreux chercheurs comme les économistes NDONGO Sylla du Sénégal, Mamadou KOULIBALY, Nicolas AGBOHOU, et nous-même de la Côte d'Ivoire, ou encore le togolais Kako NUBUKPO. Tous, nous avons participé à faire émerger cette question dans le débat public. Kako NUBUKPO a d'ailleurs subi des représailles du fait de ses positions publiques dont l'une des plus emblématiques a été son

42 "Sylvanus OLYMPIO n'était pas un de nos amis dira en 1995 Jacques FOCCART, ajoutant qu'"Avec lui, mes relations n'ont jamais été cordiales comme celles que j'entretenais avec Nicolas GRUNITZKY"

licenciement de l'Organisation Internationale de la Francophonie (OIF) suite à une tribune[43] où il dénonçait les propos d'Emmanuel MACRON à l'université de Ouagadougou en 2017. Celui-ci avait affirmé que les pays le désirant pouvaient sortir de la Zone Franc et avait qualifié le Franc CFA de « *non-sujet pour la France* »[44].

c) L'activisme de la société civile africaine

Pour que cette fameuse réforme du Franc CFA ait lieu, les activistes africains ont joué un rôle très capital. Le rappeur Cyrille OUMAR Touré alias THIAT du mouvement "Y en a marre", KEMI Seba, président de l'Urgence Panafricaine, PAPE Babacar Paye, Guy Marius SAGNA, Bentaleb SOW, Abdoulaye SECK et Nathalie YAMB ont dénoncé le joug monétaire de la France à travers le Franc CFA et même l'ECO-CFA comme un instrument au service du néocolonialisme. Tous ces héros africains ont participé et continuent à travailler en faveur de l'indépendance monétaire des Pays Africains de la Zone Franc. Aujourd'hui en Afrique, la néocolonisation française ne passe pas aux yeux des jeunes africains. Ils meurent en méditerranée à la recherche d'un hypothétique paradis. Pour ceux qui arrivent à immigrer en Occident, ils sont traités comme des sous-hommes. À la fin, les jeunes africains ont compris qu'il était plutôt vital pour eux de lutter pour un mieux-être chez eux qu'ailleurs. Et la disparition du système CFA participe à cette quête de bien-être. Le Franc CFA et ses défauts ont fini par créer un désamour entre les populations africaines et la France officielle. Un sondage réalisé en 2020 par un organisme Sud-africain *l'Ichikowitz Family Foundation,* auprès des jeunes de plusieurs pays, indiquait que 71 % des Gabonais, 68 % des Sénégalais, 60 % des Maliens et 58 % des Togolais avaient une mauvaise opinion de la France. La volonté manifeste de la France de maintenir les PAZF dans

---

43 Le Monde, « *Franc CFA : les propos de M. MACRON sont « déshonorants pour les dirigeants africains »* », 29/11/2017

44 Billets n°273, Discours de Ouaga : les leçons du professeur MACRON, décembre 2017-janvier 2018

un accord de coopération monétaire explique, en partie, ce sentiment anti-français en Afrique.

d) Associer les élus, la société civile et toutes les institutions républicaines

La monnaie n'est pas la création d'un illuminé solitaire. Elle est indissolublement liée à la cohérence d'un ordre politique et social. Pour faire avancer la zone monétaire, il faut bâtir patiemment une communauté de points de vue sur ce qu'on veut faire ensemble. La future monnaie ouest-africaine est d'abord un devoir-être. On ne peut progresser que par compromis successifs dont on doit s'assurer de la stabilité à chaque étape. Le contenu de l'unification monétaire et les procédures de la transition doivent être conçus ensemble. En matière d'émergence d'une nouvelle monnaie, le précepte confucéen s'applique *: « Le but est dans le chemin »*. Ainsi donc, il est interdit de mettre à l'écart les parlementaires et la société civile de chaque pays. Pour la réforme MACRON-OUATTARA, les parlementaires des différents pays concernés n'ont pas été associés. Pourtant, la transition monétaire doit faire l'objet d'une feuille de route la plus partagée possible.

Toutes les institutions républicaines pourraient être mises à contribution. Il pourrait être envisagé la création d'un comité de réflexion sur les contours de la future monnaie. Ce comité prospectif pourrait utilement être adossé à la CEDEAO, plus précisément à sa Commission interparlementaire. La CEDEAO pourrait être le cadre idoine dès lors qu'elle a la légitimité pour intervenir afin de faire œuvre de pédagogie par le biais de débats publics, de colloques dans les universités ou en participant à des débats dans les parlements dans l'ensemble des pays concernés. En tout état de cause, le projet monétaire ne peut faire l'économie d'une bonne préparation en amont afin d'être bien accepté et permettre de « *passer du projet de l'ECO à la monnaie ECO* ».

2.2. La voie de la libération et les conditions de réussite du projet de l'ECO originel

Dans les lignes qui suivent, nous présentons la voie de libération de cette colonisation monétaire et les conditions à remplir pour réussir le futur projet panafricain. Ces points méritent une attention particulière car la monnaie est tellement sérieuse qu'elle ne tolère aucune aventure isolée et mal préparée.

a) Les pistes de libération de l'esclavage monétaire

La voie de libération doit venir d'abord des chercheurs et intellectuels africains, ensuite des populations et enfin des présidents affranchis.

i) Le devoir des chercheurs et intellectuels

Le combat du système CFA a plusieurs fronts. Les intellectuels doivent prendre les devants dans cette lutte compte tenu du caractère parfois technique des débats. Pour bien comprendre notre argumentaire, il semble important de définir le terme *« intellectuel »*. L'étymologie du terme *« intellectuel »* vient du bas latin *intellectualis* et renvoie à l'intelligence. Historiquement, cette notion est d'abord un adjectif. Depuis la deuxième moitié du 13e siècle, elle devient un substantif, selon Louis BODIN, bien avant l'Affaire DREYFUS (1898) qui a contribué à la rendre populaire. Les intellectuels sont des personnes qui ont un goût pour les choses de l'esprit, chez qui domine l'usage de l'intelligence, par opposition à ce qui est manuel ou physique.

Par le passé, les intellectuels ont participé à des luttes très importantes comme ce fut le cas de la Fédération des Etudiants d'Afrique Noire Française (FEANF). En effet, cette organisation estudiantine voit le jour en 1950 à Bordeaux, en France. Juste après la création de la FEANF, on a constaté une évolution des revendications corporatistes qui s'orientaient progressivement vers des revendications liées à la question de l'indépendance nationale. Dès le début des années 60, on enregistrait les premières proclamations d'indépendance dans plusieurs pays africains. Dans ce combat contre le système CFA, ils sont nombreux les intellectuels qui estiment qu'il constitue un frein au développement des pays membres de la Zone Franc. Pourtant, mis à part Kako NUBUKPO, Mamadou KOULIBALY, Nicolas AGBOHOU, Samba Sylla N'DONGO, DEMBA Moussa Dembélé et nous-même, ils sont rares les chercheurs qui luttent véritablement contre le système CFA. Il faudra une synergie de tous les intellectuels africains pour des actions concrètes pour faire avancer le combat contre ce système. Des colloques, conférences et débats doivent s'intensifier afin que les populations comprennent le sens et le bien-fondé de la lutte pour une monnaie au service du développement.

ii) L'action de la société civile et des populations

A côté de la mobilisation des chercheurs, la réflexion et les débats doivent se mener au sein de la population. La raison est simple : la monnaie est un fait social total. En effet, la société doit être au cœur des débats autour de la monnaie. C'est pourquoi, ce sera utile de convoquer des états généraux de l'ECO avec, cette fois, une ouverture aux femmes, aux hommes, aux femmes et hommes politiques, aux représentants de la société civile, aux chefs d'entreprises, aux banquiers… dans le but d'expliquer le combat et recueillir, pour les professionnels, les répercussions de l'appartenance à la Zone Franc sur les différentes activités. En effet, le débat sur la monnaie doit infuser toute la société. Ce débat inclusif est important lorsqu'on aborde les questions monétaires. En effet, l'économie s'appuie sur des échanges basés sur la confiance. La monnaie favorise ces échanges qui sont parfois formalisés par des documents écrits. *« La monnaie est acceptée... parce qu'elle est acceptée »,* écrivait Paul SAMUELSON (prix Nobel 1970). En effet, je l'utilise en confiance car je crois que tous le font. Cette confiance dans la stabilité de la monnaie a longtemps reposé sur le pouvoir politique. Elle dépend aujourd'hui de l'action des banques centrales. En réalité, comme le dit si bien le FMI, une monnaie fiduciaire n'a de valeur « *que celle qu'une nation décide de lui assigner* »[45] ; autrement dit, la croyance dans sa convertibilité en autre

45 FMI, *« Qu'est-ce que la monnaie ? »* Septembre 2012.

chose : échange de la monnaie scripturale contre de la monnaie fiduciaire et de celle-ci contre des biens ou services. Et cette croyance est d'abord un acte juridique : c'est parce que la loi donne à la monnaie nationale force légale libératoire que j'ai confiance dans sa valeur d'échange. Si l'on supprime dans le code l'article selon lequel la monnaie de la République est le CFA, peu de gens continueront à utiliser le CFA. Car contrairement au passé, la quantité de monnaie émise n'a plus de relation avec les réserves d'or ou d'autres métaux précieux. La valeur d'une monnaie ne dépend plus de ses réserves mais des performances économiques du pays, de sa richesse et de la confiance accordée à l'unité de compte par les agents économiques, donc par les populations.

iii) Le rôle des présidents panafricanistes

La question du Franc CFA n'est pas simple à traiter car elle a coûté la vie à des présidents africains dans le passé. C'est le pendant monétaire du néocolonialisme français actuel, à tel point que la plupart des présidents africains n'osent même pas en parler, vu qu'ils ont, pour la majorité, été imposés par la France à la tête de leurs différents pays. Ces présidents issus de la *françafrique* se retrouvent pris entre, d'un côté, une demande populaire d'émancipation croissante, et de l'autre, les pressions des autorités françaises, attentives à leurs intérêts économiques et sécuritaires. Plusieurs d'entre eux savent qu'ils ne seraient pas au pouvoir sans Paris. En outre, aucun n'oublie les représailles subies par ceux de leurs prédécesseurs qui se sont opposés à la France comme le Guinéen Ahmed Sékou TOURE, victime de multiples tentatives de déstabilisation, ou le Burkinabé Thomas SANKARA, renversé par un coup d'État et assassiné en 1987. Ces dernières années, seuls les dirigeants du Cameroun ont utilisé le levier *« anti-France »,* dans le cadre d'un bras de fer avec Paris portant sur l'avenir politique du pays. Pendant quelques mois, des médias proches de la présidence ont développé un discours virulent contre les autorités françaises.

Il faut, en Zone Franc, des présidents affranchis qui vont financer les chercheurs et la société civile pour mener le combat contre le système CFA. Pour l'heure, c'est ainsi que les gouvernants africains, qui savent bien que la coopération monétaire entre les Pays Africains de la Zone Franc et la France ne profite pas à leurs populations et au développement économique, pourront contribuer à la conquête de la souveraineté monétaire.

b) Les conditions de réussite du projet de la monnaie unique ECO

On peut énumérer au moins quatre conditions : la volonté politique des chefs d'Etats, accepter le leadership du Nigéria, la fin de la coopération monétaire et le retrait de la France, puis le respect des critères de convergence.

La première condition : la volonté politique des chefs d'Etats.

La concurrence entre les pays francophones, anglophones et lusophones peut poser un problème. D'ailleurs, si le choix du régime de change et la devise de rattachement fait l'objet de débat, c'est simplement parce que la volonté politique manque. Les pays membres de l'UEMOA doivent s'émanciper de la domination française pour penser une monnaie panafricaine qui n'est pas sous influence française. La France essaie une subtile récupération d'une dynamique endogène. Visiblement, elle se donne un rôle à jouer dans l'ECO alors qu'en principe elle n'en a aucun. La réforme annoncée par MACRON et OUATTARA ne vise nullement à répondre aux revendications de mettre fin au système de domination qu'est le Franc CFA, mais au contraire, à bloquer le projet originel de l'ECO de la CEDEAO. Car ce projet menace la domination monétaire de la France en Afrique de l'Ouest. À l'inverse, la France essaie, par cette réforme, d'élargir sa zone d'influence sous couvert d'une réforme symbolique comme la disparition d'un nom devenu trop encombrant. Il faudra donc une réelle volonté politique de la part, d'abord des pays de l'UEMOA à se défaire de l'étau français, ensuite du Nigéria dont la population est très sceptique, et enfin, des pays de la ZMAO qui peinent à satisfaire les critères de convergence.

La deuxième condition : accepter le leadership du Nigéria

Cette réforme du Franc CFA est aussi destinée à convaincre d'autres pays africains de rejoindre l'ECO et l'Union monétaire. Les *pays anglophones* ne voyaient pas d'un bon œil les liens très forts entre les pays de l'UEMOA et la France. Cela constituait une sorte de repoussoir. Or, le Ghana et le Nigéria sont des pays très importants dans le projet. Le Nigéria représente environ 75 % du PIB de la CEDEAO et le premier partenaire commercial de la Côte d'Ivoire. Il sera difficile d'aller à l'intégration de la zone sans ce grand pays. Le 29 décembre 2019, le Ghana faisait une déclaration en ces termes : *« Nous, au GHANA, sommes déterminés à faire tout ce que nous pouvons afin de rejoindre les États membres de l'UEMOA, bientôt, dans l'utilisation de l'ECO, car nous pensons que cela aidera à lever les barrières commerciales et monétaires, réduire les coûts de transaction, stimuler l'activité économique et élever le niveau de vie de nos populations ».*

La troisième condition : la fin de la coopération monétaire et le retrait de la France dans les discussions sur l'ECO

Le risque d'achoppement résidera dans le décrochage du Franc CFA avec le Franc Français (Euro) car la Banque de France garde une influence notable sur la Zone CFA. Accepter de facto ce décrochage signifie pour la France de lâcher son emprise sur cette partie de l'Afrique. Dans les accords politiques actuels, le constat notoire est que la France reste après tout le partenaire privilégié des pays africains francophones.

Pour aller à l'ECO, il faut absolument passer par l'abolition de l'accord de coopération monétaire qui lie la France aux pays de l'UEMOA. En d'autres termes, tous les pays de l'UEMOA doivent mettre fin à leur coopération monétaire avec la France. Mais, en décidant de renouveler les accords et en maintenant son rôle de « *Garant* », la France reste toujours *de facto* souveraine sur la gestion du Franc CFA, renommé

ECO. Il s'ensuit également que les pays de l'UEMOA demeurent sous la tutelle indirecte des autorités de l'Eurozone étant donné qu'elles encadrent la monnaie CFA.

La quatrième condition : le respect des critères de convergence

Des étapes étaient nécessaires : la suppression des droits de douane et des taxes équivalentes, l'établissement d'un tarif extérieur commun, l'harmonisation des politiques économiques et financières, la suppression des barrières à la libre circulation des personnes et des biens, des services et des capitaux. Ces exigences ne sont pas toujours respectées par tous les pays. En particulier l'incapacité à remplir de manière soutenue tous les critères quantitatifs et qualitatifs requis pose des défis qui exigent la plus grande attention de la part des États membres. Le rapport sur la convergence macroéconomique indique encore des domaines dans lesquels des efforts plus concertés sont nécessaires de la part des États membres. Ces domaines ont trait aux réserves extérieures brutes exprimées en ratio des mois d'importation, des recettes fiscales par rapport au PIB et en ratio de la masse salariale publique par rapport aux recettes fiscales. D'autres conditions sont nécessaires pour la mise en place d'une zone monétaire et économique viable : l'harmonisation des politiques économiques nationales, l'harmonisation des statistiques nationales. En 2019, une déclaration de ZAINAB Ahmed, ancienne Ministre nigériane des Finances, rappelait qu'aucun pays de la CEDEAO n'était qualifiable pour l'ECO en 2020[46], à l'exception du Togo, un pays qui, à l'évidence, n'a pas la taille suffisante pour porter seul ce projet. Rappelons que les critères clés de convergence sont les suivants : avoir un déficit public annuel inférieur ou égal à 3 % du PIB, ne pas dépasser le seuil de 10 % d'inflation, avec une dette inférieure à 70 % du PIB. En outre, les réserves de change doivent couvrir au moins trois mois d'importations. Les pays doivent faire des efforts pour respecter les critères de convergence même s'ils ne constituent pas l'élément central pour être membre d'une union

46 https://blogs.mediapart.fr/fanny-pigeaud/blog/231219/du-franc-cfa-l-eco-cfa-changer-les-symboles-maintenir-le-systeme

monétaire. Plusieurs études montrent d'ailleurs que la plupart des pays qui sont dans des unions monétaires ne respectent pas tous les critères de convergence surtout, ceux relatifs aux finances publiques, principalement, le critère du déficit budgétaire (JAMET et KRUMBMULLER 2004 ; AVON, 2007). Pour la Zone UEMOA, DIARRA (2016) affirme que le nombre de pays ayant respecté en même temps l'ensemble des critères de premier rang n'a presque jamais dépassé deux par an sur la période 2000-2013.

2.3. Deux évolutions à explorer face à la rigidité de la parité fixe

Ces deux évolutions sont : le rattachement à un panier de devises et la détermination d'une marge de fluctuation.

a) Le rattachement à un panier de devises

Le rattachement des francs CFA non plus à l'Euro mais à un panier de devises est une évolution souvent évoquée. Dans ce cas, les monnaies ne seraient plus rattachées à l'Euro mais à un panier constitué de plusieurs devises tels que le dollar américain, l'Euro, le Renminbi (RMB) ou encore le Droit de Tirage Spécial du FMI. Cela permettrait d'atténuer l'impact de la variation du cours de l'Euro par rapport aux autres devises sur l'équilibre extérieur des Zones Franc CFA.

L'adoption de l'ancrage sur un panier de monnaies incluant le dollar américain pourrait d'ailleurs être avantageuse pour des pays dont les exportations sont essentiellement des matières premières cotées dans cette devise.

Le système actuel permet néanmoins d'éviter le risque de change dans les échanges avec les pays de la Zone Euro. En adoptant l'ancrage sur un panier de devises, une partie du risque de change réapparaîtrait et contribuerait à renchérir le coût des exportations pour les entreprises des pays concernés. Cet élément est d'autant plus important que les pays des Zones Franc CFA réalisent l'essentiel de leurs échanges commerciaux entre eux et avec les pays de la Zone Euro, même si cette part tend à diminuer au profit de la Chine. Il en découle que l'arrimage à un panier de monnaies doit inclure non seulement l'Euro mais également le Yuan chinois. Bien étendu, l'adoption d'un panier de devises modifierait également la nature de la garantie apportée par la France.

Actuellement, cette garantie se traduit par l'engagement de prêter les Euros nécessaires à la banque centrale de la zone monétaire qui serait en difficulté pour rétablir son équilibre extérieur. Avec un arrimage à un panier de monnaies, la situation devient différente comme le soulignait M. Guillaume CHABERT, chef du service des affaires multilatérales et du développement de la direction générale du Trésor devant la commission des finances de l'Assemblée nationale, « *la situation de la France est différente si elle apporte une garantie en euros, puisque c'est notre monnaie, ou si elle apporte une garantie sur un panier de devises, sur lequel il y a un risque de change relatif à l'évolution des autres monnaies par rapport à l'euro. S'agissant de la maîtrise du risque, cela conduirait à une situation très différente*[47] ».

A la vérité, les pays africains n'ont pas besoin de la garantie de la France. L'arrimage à un panier de monnaies serait donc une bonne occasion de réduction du lourd fardeau français.

b) La fixation d'une bande de fluctuation

La définition d'une bande de fluctuation permettrait de laisser le taux de change fluctuer autour de la parité. Cette évolution rétablit une part de souveraineté monétaire : en laissant les banques centrales intervenir sur le marché des changes, cette part de souveraineté sera d'autant plus grande si la bande de fluctuation choisie est large. La politique monétaire pourrait ainsi contribuer à amortir les chocs extérieurs frappant une des Zones Franc CFA par un ajustement de la parité.

Ce régime de change était celui du Système Monétaire Européen, en vigueur à partir de 1979 et au sein duquel les monnaies nationales

---

47 Commission des finances, de l'économie générale et du contrôle budgétaire, compte rendu n° 43 de la réunion du mercredi 12 février 2020.

étaient autorisées à varier de 2,25 % autour de l'Ecu, unité de compte constituée à partir des différentes monnaies participant au système.

Mais, l'adoption d'un tel régime présente des limites : l'absorption des chocs externes ne peut être que partielle, et une fois atteinte, la borne supérieure ou inférieure de la bande, les anticipations de réévaluations ou de dévaluations peuvent être fortes ; ce qui contribue à alimenter les mouvements spéculatifs.

2.4. Quelle politique monétaire et coordination pour la future monnaie ECO ?

Nous présentons la politique monétaire qui pourrait être menée en Zone ECO et la coordination nécessaire qu'il faut mettre en place pour un agencement harmonieux des politiques monétaires et budgétaires.

a) La politique monétaire en Zone ECO

Les chefs d'Etats des pays de la CEDEAO se sont réunis le 29 juin 2019 à Abuja, au Nigéria, afin de se mettre d'accord sur les modalités techniques de la nouvelle monnaie unique. Le nom de la future monnaie sera ECO. Tous les États ont adopté le régime de change flexible assorti d'un cadre de politique monétaire axé sur le ciblage de l'inflation et le système fédéral pour la Banque Centrale Communautaire. Le profil de la banque centrale sera très proche de la FED, c'est-à-dire à caractère fédéral et non une Banque Centrale Unique. Les critères de convergence à atteindre ont été également fixés. Nous devons dire un mot sur le choix du ciblage d'inflation comme fondement de la politique monétaire. Le ciblage d'inflation ou inflation *targeting* est entendu ici comme un cadre de politique monétaire fixant explicitement une cible d'inflation que la banque centrale se donne les moyens d'atteindre. L'engouement croissant des banques centrales des économies émergentes pour le ciblage d'inflation s'explique principalement par les difficultés grandissantes rencontrées par les autorités monétaires de ces pays dans la conduite de leur politique monétaire et de change, nombre de ces pays ayant connu une crise de change ou des périodes de forte inflation.

Dès lors, le ciblage d'inflation leur apparaissait comme la solution la plus à même de restaurer relativement et très rapidement la crédibilité de leurs politiques monétaires et de contenir efficacement les tensions inflationnistes. En outre, il est certain que les expériences réussies des économies industrialisées ayant précédemment adopté le ciblage d'inflation (Nouvelle-Zélande [1990] ; Canada [1991] ; Royaume-Uni [1992] ; Suède [1993] ; Australie [1993] ; Islande [2001] ; Norvège [2001]) ont joué un rôle indéniable dans le choix des pays émergents d'adopter le ciblage d'inflation. En pratique, la stratégie de ciblage de l'inflation ne consiste pas simplement, pour une banque centrale, à annoncer une cible d'inflation. C'est aussi un cadre d'application de la politique monétaire bien plus contraignant qui, dans sa conception la plus largement acceptée, repose sur trois caractéristiques principales.

La première consiste à assigner à la banque centrale un objectif chiffré d'inflation ainsi qu'un horizon précis pour la réalisation de cet objectif. Ce dernier prend généralement la forme d'une fourchette cible dont la largeur peut être plus ou moins importante suivant les banques centrales.

La seconde veut que la stratégie de ciblage d'inflation repose sur l'idée que la banque centrale abandonne tous les objectifs intermédiaires explicites tels que les agrégats monétaires, et cible directement l'inflation.

La troisième exige que la banque centrale soit responsable de la réalisation de l'objectif d'inflation. Elle doit en effet rendre compte de son action, en ce sens qu'elle doit s'expliquer sur les écarts observés a posteriori entre ses prévisions d'inflation et les réalisations, et indiquer les remèdes envisagés en cas de non-réalisation de l'objectif d'inflation qui lui a été assigné. Ce devoir de transparence de la banque centrale est au cœur de la politique de ciblage d'inflation et contribue à réduire l'incertitude sur les orientations futures de la politique monétaire tout en renforçant la crédibilité et la responsabilité de la banque centrale.

Notons également que le succès de l'adoption du ciblage d'inflation est subordonné au respect de certaines conditions. En effet, afin de permettre à une banque centrale de conduire efficacement une politique de ciblage d'inflation, il est généralement admis, au sein de la communauté des économistes et praticiens de la politique monétaire, qu'un certain nombre de prérequis doivent être satisfaits. Ces prérequis, qui peuvent être internes ou externes à l'institut d'émission, peuvent être classés en deux grandes catégories : les conditions macroéconomiques et financières, et les conditions institutionnelles.

Concernant les conditions macroéconomiques et financières, la littérature en recense trois, lesquelles sont essentielles à l'adoption d'une politique de ciblage de l'inflation : une politique budgétaire saine, un système bancaire et financier développé, et un niveau d'inflation relativement faible.

La politique budgétaire est le moyen par lequel un gouvernement ajuste ses niveaux de dépenses et ses taux d'imposition pour surveiller et influencer l'économie d'une nation. C'est la stratégie sœur de la politique monétaire par laquelle une banque centrale influence la masse monétaire d'une nation. Pour assurer la soutenabilité de long terme de la politique budgétaire des pays membres, les différents gouvernements devront prendre certaines mesures.

En premier lieu, mobiliser les ressources internes : (i) améliorer les performances des régies financières à travers la poursuite de la modernisation des administrations fiscales et douanières, (ii) élargir l'assiette fiscale grâce à une meilleure organisation et fiscalisation du secteur informel, (iii) lutter efficacement contre la corruption à travers des mécanismes incitatifs et l'allègement des procédures de collecte de ressources internes.

En second lieu, adopter une politique d'endettement idoine : (i) privilégier les emprunts à taux concessionnels, (ii) lancer le processus de notation des pays dans le but d'avoir accès aux marchés internationaux de capitaux, (iii) renforcer les capacités humaines pour une meilleure maîtrise des risques de change et une bonne prévisibilité.

En troisième lieu, coordonner efficacement la stratégie d'endettement, une bonne gestion de la trésorerie et de la politique économique d'ensemble.

En quatrième lieu, assurer la gestion de la dépense : l'État devrait œuvrer à minimiser les dépenses improductives et affecter ses emprunts aux investissements productifs qui lui permettent de créer les conditions structurantes pour améliorer son solde primaire et faire face au service de la dette. Afin de garantir un effet d'entraînement des investissements publics sur les investissements privés, les dépenses en capital de l'État pourraient privilégier les infrastructures économiques et l'accumulation du capital humain (santé et éducation) pour créer des externalités positives sur les agents privés et doper la croissance.

Ces mesures devraient garantir une politique budgétaire saine, favorisant l'accroissement des ressources internes et une meilleure gestion de la dette afin de faire durablement face à la nécessité de l'augmentation des dépenses publiques pour répondre aux besoins de l'économie et assurer le service de la dette.

En adoptant une politique budgétaire saine, elle jouera un rôle essentiel en ce sens que le bas niveau des taux d'intérêt à long terme qui en résulte, favorise l'investissement, et partant, la création d'emplois.

Pour ce qui est du système financier développé, rappelons qu'un système financier d'un pays comprend les banques, les marchés de valeurs mobilières, les fonds de pension, les fonds communs de placement, les assureurs, les infrastructures du marché, la banque centrale de même que les instances de réglementation et de contrôle. Ces institutions et marchés constituent le cadre permettant d'effectuer les opérations économiques et de conduire la politique monétaire. Ils contribuent à orienter de manière efficiente l'épargne vers l'investissement, participant ainsi à la croissance économique. Ainsi, des systèmes financiers résistants, bien réglementés et bien contrôlés, sont essentiels pour assurer la stabilité économique et financière à la fois au niveau national et au niveau international. En outre, de récents travaux analytiques du FMI mettent en évidence des liens essentiels entre la stabilité financière, la profondeur du secteur financier et l'inclusion financière. Ils soulignent combien il est important pour les décideurs et les instances de réglementation de tenir compte des interactions et des synergies entre la stabilité financière et le développement économique et financier. Un système financier est dit développé non seulement lorsqu'il peut traiter de gros volumes de transactions financières, mais aussi lorsqu'il est accessible par le plus grand nombre de ménages et d'entreprises. En conséquence, lorsque le système financier est efficace, les intermédiaires financiers peuvent accorder aux épargnants un meilleur taux d'intérêt en fonction du risque, et les emprunteurs peuvent obtenir un crédit moins coûteux et adapté à leurs besoins.

Quant au niveau d'inflation relativement faible, notons que dans une économie de marché, les prix des biens et des services varient. Certains augmentent, d'autres diminuent. On parle d'inflation lorsque les prix augmentent globalement, et non uniquement les prix de quelques biens et services. Quand tel est le cas, avec le temps, chaque Euro permet d'acheter moins de produits. Autrement dit, l'inflation érode progressivement la valeur de la monnaie. Lorsque l'inflation est à un niveau bas, stable et prévisible, l'économie se porte bien de même que les finances des agents économiques. Ces conditions aident à préserver la valeur de la monnaie et il est plus facile pour tout le monde de prévoir ses dépenses.

Par exemple, il y a plus de chance que les entreprises développent leurs activités si elles connaissent déjà leurs coûts pour les prochaines années. L'économie peut ainsi croître à un rythme soutenable, ce qui fait augmenter les salaires et crée des emplois.

En ce qui concerne les préconditions institutionnelles à l'adoption du ciblage d'inflation, la littérature académique en recense deux : l'indépendance de la banque centrale et la flexibilité du régime de change.

Pour l'indépendance de la banque centrale, en pratique, elle recouvre deux dimensions : une dimension politique et une dimension économique. La première renvoie à l'influence exercée par le gouvernement sur la fixation des objectifs de la politique monétaire par l'intermédiaire de ses représentants au Conseil d'Administration de la banque centrale ou encore par la nomination de son Gouverneur ou le vote de son budget. La seconde désigne l'autonomie de la banque centrale dans le choix de ses instruments pour atteindre ses objectifs. Mais, que recouvre exactement l'indépendance de la banque centrale ?

Elle peut être caractérisée par :

- la liberté d'élaborer et de mettre en œuvre la politique monétaire (indépendance opérationnelle ou des instruments) ;

- l'indépendance des dirigeants, appréciée notamment à travers les pouvoirs dont dispose le gouvernement pour nommer (ou révoquer) les dirigeants de la banque centrale, sa participation et son rôle dans les réunions où sont prises les décisions de politique monétaire, etc. ;

- l'indépendance financière évaluée à travers le contrôle budgétaire exercé par les pouvoirs publics ou par la liberté laissée ou non à l'État de financer ses dépenses par un recours direct ou indirect aux crédits de la banque centrale.

Mais, il n'y a pas d'indépendance des objectifs : la banque centrale n'a pas la liberté de déterminer elle-même le ou les objectifs de la politique monétaire. Pour une présentation complète des questions liées à l'indépendance de la banque centrale, on peut se référer aux écrits de WALSH (2005). Cependant, l'indépendance de la banque centrale ne signifie pas qu'elle peut faire ce qu'elle veut sans objectifs et autre forme de possibilité de rendre compte. En effet, la responsabilité et la transparence sont la contrepartie de l'indépendance de la banque centrale. Un économiste italien, ancien membre du Directoire de la Banque Centrale Européenne, Tommaso PADOA-SCHIOPPA, explique très bien pourquoi : *« Dans une société démocratique, le statut d'indépendance d'institutions, auxquelles une fonction publique a été confiée, la gestion de la monnaie dans le cas de la banque centrale doit être assortie de l'obligation de rendre compte. Cette obligation pour laquelle la langue anglaise utilise le terme accountability reconnaît au pouvoir politique le droit de nommer les membres des organes de direction de la banque centrale, d'être suffisamment informé de leurs activités, de participer à leurs réunions et de les écouter périodiquement »* (PADOA-SCHIOPPA et CHRISTA, 2000). L'indépendance de la banque centrale peut être à l'origine d'un déficit démocratique quand la banque centrale n'est pas suffisamment tenue de rendre compte de son action. Il existe sur ce sujet une littérature empirique abondante où différents indicateurs de l'indépendance et de la responsabilité sont proposés et utilisés. Certains de ces travaux soutiennent l'hypothèse d'une corrélation négative entre ces deux attributs.

Pour finir, les Banques Centrales Régionales devraient conserver les réserves nécessaires pour soutenir et maintenir la confiance en l'arrimage à un panier de devises et aider les autorités à faire face aux obligations de la dette extérieure, tout en investissant dans des actifs à plus haut rendement dans les infrastructures publiques et dans les fonds pour les générations futures.

b) La nécessité d'une coordination entre la politique monétaire et les politiques budgétaires nationales

L'indépendance de la banque centrale n'est pas une condition suffisante pour assurer la stabilité du niveau général des prix. Cela a été démontré par Thomas SARGENT et Neil WALLACE dans un article devenu classique où ils mettent en évidence la possibilité d'une *« arithmétique monétariste déplaisante »* dans une situation où la banque centrale est indépendante alors que la politique budgétaire est laxiste (SARGENT et WALLACE, 1981). Leur argumentation est la suivante : soit une situation initiale caractérisée par l'existence d'un déficit public et par une politique monétaire orientée vers la stabilité des prix, soit l'absence de financement monétaire du déficit public fait que la dette publique augmente ; il arrive un moment où cette accumulation doit s'arrêter. La solvabilité budgétaire n'étant plus assurée et le taux d'endettement public ne cessant d'augmenter, il en découle que la demande de titres d'État devient insuffisante. L'alternative est alors la suivante : soit une réduction du déficit public, soit une monétisation de la dette par la banque centrale, c'est-à-dire une taxation inflationniste.

Dans ce dernier cas, l'inflation est in fine plus forte puisqu'il faut que la taxe inflationniste stabilise une dette publique plus élevée lorsqu'il n'est plus possible de continuer à laisser croître encore le taux d'endettement public. En résumé, il est possible que la volonté affichée au départ par la banque centrale indépendante, d'assurer la stabilité des prix, conduise finalement à une inflation forte à long terme. Pour éviter la possibilité d'une *« arithmétique monétariste déplaisante »*, la coordination entre la politique monétaire et la politique budgétaire est privilégiée. Dans cette optique, la discipline budgétaire est considérée comme une condition de la stabilité des prix. L'analyse de SARGENT et WALLACE a été approfondie dans une série de travaux qui ont débouché sur l'élaboration de la théorie budgétaire du niveau général des prix. Celle-ci montre que des déficits budgétaires peuvent ou non déboucher sur une accélération de l'inflation selon que, dans le *« jeu de poules mouillées »* qui oppose les autorités budgétaires et la banque centrale, ce sont les premières ou les secondes qui exercent leur domination.

Dans un régime de *« domination budgétaire »,* en continuant de mener une politique budgétaire laxiste, les pouvoirs publics peuvent forcer la banque centrale à finir par céder et à monétiser le déficit, c'est-à-dire à augmenter le seigneuriage (l'avantage financier direct qui découle de l'émission d'une monnaie) et à utiliser la taxe d'inflation sur le capital monétaire pour financer le déficit.

Dans un régime de *« domination monétaire »,* la banque centrale ne cède pas. Ce sont les pouvoirs publics qui doivent s'ajuster en réduisant la dépense ou en augmentant les impôts pour satisfaire la contrainte budgétaire intertemporelle de l'État. Le cas le plus intéressant (intellectuellement) est celui où ni les autorités budgétaires ni la banque centrale ne cèdent. Le risque de défaillance augmente, les taux d'intérêt sur les titres d'État montent et la dynamique de la dette se détériore. Cela peut déboucher sur une situation où l'État annonce qu'il ne peut pas faire face à ses engagements ; ce qui revient à taxer les détenteurs d'obligations d'État. Pour éviter cette situation, l'imposition d'une règle budgétaire limitant ou prescrivant le déficit budgétaire est la seule solution.

c) La question du lieu de fabrication de la monnaie

Cette insulte à la souveraineté de ces nations n'est-elle pas consacrée par leur impossibilité d'imprimer leurs propres billets de banque qui sont fabriqués exclusivement sur le territoire français, une manière pour l'Hexagone de démontrer celui qui a la maîtrise et qui peut à tout moment cesser l'approvisionnement en FCFA? Le lieu de fabrication de la future monnaie fera certainement l'objet de vives discussions. Il importe donc de faire le point sur les pays étrangers qui fabriquent actuellement les différentes monnaies de bon nombre de pays africains. Sur ce sujet, il y a beaucoup de firmes qui proposent leurs services. Les principaux prestataires pour le continent sont la *Banque de France*, *Oberthur* (France), *De La Rue* (Angleterre), *Gieseche & Devrient* (Allemagne), *Crane Currency* (Etats-Unis), ou encore *Goznak* (Russie). Les informations en la matière sont difficiles à recueillir. Toutefois, nous pouvons donner un ordre d'idées. Au moins 17 pays africains impriment leurs billets de banque en Angleterre, dans la société *De La Rue*. On peut citer l'Angola, le Botswana, le Cap-Vert, l'Ethiopie, la Gambie, la Guinée, La Libye, le Malawi, l'Ile Maurice, le Mozambique, l'Ouganda, le Rwanda, Sao Tomé-Et-Principe, les Seychelles, la Sierra Leone et la Tanzanie. Ce dernier imprime également ses billets dans deux autres pays.

On enregistre également au moins six pays qui impriment leurs différentes monnaies en Allemagne. Ce sont l'Erythrée, la Mauritanie, le Soudan du Sud, l'Eswatini, la Tanzanie et la Zambie. Signalons que la Zambie imprime également une partie de sa monnaie en France.

Si l'on tient compte des devises fabriquées dans des pays autres que le Royaume-Uni et l'Allemagne puis des cas particuliers de la Somalie et du Zimbabwe, qui sont sans véritable monnaie, alors il est possible d'énumérer 43 pays africains qui ont recours à un pays étranger pour l'impression de leurs monnaies.

En dehors de ces 43 pays qui externalisent la fabrication de leurs monnaies nationales auprès d'une entité étrangère, au moins 9 pays africains assument eux-mêmes la responsabilité de l'impression de leurs monnaies. Il s'agit du Maroc, de l'Algérie, de l'Egypte, du Soudan, du Ghana, du Nigéria, de la République Démocratique du Congo, du Kenya et de l'Afrique du Sud.

Concernant les Pays Africains de la Zone Franc, ils fabriquent tous les billets de CFA en France, dans l'imprimerie de la Banque de France, à *Chamalières*, et dans une papeterie située à *Vic-le-Comte*. Quant aux pièces, elles sont également fabriquées en France, à *Pessac*, près de Bordeaux, en Gironde.

Pour la future monnaie ECO, au moins trois options peuvent être intéressantes pour les pays africains.

La première consiste à faire un appel d'offre aux sociétés spécialisées dans la fabrication des billets et pièces pour choisir la meilleure technologie, la plus sécurisée et la moins coûteuse. En la matière, la fabrication nécessite des compétences et des technologies qui coûtent très cher. Dès lors, tous les pays n'ont pas besoin d'avoir une usine. C'est en tout cas, l'une des raisons avancées par certains commentateurs français pour justifier le fait que les PAZF continuent de fabriquer leurs monnaies en France.

La seconde consiste à privilégier une solution endogène où tous les pays mutualiseraient leurs efforts financiers et technologiques pour construire une usine panafricaine de fabrication de monnaie. En Zone CEDEAO, de grands pays comme le Nigéria et le Ghana fabriquent déjà eux-mêmes leurs monnaies. C'est donc dire qu'il est possible pour les pays de la CEDEAO d'être en capacité d'imprimer la future monnaie.

La troisième consiste à la création d'une joint-venture avec les autorités monétaires de la future *« Zone ECO »*. Pour information, *De La Rue* a investi dans la création d'une joint-venture avec le gouvernement Kenyan. *Crane Currency* a, de son côté, signé un accord de coopération avec *Bank Al-Magrhrib* vers la fin de l'année 2014.

Notre sentiment est qu'il est possible de concilier l'exigence d'une technologie fiable pour éviter la contrefaçon et la nécessité de fabriquer la future monnaie en Afrique. Deux raisons militent en faveur de cette position.

En premier lieu, une technologie fiable est accessible à condition d'y mettre les moyens. Sur ce point, si les 15 États de la CEDEAO se trouvent dans l'incapacité de réunir les fonds nécessaires pour réaliser un tel projet, alors il serait normal de désespérer de ces États.

En second lieu, la fabrication de la monnaie en Afrique pourrait fournir des emplois à nos diplômés. L'imprimerie de la Banque de France, à *Chamalières*, emploie 700 personnes au moins ; et la papeterie de *Vic-le-Comte*, 300. La fabrication des billets et pièces en France permet à certains français d'assurer leur avenir. Selon les états financiers de la BCEAO, publiés fin mars 2022, la production du Franc CFA a coûté 38,2 milliards de FCFA en 2021, contre 36,98 milliards de FCFA une année avant. Les coûts d'approvisionnement en signes monétaires (billets et monnaies) sont en hausse et constituent une part importante des charges d'exploitation de la banque centrale, en plus du volume de billets et pièces de monnaie à commander pour faire face à la demande. En fabriquant nos signes monétaires en France, c'est une renonciation de l'activité économique en Afrique au profit de la France.

Au lendemain de l'annonce de la réforme du Franc CFA par le président français Emmanuel MACRON, le Directeur Général de la Fabrication des billets à la Banque de France, Vincent BONNIER, s'inquiétait en ces termes : « *La BCEAO (Banque Centrale des États d'Afrique de l'Ouest) est notre client export le plus important. Cela représente une grosse part de notre activité... ».* Il continue pour dire que : *« si jamais on se trouve dans un scenario où l'impression des billets de la nouvelle monnaie est confiée à une autre organisation, cela aura évidemment un impact sur notre activité ».* En effet, pour l'imprimerie de la Banque de France, il s'agit même de l'une des activités les plus importantes du site, hors impression d'Euros. Pour rappel, notons que la papeterie de Vic-le-Comte et l'imprimerie de Chamalières sortent chaque année entre 2 et 2,5 milliards de billets, dont la moitié en Euros, l'autre moitié en devises destinées à d'autres pays que la Zone Euro. Notons que la gamme des cinq billets en Franc CFA représente entre 25 % et 35 % de la production annuelle.

Pour finir, il faudra également se mettre d'accord sur les images, c'est-à-dire le graphisme des billets. Le débat doit se faire sur les visages et les monuments qui pourraient réunir tous les pays membres. Il faudra prêter une attention toute particulière à l'apparence des billets de banque afin que les populations ouest-africaines, de tous âges et de tous horizons, puissent s'en sentir plus proches. Des personnages historiques ou des monuments emblématiques de la zone pourraient être choisis par les experts désignés par chaque pays et par le public qui sera consulté.

d) Comment assurer la confiance dans cette monnaie ouest-africaine ?

En Afrique, la dollarisation et la substitution monétaire sont fréquentes. Au sens strict, la dollarisation désigne l'abandon d'une monnaie nationale au profit du dollar américain. SALAMA (1989) définit la dollarisation comme l'évolution selon laquelle *"le dollar s'impose de plus en plus comme réserve de valeur, unité de compte et parfois intermédiaire des échanges pour certains produits"*. Quant à la substitution de devises, elle se produit lorsqu'un pays utilise une devise étrangère à la place ou en plus de sa devise nationale, principalement en raison de la plus grande stabilité de cette devise étrangère. Dans ces cas, l'incapacité pour la banque centrale de conduire une politique monétaire crédible et le manque de confiance des agents économiques vis-à-vis de cette monnaie engendrent la substitution fréquente des monnaies dans les pays en développement. C'est souvent le cas au Nigéria, au Zimbabwe, au Ghana, en République Démocratique du Congo, etc. Il faudra travailler à donner la confiance aux monnaies africaines. On a souvent tendance à penser que cette notion de confiance est une sorte de disposition psychologique. En réalité, comme le montrent AGLIETTA et ORLEAN (1998 ; 2002), la confiance est un lien social structurant qui nous relie à autrui. Elle est capitale dans le système monétaire. Elle s'organise en trois formes hiérarchisées depuis le quotidien jusqu'à l'interrogation sur le social.

Dans un premier temps, la confiance méthodique est liée à la routine des affaires de tous les jours. Elle est essentielle dans la finance. Il est impossible d'avoir un accord juridique validé par un tribunal pour chaque transaction. Nous avons donc besoin de la confiance méthodique, qui représente l'idée que la parole donnée est valable. Elle permet de faire circuler les dettes et les créances dans la société. Lorsque tout va bien, elle est suffisante au fonctionnement du système monétaire.

Dans un second temps, la confiance hiérarchique fait apparaître le système de paiements comme une structure hiérarchisée. On y trouve en bas les acteurs privés au-dessus desquels se placent les banques qui récupèrent les dettes issues des ordres de paiement. Au sommet se trouve un système de règlement central qui certifie que les paiements sont finaux et irrévocables. C'est ce système hiérarchisé, avec chambre de compensation et règlement, qui assure le fonctionnement de la société comme un tout. La banque centrale en est le pivot. La manière dont elle gère cette hiérarchie doit soutenir la confiance dans la dette pour que la relation entre dette et créance, qui permet la continuité de la société dans le temps, soit respectée. La confiance dans la banque centrale est importante puisqu'un rejet de la monnaie officielle peut provoquer une crise terrible. C'est ce qui se passe dans les hyperinflations.

Dans un troisième temps, nous avons la *confiance éthique*. La monnaie donne un pouvoir colossal à ceux qui sont au sommet, que ce soient des dirigeants politiques ou des lobbies financiers. Pour que l'ordre monétaire soit reconnu comme un bien public au service de tous les citoyens, il ne doit pas être arbitraire. Il ne doit être capté ni par les pouvoirs publics ni par des acteurs privés, des lobbies, qui pourraient dicter les lois à l'État. Pour qu'elle ne soit manipulée par aucun pouvoir arbitraire, il faut que la monnaie soit subordonnée à une confiance éthique. Cette confiance est capitale en temps de crise lorsque les gens ne croient plus à la continuité monétaire. Cela peut arriver lors d'un scénario inflationniste où la perte de valeur entraine le refus des gens de croire à la souveraineté de l'État, ou lors de crises financières. Au moment de la crise de 2008, la confiance méthodique a été ébranlée. Les banques refusaient de se prêter entre elles et les banques centrales ont été obligées d'intervenir. Le danger est que l'on cesse de croire à la possibilité d'un retour à un état normal des bilans. La confiance éthique a pour rôle d'affirmer que la société dépend d'un ordre monétaire. Elle dit que la monnaie est une entité commune qui nous permet de vivre mieux et de produire des richesses, et non un objet à s'approprier.

Cette notion de confiance comme règle sociale, hiérarchisée en trois niveaux, est inhérente à la théorie de la monnaie. Il ne peut pas y avoir de monnaie sans confiance. Elle fait partie de la structure du système monétaire.

e) Le réalisme de l'approche graduée dans la création de la monnaie

Pour l'ECO, les chefs d'Etats ont réaffirmé l'approche graduée pour la création de la monnaie unique en privilégiant le démarrage avec les États membres qui respectent les critères de convergence. Cette approche semble réaliste car la monnaie unique est l'aboutissement d'un processus pour tous les pays membres d'une union monétaire. Pour faire une comparaison avec l'Union Européenne, il faut dire que la construction d'un avenir commun à tous les pays européens s'est réalisée en plusieurs étapes, allant du lendemain de la Seconde Guerre mondiale à nos jours. Ne comptant que six pays membres fondateurs, la Communauté Economique Européenne s'est peu à peu agrandie pour atteindre 28 membres, puis 27 aujourd'hui avec le retrait du Royaume-Uni en 2020. En effet, c'est en 1957 que six pays fondent la Communauté Economique Européenne (CEE) et la Communauté Européenne de l'Energie Atomique (CEEA), à l'origine de l'Union Européenne telle que nous la connaissons aujourd'hui. Il s'agit alors de l'Allemagne, de la Belgique, de la France, de l'Italie, du Luxembourg et des Pays-Bas.

De six membres, l'Europe est passée à neuf, à dix, à douze puis à quinze membres dans un premier temps. Ainsi, en 1995, l'Union Européenne se composait de la France, de l'Allemagne, de l'Italie, de la Belgique, du Luxembourg, des Pays-Bas, du Royaume-Uni, de l'Irlande, du Danemark, de la Grèce, de l'Espagne, du Portugal, de la Suède, de la Finlande et de l'Autriche. Ces États sont traditionnellement considérés comme étant les anciens États membres de l'Union Européenne. En 2004, dix pays sont entrés dans l'UE : la Pologne, la République tchèque, la Hongrie, la Slovaquie, la Slovénie, la Lettonie, la Lituanie, l'Estonie, Malte et Chypre. Ils ont été rejoints en 2007 par la Roumanie et la Bulgarie, puis en 2013 par la Croatie.

Aujourd'hui, l'Union Européenne se compose de 27 États membres, représentant environ 450 millions d'habitants. Notons que l'Europe monétaire a été influencée fortement par le traité signé le 7 février 1992 à Maastricht. Entré en vigueur le 1er novembre 1993, le traité de Maastricht institue une union monétaire entre les 12 États membres de la Communauté (Allemagne, Belgique, Danemark, Espagne, France, Grèce, Irlande, Italie, Luxembourg, Pays-Bas, Portugal et Royaume-Uni). La décision de créer une monnaie unique le 1er janvier 1999, sous l'égide d'une Banque Centrale Européenne, parachève l'intégration économique et monétaire au sein du marché unique. L'Union Economique et Monétaire (UEM) se réalise en trois étapes.

La première étape, qui commence le 1er juillet 1990 et prend fin le 31 décembre 1993, libéralise la circulation des capitaux.

La seconde étape, qui commence le 1er janvier 1994, instaure une coordination renforcée des politiques économiques visant à réduire l'inflation, les taux d'intérêt et les fluctuations des changes, de même qu'à limiter les déficits et la dette publique des États. Ces critères, dits de Maastricht, doivent assurer la convergence des économies des États membres, préalable à l'utilisation d'une monnaie unique. Le passage est préparé par l'Institut Monétaire Européen (IME).

La troisième étape est celle de la création d'une monnaie unique au 1er janvier 1999 et de l'établissement d'un Système Européen des Banques Centrales regroupant les banques centrales nationales autour de la Banque Centrale Européenne (BCE).

Pour rappel, l'idée de cette monnaie unique a réellement émergé au début des années 2000. Les 15 pays d'Afrique de l'Ouest se sont alors accordés sur un projet prévoyant la création en deux phases d'une monnaie unique.

Dans la première phase, les pays qui disposent de leurs propres monnaies (Gambie, Ghana, Guinée, Nigéria et Sierra Leone) devaient lancer une monnaie unique appelée *« ECO »*.

Dans une deuxième phase, les 8 pays membres de l'UEMOA qui ont en commun le Franc CFA (Franc de la Communauté Financière en Afrique), devaient se greffer de sorte qu'en 2020, tous les pays membres de la CEDEAO utilisent une même et seule monnaie à partir de cette date. Mais les populations de la Zone CEDEAO n'ont pas encore vu les billets et pièces estampillés ECO.

CHAPITRE 4 : POLITIQUE MONÉTAIRE : À LA RECHERCHE DE QUELLE STABILITÉ ?

La définition première de la politique monétaire est l'ensemble des moyens mis en œuvre par un Etat ou une autorité monétaire pour agir sur l'activité économique par la régulation de sa monnaie. La plupart des banques centrales ont assigné à la politique monétaire une fonction de stabilisation des prix. La stabilité des prix est généralement reconnue comme étant une des contributions essentielles de la politique monétaire à la stabilité macroéconomique. Cette approche largement consensuelle est l'un des paradigmes dominants de la pensée économique récente. Au nom de cette stabilité des prix, la plupart des banques centrales adoptent une cible d'inflation comprise entre 2 % et 3 %. Mais, les crises de liquidité bancaire récurrentes ont mis en évidence le besoin d'une politique de liquidité qui soit dédiée aux problématiques de stabilité financière du système bancaire et des marchés financiers. Les banques centrales sont intervenues, ces dernières années, par des mesures non conventionnelles de la politique monétaire pour faire face aux dysfonctionnements des marchés et à l'incapacité des banques à jouer pleinement leur rôle d'intermédiation. Les interventions des politiques monétaires en réponse à des problématiques de stabilité financière sont venues questionner la place de la stabilité financière dans la politique monétaire alors que, depuis la seconde guerre mondiale, la politique monétaire n'avait aucun rôle sur la stabilité financière (SCHWARTZ, 1995).

L'une des particularités de l'intégration monétaire ouest-africaine résidait dans l'équilibre entre la fixité du taux de change, gage d'une certaine stabilité, et la volonté de financer l'économie y compris l'État, selon des règles bien définies. Depuis 1994 et surtout à partir de 2010, l'analyse de la politique monétaire en Zone UEMOA indique que la BCEAO incorpore divers aspects du ciblage d'inflation. L'adoption de cette stratégie questionne le maintien du ciblage des réserves de change que la BCEAO a rigoureusement mené depuis la dévaluation de 1994 (BANQUE DE FRANCE, 1994).

Ce sont ces différents points que nous abordons dans ce chapitre. Dans la première section, nous revenons sur l'éternel choix à faire entre la stabilité des prix et la stabilité des changes. Puis, nous traitons brièvement les différents régimes de change. Dans la seconde section, nous abordons une problématique émergente, celle des trois stabilités, c'est-à-dire la stabilité des prix, la stabilité financière et la stabilité économique.

I. CHOIX DU RÉGIME DE CHANGE : STABILITÉ DES PRIX, STABILITÉ DES CHANGES ET LE CHOIX DU RÉGIME DE CHANGE

Dans cette section, nous abordons en premier lieu la question lancinante du choix entre la stabilité des prix et la stabilité des changes. En second lieu, nous expliquons brièvement le choix du régime de change.

1.1. Stabilité des prix ou stabilité de change ?

En supposant pour simplifier qu'il n'y ait qu'une seule monnaie extérieure, on peut dire que le cours auquel une monnaie nationale s'échangera contre la monnaie du reste du monde dépend, sous certaines réserves, du rapport entre le niveau des prix intérieurs et le niveau des prix extérieurs. Il en découle que le change ne peut être stable que si le niveau des prix intérieurs et celui des prix extérieurs demeurent ensemble stables. Si le niveau des prix extérieurs échappe à notre contrôle, alors nous devons nous résigner à voir soit le niveau de nos prix intérieurs, soit notre cours de change subir l'attraction de forces extérieures. Si le niveau des prix extérieurs est instable, il nous est alors impossible de maintenir la stabilité du niveau de nos prix intérieurs en même temps que celle de notre change. Pour ce faire, il nous faut choisir entre les deux.

Avant la guerre, lorsque le monde entier ou presque était régi par l'étalon-or, tout le monde avait opté pour la stabilité des changes en sacrifiant la stabilité des prix. Et tous les pays étaient disposés à subir toutes les conséquences sociales d'une modification du niveau des prix que pouvaient imposer des circonstances sur lesquelles personne n'avait de prise, par exemple la découverte de nouveaux gisements d'or dans d'autres pays ou une révision de la politique bancaire à l'étranger. Mais, cette résignation avait deux causes conjointes : d'une part, personne n'osait s'en remettre à un système de régulation moins automatique, et d'autre part, les fluctuations subies par le niveau des prix étaient en fait très modérées. Il y eut pourtant des esprits pour plaider avec force en faveur de l'option inverse. En particulier, les propositions formulées par Irving FISHER pour l'instauration d'un *« dollar compensé »,* si elles avaient été adoptées par une partie seulement des pays du monde, revenaient à mettre en pratique le primat de la stabilité des prix intérieurs sur la stabilité des changes. Le bon choix n'est pas forcément le même pour tous les pays. Il dépendra en partie de l'importance que tient le commerce extérieur dans la vie économique de tel ou tel pays. Il n'en reste pas moins que dans presque tous les cas, la présomption semble être en faveur de la stabilité des prix intérieurs à la condition toutefois qu'elle soit réalisable.

La stabilité des changes est essentiellement une facilité qui contribue à la productivité et à la prospérité de ceux qui se sont établis dans le commerce extérieur. En revanche, la stabilité des prix est d'une importance capitale s'il s'agit d'éviter l'érosion des valeurs monétaires. Même dans un pays qui dépend du commerce extérieur, les contrats et les spéculations économiques qui présupposent la stabilité des changes sont certainement beaucoup moins nombreux que ceux qui requièrent la stabilité des prix intérieurs. Il semble que le principal argument en sens contraire soit de l'ordre de la facilité, puisque la stabilité des changes est un objectif qui peut être atteint en se contentant d'adopter le même étalon de valeur pour les transactions intérieures et pour les transactions avec l'étranger. Au contraire, un étalon interne réglé de manière à assurer la stabilité d'un certain nombre de prix de référence est une difficile innovation scientifique. Quoi qu'il en soit, le postulat qui fait de l'établissement d'un change immuable, l'unique objectif digne d'être visé, appelle à un examen plus attentif que ce n'est parfois le cas, examen particulièrement nécessaire si l'adoption d'un même étalon par une majorité de pays constitue une perspective encore lointaine.

Lorsque l'adoption de l'étalon-or permettait d'assurer la stabilité des taux de change avec la quasi-totalité du monde, les avantages tangibles de la certitude et de la commodité fournissaient de bonnes armes à la préférence des esprits conservateurs pour l'or. Cependant, les aises que pouvaient y trouver les commerçants et la passion primitive pour le métal massif n'auraient pas suffi à perpétuer la dynastie de l'or si ne s'y était ajoutée une autre circonstance à moitié fortuite, à savoir que pendant de nombreuses années écoulées, l'or avait procuré non seulement un change stable mais aussi une stabilité approximative du niveau des prix. En fait, la nécessité de choisir entre la stabilité des changes et la stabilité des prix ne s'est pas présentée comme un dilemme aigu. Et quand, avant l'expansion des mines d'or sud-africaines un pays comme l'Angleterre avait l'impression d'être acculé à un effondrement continu du niveau des prix, l'ardeur de la controverse bimétallique vint témoigner du mécontentement que provoqua aussitôt le sens d'une grave incompatibilité entre les exigences de l'étalon de l'époque et la stabilité des prix.

Le défaut du régime d'avant-guerre, avec sa fixité des cours de change et la subordination des prix intérieurs aux influences extérieures, c'est qu'il réagissait trop lentement et manquait de sensibilité quand les conditions de fonctionnement venaient à changer. Par contre, le défaut du régime d'après-guerre, régime qui est organisé de manière à subordonner le niveau des prix à des facteurs intérieurs, telle que la politique de crédit et de régulation interne de la monnaie, c'est sa trop grande vitesse de réaction et son excessive sensibilité aux fluctuations, tant et si bien que le mécanisme peut s'ébranler violemment pour des causes purement passagères. Cependant, quand les fluctuations sont amples et brutales, la conservation de l'équilibre requiert une grande vitesse de réaction, et le besoin de réactions rapides est justement l'une des raisons qui empêchent le système d'avant-guerre de fonctionner correctement dans les conditions d'après-guerre. Et, c'est ce même besoin qui est à l'origine de la timidité ressentie par tout un chacun devant la perspective de fixer définitivement le cours des changes. L'adoption d'un change flottant signifie que les prix relatifs pourront être bousculés par les influences les plus fugaces, celles de la politique et de l'affectivité, et par les pulsations périodiques des commerces saisonniers. Mais, cela signifie également qu'on dispose avec cette méthode, non seulement d'un moyen très rapide et très puissant de corriger les déséquilibres réels affectant la balance des paiements internationaux pour toute sorte de causes, mais aussi d'un merveilleux préventif pour freiner la propension de certains pays à dépenser à l'étranger plus que leurs ressources ne le permettent. Ainsi donc, lorsque des coups violents sont portés à l'équilibre préexistant entre le niveau des prix intérieurs et le niveau des prix extérieurs, le système d'avant-guerre a toutes les chances de se bloquer en pratique pour la simple raison qu'il est incapable de produire assez rapidement l'ajustement des prix intérieurs que requiert la situation nouvelle.

Théoriquement, le système d'avant-guerre devrait pouvoir faire sentir ses effets tôt ou tard si on laissait le mouvement de l'or se poursuivre sans restriction jusqu'à ce que l'inflation ou la déflation des prix ait joué son rôle avec l'intensité nécessaire. Mais en pratique, il y a généralement une limite au-delà de laquelle on ne laisse pas la monnaie ou sa couverture métallique fuir à l'étranger ; et cette limite porte à la fois sur le taux et sur le volume du mouvement d'or. En effet, d'insupportables difficultés apparaissent si l'offre de monnaie ou de crédit se trouve réduite plus vite que l'organisation de la société et de l'économie ne permet aux prix de baisser.

1.2. Le choix d'un régime de change

Le choix d'un régime de change revêt une grande importance. Il met en cause la politique économique d'un pays, ses marges de manœuvres et son mode d'ajustement macroéconomique. Il implique également les partenaires du pays considéré, qui sont sensibles aux conséquences d'un régime de change sur leur compétitivité relative, ou qui peuvent être amenés à soutenir une monnaie liée à la leur par un système de parité fixe. Les régimes de change déterminent ainsi les conditions de l'insertion internationale des économies.

a) Les différents régimes de change

Notons qu'un régime de change est l'ensemble des règles qui déterminent l'intervention des autorités monétaires sur le marché des changes, et donc le comportement du taux de change. Il existe une très grande variété de régimes de change, lesquels peuvent être regroupés entre deux extrêmes : les changes fixes et les changes flexibles.

Un régime de change fixe suppose la définition d'une parité de référence entre la monnaie du pays considéré et une devise (ou un panier de devises) à laquelle la banque centrale s'engage à échanger sa monnaie. Lorsque le marché de change est libéralisé, le respect de cet engagement lui impose d'intervenir sur ledit marché dès que le taux de change s'éloigne de la parité établie, par l'achat de la monnaie nationale si la monnaie tend à se déprécier, ou par sa vente dans le cas contraire. Lorsque le marché de change est contrôlé, la monnaie est inconvertible. La parité est alors définie arbitrairement et soutenue artificiellement.

Dans un régime de change flexible, à l'inverse, aucun engagement n'est pris au sujet du taux de change. Car ce taux flotte librement (flottement pur) en fonction de l'offre et de la demande sur le marché de change. La politique monétaire retrouve alors son autonomie, mais la banque centrale abandonne le contrôle du taux de change nominal qui est déterminé sur le marché de change. Le flottement s'applique donc, en principe, à un marché de change libéralisé, même si l'on peut imaginer un régime de flottement impur encadré par un contrôle des changes.

Entre ces deux extrêmes, on trouve des régimes intermédiaires, qui se distinguent selon les fluctuations que la banque centrale autorise autour de la parité de référence, et selon la fréquence des réalignements de cette parité. Ainsi, le *« currency board »*, qui ne prévoit aucun réalignement, s'oppose au régime de parité glissante qui, lui au contraire, prévoit un calendrier de réalignements. L'ancien Système Monétaire Européen (SME) se situe entre ces deux extrêmes : des réalignements sont possibles, négociés sur la base des différentiels cumulés d'inflation entre les pays concernés. Tous ces régimes excluent, en principe, les réalignements discrétionnaires. Ce qui les distingue du flottement administré.

En dehors des cas de l'union monétaire et des *« currency boards »,* l'ancrage de la monnaie nationale peut se faire sur un panier de devises comme sur une seule devise.

b) Le choix d'un régime de change

Le choix d'un régime de change résulte à la fois des objectifs économiques du pays et des contraintes qu'il doit supporter.

i) Choix d'un régime de change et objectifs de politique économique

L'objectif ultime de la politique économique, et donc du choix d'un régime de change, est de parvenir à la croissance la plus rapide et la plus stable possible. Le régime de change affecte en effet la stabilité et la compétitivité de l'économie. Lorsqu'ils sont prévisibles, les taux de change limitent l'incertitude dont souffrent les agents dans leurs relations internationales, et sont donc, en principe, favorables aussi bien à l'investissement national qu'à l'investissement direct et au commerce. C'est en principe un régime de taux de change fixe qui permet d'atteindre le mieux cet objectif de stabilité. Mais celui-ci a des inconvénients. En effet, l'avantage de la stabilité ne vaut que si l'économie n'est pas affectée par un choc asymétrique, puisque la fixité du change empêche, par définition, d'amortir ce choc par l'ajustement du taux de change nominal. Dans ces conditions, un régime de change fixe ne serait désirable que si les pays considérés constituent une Zone Monétaire Optimale (ZMO), c'est-à-dire si la flexibilité des prix et la mobilité des facteurs sont en mesure d'absorber les perturbations économiques sans qu'il soit nécessaire de recourir à un ajustement du taux de change nominal. Cependant, un régime de change fixe peut être adopté précisément en raison de la discipline anti-inflationniste qu'il suppose. La fixité du taux de change est utilisée alors comme une contrainte externe que s'impose le pays pour réussir la désinflation.

La politique de désinflation compétitive menée par les pays membres du SME repose en partie sur ce type de mécanisme qui justifie également la politique de change de certains pays émergents. Ainsi, en Argentine, l'adoption d'un *« currency board »* est apparue comme le dernier moyen de préserver la monnaie, laquelle a été profondément ébranlée par les hyperinflations qui ont affecté le pays dans les années 80. Cette stratégie d'ancrage peut être d'autant plus justifiée que les régimes de change orientés exclusivement sur le maintien de la compétitivité (donc du niveau du taux de change réel) peuvent accélérer l'inflation : lorsque le taux de change est dévalué régulièrement pour compenser les écarts d'inflation, cela peut conduire à un processus d'inflation importée, qui impose une nouvelle dépréciation, etc. Un cercle vicieux inflation-dépréciation se met alors en place et peut déboucher, dans des cas extrêmes, sur l'hyperinflation. Ce cercle vicieux ne peut souvent être brisé que par l'instauration d'un régime de change fixe.

ii) *Contraintes externes au choix d'un régime de change*

Un certain nombre de contraintes limitent le champ des régimes de change qu'un pays peut adopter. Par exemple, il est impossible, dans un contexte de mobilité parfaite des capitaux, d'avoir à la fois un régime de change totalement fixe et une politique monétaire parfaitement autonome. Symétriquement, lorsqu'un pays souhaite conserver l'autonomie de sa politique monétaire, il est tenu de choisir un régime de change flexible ou de limiter la mobilité des capitaux, conformément au triangle d'incompatibilité de MUNDELL. Rappelons que le triangle de MUNDELL représente les trois principes d'organisation qui permettent de juger de la viabilité du Système Monétaire International (SMI) : le degré de rigueur des règles de change, le degré de mobilité des capitaux et le degré d'autonomie des politiques monétaires. Seules les combinaisons de politique de change, de politique monétaire et de mobilité des capitaux, se situant à l'intérieur de ce triangle, sont viables. Ainsi, la mobilité des capitaux, associée à la stabilité des taux de change, se situe à l'angle *« union monétaire »* du triangle, qui est diamétralement opposée à l'autonomie de la politique monétaire. En notant A, B et C que nous considérons comme les trois sommets du triangle, on a :

- À : Autarcie financière

Il est possible de concilier changes fixes et objectifs économiques internes si les réserves de change sont suffisantes.

- B : Union monétaire

La mobilité parfaite des capitaux et les changes fixes interdisent toute autonomie à la politique monétaire.

- C : Changes flottants

La mobilité parfaite des capitaux et la flexibilité des taux de change permettent l'indépendance de la politique économique.

Ainsi, en change fixe, une relance produit un excès d'offre de monnaie ou une baisse du taux d'intérêt ; ce qui tend à déprécier la monnaie. Cette tendance ne peut être combattue que par le rachat de la monnaie, ce qui annule la stimulation monétaire. S'il est possible d'échapper temporairement à cette contrainte en stérilisant la variation des réserves de change (la banque centrale achète par exemple des titres sur le marché financier national pour injecter de la liquidité dans l'économie), une telle politique n'est pas tenable à long terme.

En change fixe, les autorités monétaires doivent également montrer aux marchés qu'elles accepteront la contrainte d'un régime de change fixe à l'avenir, faute de quoi la monnaie est exposée à des attaques spéculatives qui sont d'autant plus puissantes que les marchés de capitaux et les marchés monétaires sont libéralisés. Le contrôle des changes est alors le seul moyen de préserver le régime de change car il limite les mouvements d'achat et de vente de la devise concernée. Il s'agit d'une restriction sur la convertibilité de la monnaie qui apparaît ainsi comme un substitut à une restriction de l'offre de monnaie (SCHULER, 1999).

c) Fonctionnement des régimes de change

Dans un premier temps, nous abordons la question de l'efficacité des régimes de change. Dans un second temps, nous présentons l'évolution des stratégies de change.

i) Efficacité des régimes de change : inflation et croissance

De nombreux travaux ont tenté d'estimer l'efficacité relative des régimes de change. Une synthèse effectuée par le FMI (GOSH et al., 1995) retient les conclusions suivantes : dans le passé, les régimes de change fixes ont été associés d'une part, à une inflation moindre et à un investissement plus important mais d'autre part, à des gains de productivité et des taux de croissance plus faibles. Même s'il est difficile d'établir le sens de la causalité, il semble que ce soit le régime de change qui explique la faiblesse de l'inflation et non une situation moins inflationniste qui autorise la fixité du change. Les régimes de change vraiment flexibles sont sans doute ceux qui ont le moins bien fonctionné, avec une inflation plus forte et des résultats médiocres en termes de croissance. Quant aux régimes intermédiaires (parités glissantes par exemple), ce sont ceux qui semblent avoir garanti les meilleures performances de croissance, même si par nature, ils ont autorisé davantage d'inflation.

Ainsi, le choix semblait surtout ouvert entre parité fixe et taux de change géré par rapport à une devise de référence, les régimes de change véritablement flexibles ne donnant que des résultats mitigés. Cette conclusion coïncide d'ailleurs avec les stratégies de change d'un très grand nombre de pays, en particulier des pays en développement, comme on a pu les observer depuis la fin des années 80.

Mais aujourd'hui, la libéralisation des mouvements de capitaux et la convertibilité croissante des monnaies des pays en développement placent ces pays aux limites du triangle d'incompatibilité de MUNDELL, dans une position inconfortable. Compte tenu de leur stratégie d'ancrage de fait et de la mobilité croissante des capitaux, les pays du Sud doivent adopter des politiques monétaires relativement strictes, pour éviter les dérives inflationnistes. Ceci impose des taux d'intérêt nominaux relativement élevés qui, en Asie, ont alimenté les entrées spéculatives de capitaux volatils et ont ouvert la voie aux crises de change. Le mauvais fonctionnement de l'ancrage au dollar en Asie pousse aujourd'hui certains auteurs à préconiser l'abandon des régimes de change intermédiaires au profit soit de régimes de change strictement fixes (comme le *currency board* argentin), soit de régimes de change flexibles (EICHENGREEN, 1999). Cependant, les mêmes reconnaissent qu'une quasi-union monétaire est difficile à réaliser, en particulier dans un pays émergent, et que le flottement libre produit une volatilité qui peut perturber la croissance. Ce problème soulève la question de la crédibilité des politiques économiques (et en particulier de la politique de change) et souligne une nouvelle fois le caractère crucial du choix d'un régime de change et les très fortes contraintes qu'il impose.

ii) Evolution des stratégies de change

Deux évolutions marqueront sans doute le système monétaire international dans les années à venir. D'une part, les stratégies d'ancrage officiel ou effectif des monnaies des pays en développement, sur de grandes monnaies, devraient se poursuivre. D'autre part, l'Euro pourrait s'imposer à côté du dollar comme monnaie internationale et devenir une référence importante des stratégies de change. Il est probable que le mouvement d'ancrage sur des grandes monnaies internationales se poursuivra, renforçant sans doute le rôle régional sinon international, de l'Euro. Si les pays proches, en termes régionaux, de l'Union Européenne adoptent un raisonnement en termes de ZMO pour définir la monnaie de référence de leur politique de change, ils auront sans doute intérêt à retenir l'Euro (plutôt que le Dollar, le Yen ou le Yuan) en raison de l'importance de leurs liens commerciaux avec l'Union Economique. Par ailleurs, si l'on admet que les pays très liés par le commerce international à l'Union Européenne ont également pour objectif la stabilisation de leur solde extérieur (ce qui implique maintien de la compétitivité et stabilisation de la charge de la dette), alors il apparaît également que l'Euro devrait être la monnaie d'ancrage réel à privilégier.

Mais pour les PAZF, la stratégie de change doit être différente au regard de la percée de la monnaie chinoise dans le Système Financier International (SFI). La Chine occupe aujourd'hui la première place dans les échanges commerciaux avec l'Afrique. Après le record de 254 milliards de dollars enregistré en 2021, les échanges commerciaux entre la Chine et l'Afrique maintiennent une croissance à deux chiffres et ont augmenté de 23 % au 1er trimestre 2022. Dans le cadre de la compétition qui se joue entre les principales puissances économiques de la planète (Etats-Unis, Chine et Japon), la Chine continue à devancer largement ses principaux concurrents en Afrique sur le terrain économique. Pour comparaison, les échanges entre la France et l'UEMOA (en hausse de 10 % par rapport à 2020) atteignent seulement les 4,6 milliards d'euros, au 1er trimestre 2022.

D'après une note de recherche publiée le 18 mai 2022 par le think tank américain *« Carnegie Endowment for International Peace »*, les échanges commerciaux entre les Etats-Unis et l'Afrique ont diminué à partir de 2009, passant d'un pic de 142 milliards de dollars en 2008, à seulement 64 milliards de dollars en 2021. Ceux entre le géant asiatique et le continent ont, quant à eux, atteint 64,8 milliards de dollars au 1er trimestre 2022. Cela représente une hausse de 23 % par rapport à la même période l'année précédente, selon les données de l'administration générale des douanes chinoises.

Cette croissance a été essentiellement tirée par l'augmentation des importations des matières premières en provenance de l'Afrique. Entre le 1er janvier et le 31 mars 2022, les importations chinoises en provenance d'Afrique ont augmenté de 29,3 %, pour s'établir à 29,7 milliards de dollars.

Durant la même période, les exportations chinoises vers le continent africain se sont élevées à 35,16 milliards de dollars, ce qui représente une hausse de 18,2 % sur un an. Les exportations françaises vers les pays de la zone, quant à elles, en progression de 10,8 %, atteignent les

3,4 milliards d'euros aux 2/3 des exportations, à destination de la Côte d'Ivoire et du Sénégal.

Depuis le 1er août 2022, dans la nouvelle pondération des Droits de Tirages Spéciaux (DTS), le Yuan voit sa part passer de 10,92 % à 12,28 %, ce qui en fait désormais la troisième devise du panier. Le dollar américain a aussi vu sa pondération relevée, représentant désormais 43,38 % du panier au lieu de 41,73 %. L'Euro, le Yen et la Livre Sterling font les frais de cette nouvelle répartition. La monnaie unique européenne qui conserve son deuxième rang ne pèse plus que 29,31 % contre 30,93 %. Le Yen voit sa pondération ramenée à 7,59 % (contre 8,33 %), le poids de la Livre Sterling étant fixé à 7,44 % (contre 8,09 %).

Cette nouvelle configuration invite les PAZF à arrimer leurs monnaies, non plus à l'Euro, mais à un panier de monnaies (Euro, Dollar, Yuan, etc.).

En définitive, pour l'Afrique de l'Ouest, le panier recommandé comprendrait l'Euro, le Dollar et le Yuan, en équilibrant stabilité et souplesse. En s'arrimant à un panier de devises qui sont historiquement moins chères que l'Euro, le franc CFA se dépréciera de manière contrôlée jusqu'à un niveau qui rendra la zone plus compétitive. Avec cette approche, la croissance tirée par les exportations devient une option plus viable tout en protégeant la Zone Franc d'une volatilité excessive. L'expérience de 1994 confirme l'impact d'une dévaluation sur la croissance et le commerce.

Le Franc CFA et même la future monnaie ECO gagneraient plus à être arrimés au Dollar américain, au Yuan chinois et à l'Euro. De notre point de vue, le Franc CFA devrait plutôt être adossé à un panier de devises qui refléterait davantage l'évolution actuelle et les perspectives de plus long terme du commerce international. Dans un tel panier, le Yuan chinois, le Dollar américain et la monnaie européenne occuperaient une place importante. Mais à terme, il serait viable d'adopter un système de change flottant par rapport aux autres monnaies ; et ce, avec les éléments de fluctuation de la valeur de la monnaie tant sur le plan interne qu'externe. Ainsi, l'arrimage du CFA communautaire au panier de devises serait une étape intermédiaire pour rééquilibrer les rapports commerciaux avec le reste du monde.

d) Les impacts liés au flottement des taux de change

Avant toute chose, rappelons que le taux de change se définit comme le prix relatif des monnaies de deux pays. Ce prix relatif est constaté lors de tout échange entre des biens ou des actifs. Depuis 1971, c'est un système de taux de change relativement flottant qui s'est instauré dans la plupart des pays. L'expression *« flottement imparfait »* est d'ailleurs souvent utilisée pour désigner le système ambivalent actuel.
Ainsi, ce système des taux de change a connu un développement considérable au cours des années 90 du fait de trois facteurs principaux : le développement du commerce international, la libéralisation des mouvements de capitaux et la sophistication des techniques financières.
Dans un système de change flexible, les taux de change fluctuent librement en fonction du jeu de l'offre et de la demande ou, au moins, fluctuent dans les limites de marges larges. Ainsi, les banques centrales peuvent être amenées à intervenir dans le cadre de fluctuations passagères trop importantes pour les moduler à terme.
Dans un tel système, le taux de change, laissé à lui-même sans intervention compensatrice des autorités monétaires, se détermine conformément à la loi de l'offre et de la demande.

i) Les vertus déclarées et les avantages réellement confirmés

Le régime de change flottant actuel entre les principales monnaies (Dollar, Euro, Yen et Yuan) présente en théorie de nombreux avantages.

Le premier avantage est qu'il permet une certaine autonomie des politiques monétaires, car en cas d'excédents commerciaux, les banques centrales ne sont plus obligées d'augmenter mécaniquement la masse monétaire en contrepartie de l'arrivée des devises étrangères ; ce qui a pour effet d'importer l'inflation si la hausse des prix étrangers sont supérieurs à l'augmentation des prix intérieurs. Il suffit alors de laisser glisser le cours de la monnaie à la hausse sur les marchés internationaux.

Le second avantage est que les changes flottants permettent le rééquilibrage automatique de la balance extérieure sans que les autorités monétaires aient à intervenir. En effet, un déficit commercial suscite une contraction de la masse monétaire. Et cette contraction provoque une augmentation du taux d'intérêt et donc une entrée de capitaux étrangers attirés par les taux rémunérateurs. Sur le plan économique, cette contraction de la masse monétaire entraîne un ralentissement de l'activité économique, une stabilisation des prix et donc une amélioration de la compétitivité sur les marchés nationaux étrangers. Ainsi, les exportations augmenteront, les importations diminueront et la balance commerciale se rééquilibrera. En réalité, il s'agit d'un système plus équilibré en apparence par rapport à un système de change fixe qui fait explicitement référence à une monnaie dominante, par exemple, le dollar.

En effet, les changes flottants permettent une adaptation rapide aux chocs réels, notamment en cas de déséquilibre des paiements courants, provoquant des conflits entre l'offre et la demande de devises. Il faut rappeler qu'en système de change fixe, il en résulterait une variation des réserves de change puisque la banque centrale doit intervenir pour maintenir la parité de la monnaie nationale. En revanche, en change flottant, la banque centrale n'a plus à intervenir : l'ajustement sur le marché des changes est réalisé par des mouvements de capitaux, provoquant la variation du taux de change. Celle-ci modifie donc les conditions de l'échange. Par exemple, en cas de déficit, on assiste à une diminution de la valeur de la monnaie qui renchérit les importations et rend plus attractives les exportations. À terme, l'équilibre est rétabli. Il en découle que les banques centrales n'ont plus besoin de conserver des réserves importantes de devises pour défendre le cours de la monnaie. Dans ces conditions, les banques centrales ne doivent pas subir de variations de leur volume de réserves officielles et les institutions ne reçoivent plus de nouvelles demandes de réserves.

Le troisième avantage est que le système de change flottant fait que les marchés deviennent moins sensibles aux fortes poussées de fièvres spéculatives comme celles qui se produisaient sur les monnaies dont l'évolution laissait penser qu'une dévaluation ou une réévaluation était inéluctable. Dans ce cas, tous les opérateurs étaient encouragés à vendre ou à acheter cette monnaie à des fins purement spéculatives. Au contraire, les changes flexibles amènent les marchés à des ajustements mutuels, permanents et graduels entre le cours des devises et les anticipations des opérateurs.

Le quatrième avantage est que les politiques monétaires des pays peuvent être plus flexibles. En effet, puisque la variation du taux de change garantit l'équilibre extérieur, la politique économique bénéficie d'un degré de liberté supplémentaire car le taux d'intérêt peut être utilisé à la réalisation d'objectifs internes. On présente souvent les changes flottants comme un moyen *« d'immuniser »* une économie de la conjoncture étrangère. Ainsi, on pourrait interpréter la mise en place des systèmes flottants comme étant l'opportunité de pouvoir choisir sa propre politique monétaire avec des taux d'inflation acceptables.

ii) Les inconvénients et les désillusions du flottement des taux de change

Dans un premier temps, on peut dire que ce système de change flexible est caractérisé par une forte sensibilité du taux de change aux flux de capitaux dans l'économie. On considère par exemple que 10 milliards de FCFA supplémentaires, injectés sur le marché, pouvaient entraîner un mouvement de 5 % sur les cours. Ainsi, les taux de change nominaux enregistrent une volatilité plus grande à court et moyen terme, ce qui peut provoquer des impacts négatifs sur la balance commerciale.

Au niveau du Système Monétaire International (SFI) par exemple, la polarisation s'effectue surtout autour de la relation entre quatre grandes monnaies : Euro-Dollar ; Dollar-Yen ; Dollar-Sterling et Dollar-Yuan.

Ces fluctuations correspondent à des évolutions relatives à la productivité entre les différents secteurs de l'économie et à l'insertion des pays dans les échanges internationaux. Or, cet écart entre la structure des taux de change réels (c'est-à-dire les prix relatifs entre

pays) et les facteurs réels de la compétitivité, peut avoir une influence négative sur le commerce international.
Il en découle une forte volatilité des taux de change qui se fait au détriment des agents économiques (notamment les entreprises) en ce qui concerne leurs éventuelles prévisions et anticipations.

Dans un deuxième temps, on constate que la flexibilité du change n'a pas favorisé un rééquilibrage des balances courantes, car les Etats-Unis ont cumulé une dette extérieure considérable en raison du déficit de leur balance courante à l'égard du reste du monde. Le régime de change flottant a ainsi accentué le privilège du dollar qui bénéficie toujours d'un réel pouvoir au niveau international. En effet, on n'a pas observé une tendance à l'équilibre des balances des opérations courantes dans la plupart des pays. Beaucoup ont conservé un besoin de financement.

Dans un troisième temps, on s'aperçoit qu'un régime de change flexible est susceptible d'être inflationniste dans la mesure où il entraîne moins de contraintes dans les politiques monétaires menées par les pays. Ainsi, la pratique des politiques monétaires restrictives, en jouant sur la hausse du taux d'intérêt, a pour objectif de limiter les pressions inflationnistes. Cependant, un tel régime de change limite l'intervention des autorités monétaires et, de ce fait, risque d'entraîner une augmentation du niveau général des prix.
De plus, les éventuelles dépréciations du taux de change peuvent aussi être source d'inflation. Effectivement, si la baisse de la valeur de la monnaie dynamise les exportations de biens et services, alors les importations deviennent onéreuses, entraînant une inflation importée en raison des importations incompressibles, comme les énergies fossiles ou certaines matières premières.

Dans un quatrième temps, il faut souligner que ces fluctuations sont dues aux forts mouvements de capitaux dans l'économie en raison des bonnes perspectives de croissance et des bons taux de rendement (mesuré par le différentiel entre le taux d'intérêt domestique i et le taux d'intérêt étranger i*). Cela rend instable les taux de change et risque de provoquer des crises en raison de l'afflux de l'épargne étrangère. Ces flux de capitaux croissent fortement en amont des crises puis diminuent brusquement peu avant l'effondrement des changes. Ceci a illustré les crises de change des années 90 dans de nombreux pays. Une telle situation rend difficile le contrôle par les banques centrales des crises pouvant résulter des anticipations des opérateurs ou encore les rendre impuissantes face aux bulles spéculatives.

En plus de cela, depuis le début des années 2000, la spéculation est encouragée par l'importance des produits dérivés qui amplifient les mouvements de change. La volatilité de ce système constituant un véritable facteur d'insécurité, n'a cependant pas entravé le développement des transactions et des investissements. Elle a plutôt conféré une très forte instabilité potentielle à l'ensemble du système bancaire et financier mondial.

Dans un cinquième temps, on a pu voir que le système de change flexible n'a pas donné plus d'autonomie aux politiques monétaires nationales, dans la mesure où les banques centrales doivent tenir compte de la forte volatilité des taux de change et de la réactivité des marchés. Au contraire, la flexibilité des taux de change a réduit l'efficacité des politiques économiques. Une politique de relance est devenue difficilement soutenable car susceptible de relancer l'inflation. Elle a plutôt tendance à faire fuir les capitaux.

On constate ainsi que le système de change flottant aboutit à l'illusion de pouvoir mener une politique autonome à l'abri des évènements extérieurs. En revanche, les fluctuations massives des taux de change ont affecté les choix de politiques économiques dans certains pays.

On voit bien que le régime de change flexible n'a pas que des avantages. Le choix entre ce régime et le régime de change fixe doit se faire en menant une analyse coûts-avantages afin de savoir si les avantages contrebalancent les inconvénients.

En définitive, le choix du régime de change fixe ou flottant est un choix politique qui appartient aux peuples de la sous-région et à leurs dirigeants.

II. LES TROIS STABILITÉS : LA STABILITÉ DES PRIX, LA STABILITÉ FINANCIÈRE ET LA STABILITÉ ÉCONOMIQUE

Nous commençons d'abord par la stabilité des prix. Ensuite, nous évoquerons la stabilité financière qui est essentielle à l'efficacité de la politique monétaire (car elle préserve ses canaux de transmission). Enfin, nous parlerons de la stabilité économique et la manière dont la politique monétaire, conjuguée à la politique budgétaire, peut lisser le cycle conjoncturel.

2.1. La stabilité des prix

Les prix sont considérés comme stables si, en moyenne, ils n'enregistrent ni une hausse (période d'inflation) ni une baisse (période de déflation) sensibles dans le temps. À titre d'exemple, si le panier de la ménagère que l'on peut acheter aujourd'hui avec 5000 FCFA est à peu près le même qu'il y a un ou deux ans, on peut alors affirmer que le niveau général des prix est stable. La stabilité des prix est recherchée pour plusieurs raisons.

En premier lieu, la stabilité des prix est très utile pour la croissance économique et l'emploi car elle permet de comparer facilement les prix. En effet, lorsque les prix sont stables, il est plus facile de faire une comparaison entre eux et donc de choisir tel produit ou tel service. Lorsque les prix sont stables, vous savez tout de suite si le prix du *pantalon jean* le plus à la mode a augmenté par rapport à celui du tout dernier modèle de *baskets.* En tant que consommateur, vous pouvez ainsi gérer au mieux votre argent en faisant le bon choix. De la même manière, les entreprises disposent des informations dont elles ont besoin pour prendre leurs décisions d'investissement. Elles peuvent donner à leurs ressources l'affectation la plus productive, ce qui accroît le potentiel de production de l'économie. En outre, la stabilité des prix influence positivement la croissance parce qu'elle réduit le coût des crédits. En effet, lorsque les prix sont stables, les épargnants et les prêteurs acceptent des taux d'intérêt moins élevés sur leur épargne. Car ils s'attendent à ce que leur épargne conserve sa valeur sur une longue période. Dans le cas contraire, ils s'assureraient contre les incertitudes affectant la valeur future de leur argent en exigeant un taux d'intérêt plus élevé sur leurs placements ou leurs prêts.

En second lieu, la stabilité des prix engendre une augmentation du niveau de vie. Les informations fournies ci-dessus ont expliqué pourquoi l'inflation et la déflation constituent généralement des phénomènes indésirables. Les inconvénients et les coûts liés à l'inflation et à la déflation sont effectivement considérables. La stabilité des prix prévient l'apparition de ces coûts et offre des avantages majeurs à l'ensemble des citoyens. À maints égards, la stabilité des prix contribue à l'obtention de niveaux élevés de prospérité économique, par exemple sous la forme d'un haut niveau d'emploi.

En troisième lieu, la stabilité des prix réduit l'incertitude quant à l'évolution générale des prix et améliore la transparence des prix relatifs.

La stabilité des prix permet à la population d'identifier plus aisément les variations de prix des biens exprimés en termes d'autres biens (c'est-à-dire les variations des *« prix relatifs »*), étant donné qu'elles ne sont pas masquées par les fluctuations du niveau général des prix. Supposons par exemple que le prix d'un produit a enregistré une hausse de 3 %. Lorsque le niveau général des prix est stable, les consommateurs savent que le prix relatif de ce produit a augmenté et peuvent décider d'en acheter moins. En revanche, en cas d'inflation forte et instable, il est plus difficile de repérer le prix relatif car il peut même avoir baissé. Dans une telle situation, il est peut-être préférable que le consommateur achète relativement plus du produit dont le prix s'est accru de *« seulement »* 3 %. En période de déflation générale, les consommateurs peuvent ne pas se rendre compte qu'une baisse du niveau des prix d'un seul produit reflète simplement l'évolution générale des prix et non pas une diminution du prix relatif de ce bien. Par conséquent, il se peut qu'ils commettent l'erreur d'acheter ce produit en quantité trop élevée.

Lorsque les prix sont stables, les entreprises et les consommateurs ne risquent pas de confondre les variations du niveau général des prix avec celles des prix relatifs. En conséquence, leurs décisions de consommation et d'investissement sont prises en connaissance de cause. L'incertitude quant au taux d'inflation peut également conduire les entreprises à prendre de mauvaises décisions en matière d'emploi. Afin d'illustrer cela, supposons que, dans un environnement de forte inflation, un entrepreneur confonde la hausse du prix de marché de ses biens, qui s'établit à 5 %, avec une baisse du prix relatif dans la mesure où il n'est pas au courant de la chute récente du taux d'inflation, revenu de 6 % à 4 % par exemple. L'entrepreneur peut alors décider de limiter ses investissements et de licencier des employés en vue de réduire ses capacités de production. Dans le cas contraire, il s'attendrait à subir une perte puisqu'il perçoit une baisse du prix relatif des biens qu'il produit. Toutefois, cette décision peut s'avérer finalement erronée. En effet, de par le ralentissement de l'inflation, la croissance des salaires nominaux des employés peut être inférieure à celle supposée par l'entreprise. Les économistes parlent dans ce cas de *« mauvaise allocation »* des ressources. Cela signifie que certaines ressources (capital, travail, etc.) ont été gaspillées puisque des employés auraient été licenciés en raison de l'évolution instable des prix. Il y aurait également gaspillage de ressources si les travailleurs et les syndicats, incertains quant à l'inflation à venir, revendiquaient une hausse relativement forte des salaires nominaux afin d'éviter qu'un taux élevé d'inflation future n'entraîne une diminution sensible des salaires réels.

Dans une telle situation, si les entreprises anticipaient une inflation inférieure à celle anticipée par les travailleurs/syndicats, elles considéreraient une augmentation donnée du salaire nominal comme une hausse relativement forte du salaire réel et pourraient, par conséquent, réduire la main-d'œuvre ou, tout au moins, embaucher moins de travailleurs qu'elles ne l'auraient fait en l'absence de cette forte hausse *« perçue »* des salaires réels. En réduisant l'incertitude liée à l'inflation, la stabilité des prix contribue donc à prévenir la mauvaise allocation des ressources telle que décrite ci-dessus. En aidant le marché à orienter les ressources là où elles seront les plus productives, la stabilité des prix accroît le potentiel productif de l'économie et, par conséquent, le bien-être des ménages.

En quatrième lieu, la stabilité des prix réduit les primes de risque sur l'inflation contenues dans les taux d'intérêt. En effet, si les créanciers sont assurés que les prix demeureront stables à l'avenir, alors ils n'exigeront pas une rémunération supplémentaire (à savoir une *« prime de risque sur l'inflation »)* destinée à compenser les risques d'inflation qu'ils encourent en détenant des actifs nominaux à long terme. En réduisant ces primes de risque et, par conséquent, les taux d'intérêt nominaux, la stabilité des prix contribue à l'affectation efficace des ressources, opérée par les marchés de capitaux, et stimule ainsi les investissements. Cela favorise la création d'emplois et, plus généralement, la prospérité économique.

2.2. La stabilité financière

La stabilité financière peut être définie comme une situation dans laquelle le système financier dans son ensemble fonctionne efficacement, et de façon suffisamment robuste, pour résister aux chocs susceptibles de l'affecter. Le système financier constitue un rouage indispensable de l'économie. La stabilité financière vise à maintenir un système financier robuste fonctionnant efficacement en toutes circonstances, y compris en période de crise. Pour cela, le système financier fait l'objet d'une régulation par les pouvoirs publics, renforcée depuis la crise de 2008. Dans ce cadre, les banques centrales interviennent le plus souvent à trois niveaux.

Le premier niveau : un suivi attentif des marchés financiers

La Banque de France dispose d'équipes d'experts et d'économistes qui ont en charge de réaliser des analyses et des études sur les différents aspects touchant au fonctionnement des marchés financiers et à l'apparition ou à la matérialisation de risques susceptibles de les affecter. Dans certains pays, des institutions comme le Conseil de la Stabilité Financière ou le Comité du Risque Systémique sont créés.

Le second niveau : la surveillance des infrastructures des marchés financiers et des moyens de paiement

Les banques centrales disposent de larges compétences en matière de surveillance des infrastructures des marchés financiers (systèmes de paiement, systèmes de compensation et systèmes de règlement et de livraison d'instruments financiers) et des moyens de paiement scripturaux (essentiellement chèques, cartes de paiement, virements, prélèvements, le titre interbancaire de paiement (TIP) et paiements en ligne).

La mission de surveillance confiée aux banques centrales consiste à s'assurer de la sécurité des moyens de paiement scripturaux et de la pertinence des normes applicables en la matière, à veiller au bon fonctionnement et à la sécurité des systèmes de paiement, et à veiller à la sécurité des systèmes de compensation, de règlement et de livraison des instruments financiers.

Le troisième niveau : les banques centrales participent à la supervision prudentielle

Les banques centrales doivent, dans le cadre de leurs missions, vérifier que les établissements de crédits, les assurances et les mutuelles respectent les règles de prudence qui s'imposent à elles (les ratios prudentiels, notamment). Rappelons que les ratios de Bâle sont ceux qui s'appliquent dans tous les systèmes bancaires. L'histoire du Comité de Bâle remonte au dépôt de bilan, le 26 juin 1974, de la banque allemande *Herstatt* alors que la partie en dollars américains des opérations de change de la banque n'était pas dénouée à cause du décalage horaire. C'est le début de la prise de conscience du risque systémique sur les marchés financiers modernes. Le Directeur de la Banque d'Angleterre, Peter COOKE, propose une réunion des banques centrales et des superviseurs bancaires des pays regroupés au sein du G10 (Allemagne, Belgique, Canada, Etats-Unis, France, Italie, Japon, les Pays-Bas, Royaume-Uni, la Suisse et la Suède). Le Comité de Bâle est né et se réunit dorénavant à Bâle, en Suisse, quatre fois par an, sous l'égide de la Banque des Règlements Internationaux (BRI). Rappelons que la BRI est la première institution financière mondiale au regard de l'histoire économique car elle est née le 20 janvier 1930 à La Haye, d'un accord intergouvernemental entre l'Allemagne, la Belgique, les Etats-Unis, la France, le Royaume-Uni, l'Italie, le Japon et la Suisse. Elle ouvre officiellement ses bureaux à Bâle le 17 mai 1930. Les premiers travaux de grande ampleur du Comité aboutissent à la publication, en 1988, d'un accord sur un ratio international de solvabilité, baptisé "*ratio Cooke*", du nom de l'instigateur du Comité. Ce ratio est au cœur des accords dits *« Bâle 1 »* et constitue un élément fondateur de la régulation bancaire : chaque risque doit comprendre un certain montant de fonds propres pour assurer la sécurité globale du marché et minimiser les risques de nature systémique en évitant *« l'effet domino »*.

$$Ratio\ Cooke = \frac{Fonds\ propres}{Risques} > 8\%$$

Risques = risques *« pondérés »*
Etat : Risque à 0 %
Banques : Risque à 20 %
Crédit immobilier : Risque à 50 %
Autres crédits : Risque à 100 %

L'accord de Bâle de 1988 a été jugé insuffisant pour plusieurs raisons.

La première est que le risque bancaire a été mal apprécié puisque limité au seul risque de crédit et, depuis 1996, aux risques de marché.

La deuxième est liée à la mesure du risque insuffisamment affiné : pondération uniforme des entreprises à 100 %, même si elles étaient dotées de toutes les garanties et bien notées alors que certains États de l'OCDE, pourtant pondérés à 0 %, ont pu se révéler risqués.

La troisième est liée à la grille des pondérations rigides car ne prenant pas en compte les techniques de réduction des risques (garanties).

En définitive, Bâle 2 prend en compte le risque de crédit, le risque de marché et le risque opérationnel.

On appelle *risque de crédit*, le risque qui correspond à l'incertitude relative à la possibilité (ou à la volonté) d'un débiteur de rembourser tout ou une partie de son crédit à son créancier, et ce, aux échéances prévues par les contrats. En réalité, dès lors qu'un paiement est attendu de la part d'une contrepartie ou d'un client, il existe un risque de crédit. Pour une banque ou une entreprise, le risque de crédit s'incarne donc dans la probabilité de subir des pertes financières suite au défaut de remboursement d'un emprunteur.

Quant au *risque de marché ou de prix*, c'est le risque de perte qui peut résulter des fluctuations des prix des instruments financiers qui composent un portefeuille. Le risque peut porter sur le cours des actions, les taux d'intérêt, les taux de change, les cours des matières premières, etc.

Concernant *le risque opérationnel* pour les établissements financiers, il se définit comme le risque de pertes directes ou indirectes dues à une inadéquation ou à une défaillance des procédures de l'établissement (analyse ou contrôle absent ou incomplet, procédure non sécurisée), de son personnel (erreur, malveillance et fraude), des systèmes internes (panne de l'informatique…) et des risques externes (inondation, incendie…).

Les accords de Bâle 2 définissent ainsi un nouveau ratio de solvabilité bancaire, dit ratio *« MacDonough »,* fondé sur le même principe que le ratio « *COOKE* ». Il se définit de la façon suivante :

$$MacDonough = \frac{Fonds\ propres\ réglementaires}{Risque\ de\ crédit + risque\ de\ marché + risque\ opérationnel} \geq 8\ \%$$

Ce ratio affine le précédent en imposant aux établissements de crédit de détenir un niveau de fonds propres minimum davantage en adéquation avec l'ensemble des risques encourus. Mais, Bâle 2 présente des défauts et insuffisances. Du fait de la sensibilité aux risques, Bâle 2 est une réglementation procyclique (moins de fonds propres quand la situation est bonne, plus de fonds propres quand la situation se détériore avec des capitaux rares et chers). En outre, même si Bâle 2 a introduit le Pilier 2, la norme de Bâle n'est qu'une norme de capital alors que les risques ne se limitent pas aux questions de capital.

La crise financière de 2007/2008 a mis en évidence le fait que les fonds propres des institutions financières étaient insuffisants ou de mauvaise qualité. Certains risques avaient été peu ou mal identifiés, et ce, pour trois raisons :

- la complexification des opérations réalisées sur les marchés financiers (produits structurés, titrisation) ;
- la défaillance du contrôle interne et de la gouvernance des établissements bancaires (dans de nombreux cas) ;
- les insuffisances du contrôle exercé par les régulateurs dans un univers où on faisait sans doute excessivement confiance à l'autorégulation.

Les banques n'ont pas su apprécier correctement les risques qu'elles prenaient de sorte que leur niveau de fonds propres s'est retrouvé en inadéquation avec la réalité des risques figurant à leur bilan ou dans leur hors-bilan.

Le système bancaire s'est ainsi trouvé dans l'incapacité d'absorber ses pertes sur les activités de négociation et de crédit, pertes qui ont alors pris une dimension systémique. En outre, beaucoup d'établissements, qui avaient délaissé la gestion de leur risque de liquidité, ont été confrontés à de vives tensions lorsque le marché monétaire s'est brutalement bloqué, obligeant les banques centrales à intervenir pour assurer son bon fonctionnement et parfois pour soutenir certaines banques.

On est arrivé le 12 septembre 2010 à Bâle 3 avec des règles prudentielles renforcées. Cet accord a pour objectif de renforcer la solidité du secteur bancaire afin de tirer les leçons de la crise financière de 2008. Il fait suite aux accords de Bâle 1 (1988) et Bâle 2 (2004). Compte tenu de l'ampleur et de la rapidité avec laquelle la crise financière s'est propagée à travers le monde et du caractère par nature imprévisible des crises, il est apparu essentiel que tous les pays renforcent la capacité de résistance de leur secteur bancaire. Ces accords instaurent plusieurs mesures visant à réformer en profondeur le dispositif prudentiel international. Ils tirent les conséquences des insuffisances de la réglementation de Bâle 2 et imposent un renforcement des normes en matière de solvabilité et de liquidité bancaire.

Concrètement, les banques doivent maîtriser leurs principaux risques. Il s'agit notamment du risque de solvabilité et du risque de liquidité :

- la solvabilité d'une banque signifie que ce qu'elle possède (ses actifs) est supérieur à ce qu'elle doit (à ses clients, ses fournisseurs : ce sont ses dettes ou son passif). Et cela à court, moyen et long terme. Une condition pour être durablement solvable est que la banque soit rentable. Mais il y a d'autres exigences ;
- la liquidité d'une banque, c'est sa capacité à pouvoir avoir tous les jours la trésorerie nécessaire pour payer ce qu'elle doit et respecter ses échéances.

2.3. La stabilité économique

La stabilisation du cycle conjoncturel est le domaine par excellence des arbitrages et des dilemmes sur les mesures à prendre. Tant que la dynamique des prix est en phase avec le cycle conjoncturel, la politique monétaire est contracyclique. Heureusement, c'est le cas la plupart du temps, les chocs de demande ayant tendance à prédominer. Cela étant, la politique monétaire n'est pas la seule politique de stabilisation. La politique budgétaire est également très active, ce qui soulève la question, tout à fait d'actualité, de la congruence entre politique monétaire et politique budgétaire.

Tant que les perspectives d'inflation demeurent trop faibles au regard de l'objectif d'inflation de la banque centrale, des politiques monétaires et budgétaires accommodantes peuvent être congruentes sans aucune coordination formelle. Cela correspond, de toute évidence, à la description du dosage entre politique monétaire et politique budgétaire (*policy-mix*) à l'heure actuelle. En outre, dans un contexte où les taux d'intérêt sont bas, la politique budgétaire est plus efficace et accroît sa marge de manœuvre grâce à l'orientation accommodante fournie par la banque centrale. À leur tour, les effets de la politique monétaire, qui est contrainte par le plancher effectif des taux d'intérêt (*effective lower bound, ELB*), sont renforcés par la politique budgétaire, qui devient aujourd'hui l'un de ses principaux *« canaux de transmission »*.

Mais à long terme et dans les années à venir, le risque le plus important est bien sûr que la politique monétaire se retrouve subordonnée à la politique budgétaire. Si l'inflation réapparaît, alors les banques centrales devront être en mesure de normaliser l'orientation de leur politique monétaire et d'augmenter les taux d'intérêt appliqués à la dette. Agir trop tard ou trop peu, par *court-termisme* ou pour des raisons politiques, peut s'avérer très coûteux pour les taux d'intérêt à long terme et l'inflation.

La meilleure manière de renforcer l'adéquation actuelle du *policy-mix,* tout en prévenant le risque d'une future domination budgétaire, consiste à établir des fonctions de réaction claires et crédibles pour les politiques monétaires et budgétaires.

Pour la banque centrale, le mandat fournit un guide clair. Des indications prospectives (*forward guidance*) seront bien sûr très utiles dans ce processus pour assurer une sortie harmonieuse et prévisible.

Pour les gouvernements, les engagements en matière de politique économique et les indications prospectives sont perçus comme moins crédibles en raison du problème bien connu de l'incohérence temporelle. Une voie plus appropriée consisterait à conserver des règles budgétaires qui ancrent la trajectoire à moyen terme de la dette publique.

Parmi les trois stabilités, l'histoire du franc CFA rime avec la stabilité monétaire. En effet, en Zone Franc, les banques centrales ont pour seul objectif la stabilité des prix en cherchant à contenir l'inflation. La politique monétaire menée ne favorise nullement la croissance économique et la création d'emplois, ralentissant ainsi le développement économique. Quand bien même, ce chapitre avait pour objectif de présenter les trois stabilités recherchées par la politique monétaire, il convient de dire un mot sur la manière dont on peut conduire la politique monétaire de la future monnaie ECO, dont nous appelons de tous nos vœux. Le ciblage d'inflation doit être préféré au ciblage monétaire. En effet, l'opposition entre le ciblage d'inflation et le ciblage monétaire recoupe des divergences théoriques profondes sur le statut de la monnaie. Le ciblage de la quantité de monnaie utilise les agrégats monétaires comme une cible intermédiaire pour atteindre l'objectif final de stabilité des prix. Sur le plan théorique, les fondements monétaristes de cette politique reposent sur l'hypothèse d'un lien étroit entre la masse monétaire et l'inflation. Or, la libéralisation financière a profondément modifié, et ce de façon considérable, la vitesse de circulation de la monnaie, rendant ainsi l'objectif intermédiaire de croissance de la masse monétaire insuffisant pour assurer la stabilité des prix. A l'opposé, le ciblage d'inflation reste avant tout une réponse pragmatique des banques centrales à leur mission de stabilité des prix. Aujourd'hui, la banque centrale ne dispose pour l'essentiel que de la maîtrise du taux d'intérêt directeur pour orienter l'ensemble de la courbe des taux d'intérêt. D'ailleurs, les banques centrales des économies émergentes ont eu un engouement croissant pour le ciblage d'inflation. La principale explication réside dans les difficultés grandissantes rencontrées par les autorités monétaires de ces pays dans la conduite de leur politique monétaire et de change, nombre de ces pays ayant connu une crise de change ou des périodes de forte inflation. Le ciblage d'inflation leur apparaissait alors la solution la plus à même de restaurer relativement rapidement la crédibilité de leur politique monétaire et de contenir efficacement les tensions inflationnistes.

Une stratégie de ciblage de l'inflation consiste pour une banque centrale à annoncer une cible d'inflation et un cadre d'application de la politique monétaire. Cette dernière repose sur trois caractéristiques principales.

Il s'agit, tout d'abord, d'assigner à la banque centrale un objectif chiffré d'inflation, ainsi qu'un horizon précis pour la réalisation de cet objectif. Ce dernier prend généralement la forme d'une fourchette cible, dont la largeur peut être plus ou moins importante suivant les banques centrales. Ensuite, comme son nom l'indique, une stratégie de ciblage d'inflation repose sur l'idée que la banque centrale abandonne tout objectif intermédiaire explicite, tel que les agrégats monétaires, et cible directement l'inflation.

Enfin, la banque centrale est responsable de la réalisation de l'objectif d'inflation. Elle doit en effet rendre compte de son action, en ce sens qu'elle doit s'expliquer sur les écarts observés a posteriori entre ses prévisions d'inflation et les réalisations, et indiquer les remèdes envisagés en cas de non-réalisation de l'objectif d'inflation qui lui a été assigné. C'est un devoir de transparence pour la banque centrale qui est au cœur de la politique de ciblage d'inflation, contribuant ainsi à réduire l'incertitude sur les orientations futures de la politique monétaire. Ce devoir de transparence renforce la crédibilité et la responsabilité de la banque centrale.

Mais pour permettre à une banque centrale de conduire efficacement une politique de ciblage d'inflation, les économistes exigent qu'un certain nombre de prérequis soient satisfaits. Ces prérequis, qui peuvent être internes ou externes à l'institut d'émission, peuvent être classés en deux grandes catégories : les conditions macroéconomiques et financières et les conditions institutionnelles.

Au niveau des conditions macroéconomiques et financières, il convient d'avoir :

i) une politique budgétaire saine,
ii) un système bancaire et financier développé et
iii) un niveau d'inflation relativement faible.

Au niveau des préconditions institutionnelles à l'adoption du ciblage d'inflation, il faut :

i) l'indépendance de la banque centrale,
ii) la flexibilité du régime de change.

Ce sont là, les conditions à remplir pour que la banque centrale mène efficacement sa politique de ciblage d'inflation.

CHAPITRE 5 : LA POLITIQUE MONÉTAIRE EXPANSIONNISTE : LE RÔLE DU RÉGIME DE CHANGE

Choisir la politique monétaire comme instrument de stabilisation des prix, c'est reconnaître que la monnaie influence les variables nominales, en particulier le niveau général des prix. Cependant, la politique monétaire est également utilisée comme moyen de régulation de l'activité économique. En particulier, dans les travaux de la synthèse néo-classique, la monnaie affecte le produit, les prix et les salaires nominaux s'ajustant avec retard selon une dynamique décrite par la courbe de PHILLIPS. Jusqu'à la fin des années 70, les divers courants théoriques se rejoignent pour accorder à la monnaie une influence à court terme sur l'activité économique. Dans les lignes qui suivent, nous cherchons à savoir si la réponse de l'activité économique à un changement monétaire dépend du régime de change.

I. L'ENDOGÉNÉITÉ DES VARIABLES MONÉTAIRES EN RÉGIME DE CHANGE FIXE ET DE LIBERTÉ DES CHANGES : LES ENSEIGNEMENTS DU MODÈLE MUNDELL-FLEMMING

L'étude de l'efficacité de la politique monétaire de relance a pu se cantonner dans un modèle d'économie fermée, tant que la question était posée pour les économies financièrement dominante comme celle des Etats-Unis ou pour les économies européennes, tant qu'elles furent à l'abri d'un contrôle strict des changes.

Rappelons-nous que la reconstruction des économies européennes et l'amélioration de leur capacité concurrentielle leur ont permis de rétablir, à la fin des années 50, « *la convertibilité externe* » de leur monnaie. Cette convertibilité comportait, certes, deux sortes de restrictions dont l'une relative à la nature des opérations de change, puisque la liberté n'existait que pour les opérations courantes et non les opérations en capital, et l'autre relative à la qualité de l'opérateur, puisque seuls les non-résidents n'avaient pas à se justifier du motif de la conversion de la monnaie nationale en devises. Ces restrictions à la liberté de change seront progressivement levées dans les différents pays européens. En France, par exemple, la liberté des changes devient légalement le régime normal en 1967, et le contrôle des changes, l'exception.

Cet assouplissement progressif du contrôle des changes, issu de la dernière guerre, explique qu'au début des années 60 deux auteurs, Marcus FLEMMING et Robert MUNDELL, aient simultanément introduit le régime des changes dans l'étude de l'efficacité relative de la politique monétaire et de la politique budgétaire, en distinguant le régime de change fixe où, du fait de l'intervention des banques centrales sur le marché des changes, le cours de la monnaie demeure proche de sa parité officielle, et le régime de change flottant, où le cours de change de la monnaie se détermine en fonction de l'offre et de la demande sur le marché des changes. En effet, le choix entre ces deux régimes de changes n'affecte l'efficacité relative de la politique monétaire et de la politique budgétaire que s'il existe une certaine mobilité internationale des capitaux.

1.1. Le modèle IS-LM en économie ouverte

L'analyse de MUNDELL-FLEMMING a été présentée dans le cadre du modèle IS-LM dans tous les manuels de macroéconomie. Le modèle IS-LM (HICKS, 1937) représente la première formalisation mathématique des idées de KEYNES. En avril 1937, John HICKS publie un article dans la revue *Econometrica* intitulé « *Keynes and the classics : a suggested interpretation* » (Keynes et les classiques : une interprétation possible), dans lequel il explique le modèle IS-LM, son interprétation de la Théorie Générale (TG). L'article de HICKS tente de faire une synthèse des analyses keynésiennes et classiques. HANSEN reprendra et diffusera l'idée plus tard, en 1952, dans son livre « *Théorie Monétaire et Politique Fiscale* ».

Le modèle IS-LM est considéré comme une version formalisée des idées de Keynes, une représentation algébrique et graphique d'un certain nombre de relations posées plus ou moins explicitement par Keynes dans la TG. Cependant, certains keynésiens réfutent cette idée de synthèse dont ils nient le caractère keynésien. Ainsi, le débat autour du modèle IS-LM reflète celui sur l'interprétation de la TG. Il repose sur deux conditions d'équilibre :

- l'équilibre sur le marché des biens, qui est un équilibre de sous-emploi ;

- l'équilibre sur le marché de la monnaie, qui est réalisé par l'ajustement du taux d'intérêt nominal.

On obtient l'équilibre sur le marché des biens, c'est-à-dire la courbe IS de la façon suivante.

La production est déterminée par la demande, qui est la somme de trois composantes : la consommation des ménages (C); l'investissement des entreprises (I) et les dépenses du gouvernement en biens et services (G) : Soit Y le PIB. Cet équilibre s'écrit de la manière suivante :

$$Y = I + C + G \qquad (1)$$

Cette équation coïncide avec l'identité fondamentale de la comptabilité nationale qui stipule que la somme des dépenses est toujours égale à la somme des revenus. Mais dans le cadre de l'analyse keynésienne, cette identité a une interprétation comportementale : les producteurs ne peuvent vendre que la demande qui leur est adressée. En particulier, les prix ne s'ajustent pas à la baisse lorsque cette demande est inférieure à leurs plans de production et celle-ci dépend du comportement des consommateurs, des investisseurs et du gouvernement. Ces comportements sont à leur tour représentés par une « *fonction de consommation* » et une « *fonction d'investissement* », tandis que G est généralement considéré comme exogène. Une fonction de consommation « *keynésienne* » typique est :

$$C = mY + c_0$$

Elle suppose simplement que les agents consomment d'autant plus que leur revenu est élevé. Le paramètre m décrit l'effet d'un franc CFA de revenu supplémentaire sur la consommation et on l'appelle traditionnellement propension marginale à consommer. On suppose traditionnellement que $0 < m < 1$; c'est-à-dire que les consommateurs épargnent une fraction constante et positive de leurs revenus supplémentaires. Une fonction d'investissement « *keynésienne* » simplifiée repose sur l'idée qu'il existe un lien positif entre le coût d'usage du capital et le taux d'intérêt de sorte que l'investissement est une fonction décroissante de ce dernier. Soit i le taux d'intérêt, alors

$I = f(i)$; avec $f' < 0$

Avec ces deux hypothèses comportementales et le fait que G est exogène, la relation (1) détermine le niveau d'activité de manière unique en fonction du taux d'intérêt :

$$Y = \frac{f(i) + G + c_0}{1 - m}. \qquad (2)$$

Cette relation entre taux d'intérêt et PIB est décroissante et est appelée « *courbe IS* ». De plus, elle rend compte d'un certain nombre d'intuitions keynésiennes. Ainsi :

- $dY = dG = 1/(1- m) > 0$. Une hausse des dépenses publiques de 1 FCFA augmente le PIB de plus de 1 FCFA. C'est le multiplicateur keynésien. Il est égal à $1/(1- m)$, et donc d'autant plus élevé que la propension marginale à consommer m est élevée.
- $dY = dc_0 > 0$. Lorsque c_0 baisse, les ménages tentent d'épargner plus à revenu donné, mais cela réduit la demande et donc le revenu national Y. Et même, à cause du multiplicateur, l'épargne nette des ménages est inchangée à l'équilibre. En effet, celle-ci est égale à :

$$S = Y - C = (1 - m)Y - c_0 = f(i) + G.$$

L'effet de la baisse du revenu sur l'épargne compense exactement celui de la baisse de c_0 : on retrouve là le paradoxe de l'épargne.

Enfin, une hausse de l'optimisme des investisseurs se traduira par une hausse de la valeur de f (i) pour toute valeur de i ; ce qui augmente Y. L'équation IS rend donc compte des *animal spirits*. Cependant, elle ne nous dit pas si ces anticipations optimistes sont fondées ou pas.

Le modèle classique et l'ajustement par les taux d'intérêt réels peut être également présenté pour compléter le modèle initial. En effet, il est intéressant de comparer cette détermination du PIB avec l'approche « *classique* ». Celle-ci ne remet évidemment pas en cause l'équation (1) puisque c'est une identité. Mais, elle considère qu'elle est satisfaite au plein-emploi grâce à l'ajustement des taux d'intérêts réels. Soit Y^* le niveau du PIB de plein-emploi. Alors, selon le modèle classique, le taux d'intérêt i s'ajuste de sorte que l'équation (2) est satisfaite au plein-emploi, c'est-à-dire :

$$Y^* = \frac{f(i) + G + c_0}{1 - m}. \qquad (3)$$

L'unique valeur de i solution de (3) est le taux d'intérêt réel d'équilibre de plein-emploi. Selon l'approche classique, le taux d'intérêt s'ajuste pour réaliser (3) à travers l'équilibre sur le marché des fonds prêtables. En effet, l'équation (1) signifie non seulement que le revenu national est égal à la somme des dépenses, mais aussi, de façon concomitante, que l'épargne est égale à l'investissement. En effet, soit T le montant des impôts versés par les ménages à l'État. Leur revenu disponible est égal à Y-T et leur épargne à Y-T-C. L'épargne de l'État est égale à T-G, de sorte que l'épargne nationale est égale à :

$$S = Y - C - G,$$

qui doit effectivement être égale à I selon (1).

Selon la théorie des fonds prêtables, les consommateurs essayent de placer leur épargne S sur les marchés financiers (dits des fonds prêtables) et les entreprises empruntent leur investissement I sur ces mêmes marchés. Le taux d'intérêt réel d'équilibre est celui qui réalise l'équilibre entre l'offre et la demande sur le marché des fonds prêtables, soit précisément S = I.

Cependant, jusqu'à présent, notre raisonnement n'implique nullement que l'égalité entre S et I se réalise au niveau du plein-emploi. Un équilibre de sous-emploi tel que $Y < Y^*$ et qui satisfait à l'équation (2) satisfait également, par construction, à (1). On a donc S = I dans cet équilibre et il n'y a *a priori* aucune force pour ramener I vers le niveau de plein-emploi. Cet argument invalide-t-il la doctrine classique des fonds prêtables ? Pas nécessairement. L'identité (1) relie entre elles les valeurs réalisées de I, C, G et Y, mais pas forcément les valeurs désirées. De fait, si $Y < Y^*$ alors la production de biens Y diffère de l'offre désirée Y^*. De même, l'égalité S = I signifie que l'épargne et l'investissement réalisés sont égaux, ce qui n'implique pas que ce soit le cas pour leurs valeurs désirées. En particulier, si l'épargne désirée excède l'investissement, alors on s'attend à ce que les taux d'intérêt baissent, ce qui ramènera l'économie à l'équilibre de plein-emploi.

La difficulté conceptuelle est la suivante. Si l'identité (1) est satisfaite à un niveau de sous-emploi $Y < Y^*$ de sorte que la production de biens est inférieure à la production désirée, alors doit-on considérer qu'il y a excès d'offre d'épargne sur le marché des fonds prêtables ou pas ?

Dans le premier cas, on s'attend à une baisse du taux d'intérêt qui finit par ramener I et donc Y à leur niveau d'équilibre de plein-emploi.

Dans le second cas, il n'y a aucune force d'ajustement qui tendrait à sortir l'économie de son équilibre de sous-emploi.

Or, tout élément de réponse à cette question repose sur la manière dont on définit l'épargne désirée. Si les agents prennent comme donné leur revenu Y et que celui-ci satisfait l'équation (2), alors par construction, la quantité qu'ils désirent épargner, $Y(1-m)-c_0$, est précisément égale à l'investissement $I(i)$ et il n'y a pas de déséquilibre sur le marché des fonds prêtables. En revanche, si l'on considère que, de même que les agents tentent de produire plus que la demande agrégée, ils tentent simultanément d'épargner le montant correspondant à ce que seraient leurs revenus en situation de plein-emploi, alors il y a bien excès d'offre d'épargne sur le marché des biens et les taux d'intérêts tendraient à baisser. Comme l'épargne désirée n'a qu'une réalité psychologique, c'est-à-dire elle ne correspond à aucune quantité observable dans notre modèle, il n'existe aucun critère pratique permettant de décider entre ces deux hypothèses.

Concernant l'équilibre sur le marché de la monnaie, c'est-à-dire la courbe LM, il convient de noter que l'équation (2) ne nous dit pas quel sera le taux d'intérêt d'équilibre. Pour que le modèle soit clos, il doit comporter autant d'équations que d'inconnues, c'est-à-dire de variables endogènes. Sachant que C et I ne dépendent que de Y et i, et que G est exogène, le système peut être réduit à deux variables endogènes : Y et i. Il nous manque donc une relation entre Y et i ; et celle-ci est donnée par l'équilibre sur le marché de la monnaie. L'idée est que l'offre de monnaie est déterminée par la quantité de monnaie en circulation M, elle-même fixée par la banque centrale. La demande de monnaie est supposée être une fonction décroissante du taux d'intérêt i. Ici, l'idée fondamentale est que le taux d'intérêt est le coût d'opportunité de la détention de monnaie. En effet, la monnaie ne rapporte pas d'intérêt alors que les actifs financiers rapportent i. Détenir une partie de son portefeuille sous forme de monnaie suppose donc un manque à gagner par unité de temps égal à i multiplié par le montant de ces encaisses. On supposera donc que la demande de monnaie est égale à Y $g(i)$; avec $g' < 0$. Cette demande est proportionnelle à Y parce que la monnaie est un moyen d'échange et que, toutes choses égales par ailleurs, la quantité de monnaie nécessaire pour effectuer un certain volume de transactions est naturellement proportionnelle à ce volume. L'équation LM nous dit que le taux d'intérêt i réalise l'équilibre sur le marché de la monnaie :

$$M = Yg(i).$$

Cette équation définit une relation positive entre Y et *i* et est appelée courbe LM. La détermination jointe de Y et de *i* est obtenue par l'intersection de la courbe IS avec la courbe LM, selon le célèbre « *diagramme IS-LM* » (Figure 6).

Le modèle IS-LM rend compte de l'idée fondamentale de KEYNES selon laquelle la « *préférence pour la liquidité* » joue un rôle important dans le sous-emploi. Supposons en effet que :

Y > Y = C+I +G

mais qu'il y ait équilibre sur le marché de la monnaie. Dans une telle situation de déséquilibre, selon le raisonnement classique, il y a excès d'offre sur le marché des fonds prêtables puisque l'épargne désirée excède l'investissement.

Figure 6 : le diagramme IS-LM

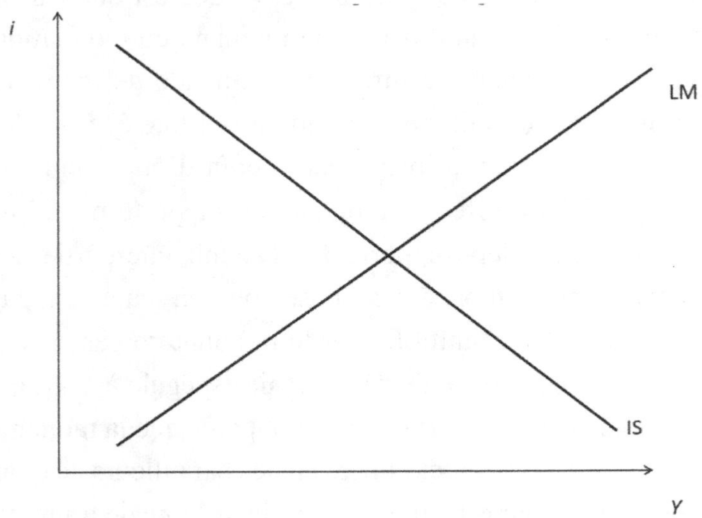

On s'attendrait donc à ce que *i* baisse. Cependant, une baisse marginale de *i* incite les consommateurs à réallouer leurs actifs en faveur de la monnaie, ce qui n'est pas possible étant donné le niveau de l'offre de monnaie. Comme les taux d'intérêt ne baissent pas, le déséquilibre sur le marché des fonds prêtables ne se résorbe que parce que le revenu national Y baisse, les producteurs étant incapables d'écouler leurs productions au niveau du plein-emploi.

À partir de cette courbe LM, il est possible de faire une analyse de la politique monétaire. En effet, une hausse de l'offre de monnaie conduit, toutes choses égales par ailleurs, à une diminution du taux d'intérêt. Or, pour un niveau de taux d'intérêt plus faible, l'investissement et la consommation sont stimulés, ce qui permet d'atteindre un niveau de production d'équilibre plus élevé. La politique monétaire reste cependant limitée par la barrière des taux zéro et, même avant cette barrière, par le risque de trappe à liquidité.

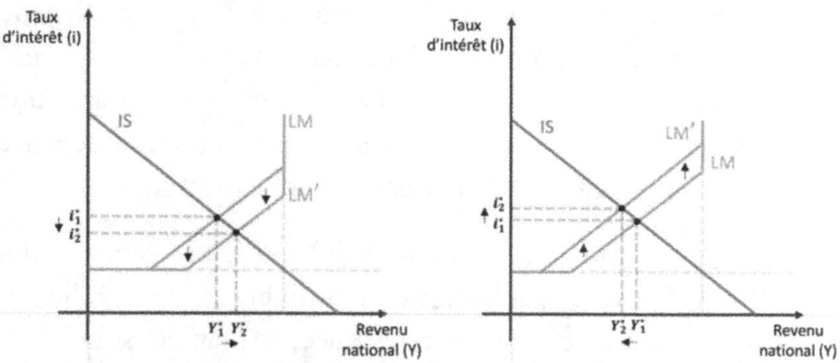

Politique monétaire expansionniste

Politique monétaire restrictive

Le modèle IS-LM est un outil simple permettant d'estimer les effets des différentes politiques conjoncturelles. Il fut notamment la matrice de justification des politiques économiques durant les *Trente Glorieuses*. Cependant, un tel modèle reste tributaire de ses hypothèses. Il s'agit d'un modèle de court terme et il ne permet donc pas de visualiser les effets néfastes à long terme d'une hausse des taux d'intérêt. De plus, puisque les prix sont supposés rigides, le modèle IS-LM néglige les phénomènes inflationnistes générés par les politiques économiques expansives. Enfin, étant fondé sur un raisonnement en économie fermée, le modèle ne permet pas d'analyser les conséquences de ces politiques sur la structure de la balance des paiements et sur le taux de change de la devise nationale. Le modèle AS-AD permet d'intégrer l'analyse des effets inflationnistes à l'étude des politiques économiques et le modèle IS-LM-BP enrichit le modèle IS-LM en permettant l'analyse des politiques conjoncturelles dans le cadre d'économies ouvertes.

L'extension de ce modèle à une économie ouverte sur l'extérieur a entraîné trois modifications du modèle initial.

En premier lieu, les importations et les exportations de biens et de services ont été incluses dans l'équation du marché des biens. Le modèle étant à prix fixes, en régime de change fixe, les importations ne dépendent que du revenu (les prix relatifs nationaux et étrangers étant constants) et les exportations peuvent être considérées comme exogènes. Dans ces conditions, la pente de la droite IS augmente (en fonction de la propension à importer) et l'ordonné à l'origine dépend désormais du niveau des exportations. Une augmentation de la dépense autonome exerce un effet expansionniste moindre que dans une économie fermée puisqu'une partie de l'accroissement de la dépense fuit à l'étranger sous la forme d'importations supplémentaires.

En second lieu, une nouvelle équation a été introduite représentant l'équilibre de la balance des paiements ou l'équilibre sur le marché des devises. La balance des paiements est constituée, de manière simplifiée, des importations et exportations et des mouvements internationaux de capitaux. Ceux-ci dépendent du rendement attendu des actifs financiers nationaux et étrangers. Dans le modèle, il est supposé qu'il n'y a pas d'anticipation de variation du taux de change, ce qui peut se concevoir dans un régime de change fixe, mais est plus discutable lorsque le taux de change est flottant. Dans ces conditions, les mouvements de capitaux sont fonction uniquement des taux d'intérêt relatifs, nationaux et étrangers. Si l'élasticité des mouvements de capitaux aux taux d'intérêt relatifs est infinie, il y aura égalité permanente des taux d'intérêt nationaux et étrangers. On considère alors que la mobilité des capitaux est parfaite. Pour qu'il en soit ainsi, il ne suffit pas que la convertibilité de la monnaie nationale soit totale (c'est-à-dire qu'il n'y ait aucun obstacle règlementaire aux opérations de change). Il convient simultanément que la substituabilité des actifs financiers nationaux et étrangers soit totale parce qu'ils comportent les mêmes risques. L'hypothèse de mobilité parfaite des capitaux est une hypothèse extrême. La droite correspondant à l'équilibre de la balance des paiements est alors horizontale.

En troisième lieu, le modèle implique de prendre en compte, en régime de change fixe, l'impact du solde de la balance des paiements sur la création monétaire. En effet, en régime de change fixe, la banque centrale intervient sur le marché des changes afin de limiter les fluctuations du cours de la monnaie nationale autour de la parité officiellement définie. Un excèdent de la balance des paiements se traduit par un achat de devises et donc par une augmentation de la masse monétaire et inversement.

Afin de mettre en lumière le rôle de la mobilité internationale des capitaux, nous raisonnerons d'abord en l'absence de mouvements de capitaux. Ensuite, nous le ferons dans l'hypothèse inverse extrême d'une mobilité parfaite. Enfin, nous comparerons dans ces deux hypothèses, l'efficacité attendue des politiques monétaires et budgétaires de relance.

1.2. Le rôle de la mobilité internationale des capitaux

Nous présentons ici successivement deux cas possibles : le premier où on a une absence de mouvements internationaux de capitaux et le second où on a des mouvements internationaux de capitaux.

a) En l'absence de mouvements internationaux de capitaux

Selon le modèle HICKS-HANSEN, une politique monétaire expansionniste abaisse le taux d'intérêt, stimule l'investissement et provoque une détérioration de la balance commerciale. De même, la politique budgétaire, en augmentant les dépenses publiques ou en réduisant les impôts, provoque une expansion du revenu qui entraîne une hausse du taux d'intérêt et un déficit de la balance commerciale. La variation du taux d'intérêt, à la baisse dans le cas de la politique monétaire expansionniste, à la hausse dans celui de la politique budgétaire expansionniste, est ici sans effet sur la balance des capitaux. Le solde de la balance des paiements n'est affecté que par la détérioration de la balance commerciale, ce qui se traduit, en régime de change fixe, par une perte de réserves extérieures pour la banque centrale. Cette perte, voire la diminution de la masse monétaire qu'elle engendre, demeure limitée au déficit de la balance commerciale. La banque centrale peut neutraliser cet effet sur la masse monétaire en augmentant ses achats de titres à *l'open market*. La politique expansionniste (monétaire ou budgétaire) peut se poursuivre tant que la banque centrale conserve des réserves en devises.

b) En présence de mouvements internationaux de capitaux

Supposons, comme précédemment, une politique d'expansion monétaire. La baisse du taux d'intérêt est désormais contrariée par les sorties de capitaux qui entraînent un déficit de la balance des paiements. En régime de change fixe, ce déficit se traduit par des ventes de devises par la banque centrale sur le marché de changes, et le processus se poursuit jusqu'au moment où le déficit extérieur cumulé est égal à la création de la monnaie centrale et où la masse monétaire est revenue à son niveau initial. Si la banque centrale neutralise l'effet de ses ventes de devises sur la masse monétaire en augmentant ses achats à *l'open market*, alors le déficit extérieur s'accroît et la banque centrale doit nécessairement arrêter cette neutralisation en raison de l'épuisement de ses réserves. En l'absence d'une baisse du taux de l'intérêt déterminé dans ce modèle par les taux d'intérêt étrangers, l'effet de la politique monétaire sur le revenu est nul. Le seul impact de la politique monétaire porte sur la structure des contreparties de la masse monétaire.

Il faut toutefois noter que l'indépendance totale du revenu vis-à-vis de la politique monétaire n'est valable que pour les petits pays. Si le pays considéré a un poids important dans l'économie mondiale, alors sa politique monétaire contribue à déterminer la masse monétaire mondiale, et donc le niveau international des taux d'intérêt et des prix, ainsi que les revenus nationaux.

Les conséquences de la mobilité des capitaux sur l'efficacité de la politique budgétaire sont inverses. En régime de change fixe, un accroissement des dépenses publiques provoque effectivement un accroissement du revenu tempéré normalement par l'accroissement des recettes fiscales et des importations. La hausse du taux d'intérêt, induite par l'accroissement du revenu et de la demande de monnaie, est désormais empêchée par les entrées de capitaux. Ces entrées provoquent une amélioration de la balance des paiements, une augmentation des réserves extérieures de la banque centrale et une création monétaire qui satisfait la demande d'encaisses supplémentaires induite par l'accroissement du revenu. Ainsi, disparaît le phénomène d'éviction de la dépense privée lié à la hausse du taux d'intérêt, qui réduit l'efficacité de la politique budgétaire. La mobilité internationale des capitaux accroît donc l'efficacité de la politique budgétaire en régime de change fixe. Cette analyse a renforcé la conviction des keynésiens que, pour lutter contre le chômage involontaire, il faut compter sur la politique budgétaire plutôt que sur la politique monétaire. Mais, elle conduit aussi à s'interroger sur les moyens d'accroître l'efficacité de la politique monétaire, autrement dit, son autonomie vis-à-vis de l'étranger.

1.3. Les moyens d'accroître l'autonomie de la politique monétaire

KEYNES lui-même a longuement étudié les moyens de rendre aux banques centrales, en régime d'étalon-or, une certaine autonomie de leur politique. Il évoque successivement des restrictions fiscales ou de change aux mouvements de capitaux, l'acceptation par les banques centrales d'amples fluctuations de leurs réserves d'or renforcées par des emprunts entre elles. KEYNES évoque également une certaine flexibilité des changes grâce à un élargissement des points d'entrée et de sortie de l'or par un écart entre son prix d'achat et son prix de vente par les banques centrales et une intervention de celles-ci sur les marchés de changes à terme.

Si la mobilité des capitaux est imparfaite, alors la banque centrale peut, au moins temporairement, stériliser par la politique du crédit, l'effet des variations des réserves extérieures sur la création monétaire et avoir ainsi une politique monétaire conjoncturelle autonome. Une expansion du crédit (compensant la diminution des réserves) accroît le déficit extérieur et accentue la perte de réserves ; et inversement dans le cas d'une politique restrictive de crédit. La politique de stérilisation des variations des réserves rencontre donc une double limite théorique : l'épuisement des réserves extérieures, dans le cas d'une politique monétaire expansionniste, et la disparition des refinancements de crédits à l'économie au bilan de la banque centrale, dans le cas d'une politique restrictive. A l'intérieur de ces limites, la durée de la stérilisation dépend de la vitesse d'ajustement de la balance des paiements aux variations de la politique monétaire. Celle-ci résulte du modèle de la propension marginale à importer et de l'élasticité des mouvements de capitaux au taux d'intérêt ; autrement dit, de l'ouverture de l'économie sur l'extérieur. À l'heure actuelle, peu d'économistes sont favorables à une politique de restriction de la liberté des échanges commerciaux ou financiers.

Une autre solution est l'abandon de la fixité du taux de change que, dès 1950, Milton FRIEDMAN avait préconisé. Cependant, le flottement effectif des grandes monnaies a montré que la réalité était plus complexe que la théorie avait pu *a priori* l'imaginer. La flexibilité des taux de change, qui avait été pressentie comme une condition, voire un garant de l'efficacité de la politique monétaire, est venue renforcer le pessimisme des économistes quant à cette efficacité.

1.4. Le flottement des monnaies : une fausse solution?

En utilisant le modèle IS-LM en économie ouverte, MUNDELL et FLEMMING ont montré que la flexibilité des taux de change pourrait rendre son efficacité à la politique monétaire tout en annulant celle de la politique budgétaire. Rappelons que ce modèle suppose qu'il n'y a pas d'anticipation de variation du taux de change, hypothèse très restrictive qu'il a bien fallu par la suite abandonner.

a) Le modèle théorique

Si l'on raisonne en l'absence de mouvements des capitaux, alors le passage d'un régime de change fixe à un régime de change flottant accroît, en théorie, l'efficacité de la politique expansionniste, qu'elle soit monétaire ou budgétaire puisque la banque centrale n'a plus besoin de neutraliser l'effet de la perte de réserves sur la masse monétaire. L'augmentation des importations, induite par l'expansion du revenu, au lieu de se traduire par une perte de réserves, entraîne une dépréciation de la monnaie nationale vis-à-vis des monnaies étrangères. Cette dépréciation tend à rétablir l'équilibre de la balance commerciale en améliorant la compétitivité de l'économie nationale vis-à-vis de l'étranger. La variation du taux de change évite ainsi qu'une partie de l'effet expansionniste de la politique monétaire ou de la politique budgétaire ne fuit à l'étranger. Elle en accroît donc l'efficacité. Mais simultanément, le risque inflationniste de cette politique expansionniste est accru puisque la dépréciation de la monnaie nationale renchérit le prix des importations, et par contagion, le taux de salaire et le prix des biens produits localement. Toutefois, ce cas de figure n'est pas réaliste car la détermination du cours de la monnaie uniquement par la loi de l'offre et de la demande de devises sur le marché des changes implique que l'offre et la demande aient pour contreparties non seulement des flux de marchandises mais également des mouvements de capitaux, beaucoup plus rapidement sensibles aux variations de taux de change.

Supposons maintenant qu'il y a mobilité parfaite des capitaux. Dans ce cas, la flexibilité des changes modifie radicalement l'impact de la politique monétaire par rapport à la situation de fixité du taux de change. Les sorties de capitaux entraînent en effet une dépréciation de la monnaie nationale qui améliore la balance commerciale et stimule le revenu et l'emploi. La banque centrale n'intervenant pas sur le marché des changes pour empêcher la baisse du taux de change, il n'y a pas d'effet en retour sur la masse monétaire. Du coup, la sortie de capitaux ne se traduit plus par une perte de réserves et la masse monétaire peut effectivement augmenter. Ainsi, en raison de la mobilité internationale des capitaux, la flexibilité du taux de change devient la condition d'une politique monétaire autonome. Le taux de change est désormais la courroie de transmission de la monnaie au revenu, rôle que ne peut plus jouer le taux d'intérêt dont le niveau est déterminé au niveau international.

Les conséquences du flottement de la monnaie sur la politique budgétaire sont inversées. La politique budgétaire expansionniste provoque des entrées de capitaux (qui financent le déficit budgétaire sans accroissement du taux d'intérêt). Celles-ci provoquent une appréciation de la monnaie nationale qui détériore la balance commerciale et exerce un effet dépressif sur le revenu. Cet effet compense nécessairement *in fine* l'effet expansif de l'accroissement des dépenses publiques puisque l'offre de monnaie et le taux d'intérêt étant constants dans le modèle, la demande de monnaie et le revenu ne peuvent augmenter : il y a effet d'éviction de l'exportation par la dépense publique et effet substitution de l'importation à la production nationale.

Ainsi, la prise en compte de l'ouverture de l'économie sur l'extérieur, et du rôle des variations du taux de change sur l'économie, a conduit à un certain optimisme quant à l'efficacité de la politique monétaire, pourvu que les gouvernements acceptent d'ajuster périodiquement leurs taux de change ou de laisser flotter leurs monnaies. Mais, la pratique effective de la flexibilité des changes a conduit, dans les années 70, à tempérer très rapidement cet optimisme.

b) Le surajustement des taux de change

Les comportements sur les marchés des changes sont semblables à ceux qu'on observe sur le marché des titres, l'un et l'autre étant des marchés d'actifs. Les prévisions sur le rendement relatif des différents placements, y compris les gains et pertes en capital, sont les facteurs déterminants des offres et demandes de devises. Dans l'analyse traditionnelle des mouvements de capitaux, élaborée pour un régime de change fixe, on ne tenait pas compte, dans le calcul du rendement relatif attendu des placements en monnaies nationales et étrangères, des possibilités de gains ou de pertes consécutives à une modification du taux de change. Les vastes mouvements de capitaux, engendrés par l'imminence d'une modification de la parité officielle d'une monnaie, étaient considérés comme des phénomènes exceptionnels sortant du domaine normal de la théorie. Bien que l'analyse de MUNDELL-FLEMMING considérât explicitement le régime de change flottant, elle n'intégrait pas les anticipations sur la valeur future du taux de change, de telle sorte que la mobilité internationale des capitaux se traduisait par une stricte égalité des taux d'intérêt nationaux et étrangers. Lorsqu'on introduit les anticipations sur la valeur du taux de change, ce sont les rendements nets de la variation anticipée de la valeur des monnaies sur le marché des changes qui sont censés s'égaliser.

L'évolution des anticipations relatives aux taux de change résulte certes de multiples facteurs politiques et économiques. Mais, la politique menée par les autorités monétaires joue un rôle essentiel sans la formation des anticipations. Selon l'hypothèse des anticipations rationnelles, les intervenants sur le marché des changes connaissent la théorie monétaire du taux de change selon laquelle, en régime de change flottant, la variation du taux de change réalise l'équilibre entre l'offre et la demande de monnaie, et qui est la base du modèle MUNDELL-FLEMMING. Ainsi, une expansion monétaire plus rapide qu'à l'étranger doit entraîner une anticipation de dépréciation de la monnaie nationale.

L'expérience montre aussi que la vitesse de réaction des marchés financiers, marché des titres et marché des changes, à une modification de la politique monétaire est plus rapide que celle des marchés des biens. En effet, la variation de la production et/ou du prix des biens dépend de celle de la demande qui réagit normalement avec un certain délai à la variation du taux d'intérêt et du taux de change. La flexibilité des prix est plus grande à court terme sur les marchés financiers que sur les marchés des biens parce que l'information s'y diffuse plus rapidement en raison du rôle joué dans ce domaine par les intermédiaires financiers.

Dans ces conditions, une politique monétaire expansionniste abaisse immédiatement le taux d'intérêt, induit des sorties de capitaux et provoque une dépréciation de la monnaie nationale (ou hausse des cours du change coté à l'incertain). Si les prévisions sur le taux de change sont unanimes, alors les variations du taux de change se réalisent avec un minimum d'opérations effectives de changes. Si au contraire, les opinions sont divergentes, alors des flux de fonds transitent par le marché des changes et la nouvelle position d'équilibre est associée à une nouvelle répartition des devises. Ici, le point important est que la variation du taux de change est supérieure à la dépréciation de la monnaie nationale qu'implique à terme le nouvel équilibre de l'économie (tel qu'il est représenté dans le modèle MUNDELL-FLEMMING). En effet, à partir d'une situation d'équilibre du taux de change qui implique l'égalité des taux d'intérêt national et étranger, la monnaie nationale se déprécie de telle sorte qu'une prévision à la hausse de cette monnaie vienne compenser la baisse du taux d'intérêt en dessous du niveau international et réaliser la parité des taux d'intérêt. Or, une appréciation de la monnaie nationale ne peut être anticipée que si son cours est descendu en dessous de la valeur prévue à long terme. Au fur et à mesure que la baisse du taux d'intérêt réel et la dépréciation réelle de la monnaie exerceront leur effet expansionniste sur l'investissement, la balance commerciale, le revenu et l'emploi, le taux d'intérêt se relèvera et la monnaie nationale s'appréciera, retrouvant ainsi le niveau défini dans le modèle MUNDELL-FLEMMING.

En résumé, une politique monétaire conjoncturelle active risque de provoquer une vulnérabilité du taux de change nominal et du taux de change réel d'autant plus forte que les délais de réaction de l'activité réelle à la politique monétaire sont plus longs.

Ceci montre à la fois que le maintien de taux de change fixes n'est pas possible en l'absence d'un consensus international sur la politique monétaire (autrement dit sur l'inflation acceptable). Mais la solution adoptée dans le milieu des années 70, le flottement des monnaies, n'a pas été sans conséquences économiques dommageables ayant pu contribuer au ralentissement de la croissance, notamment en Europe, où les pays sont minuscules, en termes de dimension, donc ouverts sur l'extérieur et particulièrement sensibles à l'instabilité de leurs taux de change réel.

Dans cette perspective, la logique de l'union monétaire européenne apparaît clairement. Le consensus sur la politique monétaire n'étant pas possible au niveau international, il est recherché au niveau européen par un système européen de banques centrales.

Nous nous sommes placés jusqu'à présent dans l'hypothèse où le chômage était de nature keynésienne, c'est-à-dire dû à une insuffisance de la demande effective. C'est en utilisant principalement les écrits de KEYNES et de ses héritiers intellectuels que nous avons montré les limites d'une politique monétaire de relance de la demande globale. Ces limites tiennent, d'une part, au risque d'insensibilité de la demande d'investissement et de consommation à une baisse de taux d'intérêt, et d'autre part, aux difficultés auxquelles peuvent se heurter les autorités monétaires qui désirent faire baisser les taux d'intérêt, compte tenu de l'importance des anticipations. Nous avons montré la forte contrainte externe qui pèse sur la politique monétaire en régime de change flexible et de taux de change fixe, mais aussi l'instabilité des taux de change nominaux et réels qui découle du flottement des monnaies.

Pour Milton FRIEDMAN et ses disciples, la politique monétaire est au contraire un puissant moyen d'action sur la demande globale parce qu'il existe un lien direct entre l'offre de monnaie et la demande de biens ; et parce que les monétaristes sont beaucoup moins sensibles que les keynésiens aux inconvénients des changes flottants. C'est pourquoi la critique présentée par les économistes monétaristes d'une politique monétaire expansive en vue de lutter contre le chômage s'est concentrée sur la situation où celui-ci n'est pas dû à une insuffisance de la demande effective, autrement dit où il est de « *nature classique* ». La critique de la politique monétaire expansionniste se fait alors beaucoup plus radicale : ce sont non seulement les risques d'inefficacité de cette politique, mais aussi ses dangers qui sont soulignés. C'est à l'étude des limites de la politique monétaire expansive, dans cette seconde hypothèse, que sont consacrés les développements qui suivent.

II. LA POLITIQUE MONETAIRE EXPANSIONNISTE FACE AU CHÔMAGE CLASSIQUE OU LE DILEMME INFLATION-CHÔMAGE : DE FRIEDMAN À LUCAS

Dès la fin des années 60, Milton FRIEDMAN montrait les dangers d'une politique monétaire expansionniste en vue de lutter contre le chômage, en l'absence d'insuffisance de la demande effective. Pour ce faire, il présentait une nouvelle version de la relation de PHILLIPS prenant en compte les anticipations d'inflation et développait le concept de « *chômage naturel* », nouvelle interprétation du concept de « *plein-emploi* » keynésien, ce qui lui permettait de dénouer l'alternative néo-keynésienne inflation ou chômage.

Le pessimisme qui découle de cette analyse, quant au rôle de la politique monétaire dans la lutte contre le chômage, a été reformé, d'une part, par le renouvellement de la théorie des anticipations, d'autre part, par un approfondissement de l'analyse du chômage naturel ; autrement dit, des causes de permanence du chômage en l'absence de contraintes de débouchés pour les entreprises. Les keynésiens avaient considéré que la politique monétaire expansionniste de lutte contre le chômage était inefficace. Milton FRIEDMAN l'a jugée dangereuse ; pour les « *nouveaux économistes classiques* », elle est tout à la fois inefficace et dangereuse.

2.1. La « relation de Phillips corrigée des anticipations inflationnistes » et la notion de chômage naturel

Dans le « *Traité de la monnaie* » (1930), KEYNES avait suggéré qu'un souci excessif pour la stabilité risquait d'entraîner du chômage. Dès les années 50, l'idée d'une alternative entre le plein-emploi et la stabilité des prix a été reprise par A. W. PHILLIPS à partir d'une étude de la relation entre le taux de variation du salaire nominal et le chômage au Royaume-Uni entre 1861 et 1957.

a) La relation de PHILLIPS

A. W. PHILLIPS a présenté trois hypothèses pour expliquer le taux de variation annuelle du salaire nominal.

La première, la plus importante, est que si la demande de travail est élevée et le chômage faible, alors les taux de salaires nominaux augmentent rapidement parce que les employeurs sont incités à offrir des salaires supérieurs aux salaires courants afin d'attirer ou de maintenir les meilleurs travailleurs dans leurs entreprises. En outre, comme les travailleurs répugnent à s'engager pour des salaires inférieurs aux salaires courants, si la demande de travail est faible et le chômage important, alors les taux de salaires nominaux ne diminuent que très lentement. Ainsi, la relation entre le taux de variation des taux de salaires nominaux et le chômage serait décroissante mais non linéaire.

A. W. PHILLIPS supposait, en second lieu, qu'en expansion, lorsque le taux de chômage diminue, les employeurs élèvent plus vite leurs salaires qu'en récession où le taux de chômage augmente même si les taux de chômage sont identiques. Ainsi, la courbe représentative de la relation entre taux de variation du salaire nominal et taux de chômage se situerait, en période d'expansion, au-dessus de sa position en période de récession.

En troisième lieu, une hausse rapide des prix d'importation qui se répercute sur le coût de la vie peut accélérer la hausse des salaires. Selon A. W. PHILLIPS, il était par contre inutile d'introduire dans la relation l'indice des prix de détail qui, en l'absence de variations perturbatrices des prix d'importation, dépend lui-même du taux de variation des salaires et du taux de croissance de la productivité que PHILLIPS suppose constant.

La validité de ces trois hypothèses ayant été confortée par l'analyse statistique, A. W. PHILLIPS conclut qu'en l'absence d'une hausse rapide des prix d'importation susceptible de provoquer une spirale inflationniste salaire-prix, et avec une croissance de la productivité du travail d'environ 2 % par an, la stabilité des prix impliquait, au Royaume-Uni, un taux de chômage de 2,5 % et la stabilité des salaires nominaux qui correspond à un taux de chômage de 5,5 %.

Bien que, dans cette analyse initiale, le taux de chômage compatible avec la stabilité des prix fût faible, l'idée était en germe que, pour réduire le chômage, il pouvait être nécessaire d'accepter une certaine dose d'inflation. Selon le vœu même qu'exprimait son auteur, la relation de A. W. PHILLIPS a donné lieu à de très nombreux travaux empiriques ultérieurs. L'économétrie de la relation de PHILLIPS a fait apparaître l'instabilité de la relation et la dispersion des taux de chômage susceptibles de correspondre à la stabilité des prix, selon les économies et les périodes.

b) La critique friedmanienne de la relation de PHILLIPS

Milton FRIEDMAN souligne que l'idée d'une relation entre l'inflation et le chômage est ancienne puisque Irving FISHER l'exprimait dès 1926. Pour cet auteur, une hausse de leurs prix de vente non prévue par les entreprises pouvait inciter celles-ci à augmenter leur production, ce qui réduisait le chômage. La causalité de la relation établie par A. W. PHILLIPS est en ce sens inverse, puisque c'est la variation du taux de chômage qui modifie le taux de variation du salaire nominal et donc le taux d'inflation. Et contrairement à l'analyse de FISHER, celle de PHILLIPS ne prend pas en compte les anticipations de prix : selon Milton FRIEDMAN, c'est là son erreur (FRIEDMAN, 1968).

Lorsqu'employeurs et travailleurs fixent dans des contrats de travail le taux de salaire nominal, ils le font en prévoyant l'évolution du niveau général des prix. C'est en fait, non pas le taux de variation du salaire nominal mais le taux de variation anticipée du salaire réel qui dépend de la pression de la demande globale. Travailleurs et employeurs sont contraints à prévoir l'évolution des prix nominaux du fait que les contrats d'embauche ont une certaine durée. Celle-ci s'exprime d'abord par le coût de l'information relative au marché de l'emploi (connaissance des travailleurs disponibles pour les employeurs, des emplois vacants pour les salariés) ; ensuite, la formation qu'acquiert le travailleur en exerçant son emploi rend sa présence dans l'entreprise plus rentable que celle d'autres travailleurs éventuels. De son côté, le travailleur, en occupant un emploi, doit faire certains investissements matériels et psychologiques (liés notamment à sa vie familiale). Employeurs et salariés ont donc avantage à exiger une certaine durée des contrats de travail.

À la relation de PHILLIPS $\widehat{w} = f(u)$ (avec $\widehat{w}$ taux de variation du taux de salaire nominal et u taux de chômage), on doit substituer la relation suivante :

$\widehat{w} - \pi^a = f(u)$ (avec π^a le taux d'inflation anticipée)

Ou encore :

$\widehat{w} = f(u, \pi^a)$

En supposant donné le taux de croissance de la productivité et la part des profits dans la valeur ajoutée constante, on peut passer du taux de variation des salaires nominaux au taux d'inflation (π) soit :

$\pi = f(u, \pi^a)$

De cette nouvelle formulation de la courbe de PHILLIPS, on tire les conséquences logiques qui suivent.

La notion de chômage naturel. Il existe un taux de chômage spécifique, auquel Milton FRIEDMAN donne le nom de taux de chômage naturel qui apparaît lorsque l'inflation est correctement anticipée et qui correspond donc à « *une structure des taux de salaire réel en équilibre* », c'est-à-dire que sur chaque marché particulier du travail, le salaire réel est égal à la productivité marginale du travail et à la désutilité marginale du travail.

Par analogie avec le concept wicksellien de taux d'intérêt naturel, l'objectif du concept de chômage naturel est de *« séparer les aspects monétaires des aspects non monétaires de la situation de l'emploi »*. Le niveau du taux de chômage naturel dépend des conditions réelles qui prévalent sur le marché du travail. C'est ce qui « *résulterait du système d'équations représentant l'équilibre général walrassien auquel on aurait intégré les caractéristiques structurelles des marchés du travail et des biens, c'est-à-dire les imperfections de ces marchés, les variations aléatoires des offres et des demandes, le coût de l'information relative aux offres et demandes d'emploi, le coût de la mobilité, etc.* » (FRIEDMAN, 1968). Ce taux naturel n'est pas le taux de chômage minimum irréductible. Il peut être réduit par un meilleur fonctionnement des marchés du travail grâce, par exemple, à une meilleure diffusion de l'information. Il peut au contraire croître lorsque, augmente dans la population active, la proportion des travailleurs les moins attachés à la stabilité de leurs emplois (femmes, jeunes travailleurs, travailleurs à mi-temps), lorsque les inconvénients du chômage sont réduits pour les travailleurs (par l'extension notamment des indemnités de chômage) ou tout simplement si l'économie devient plus dynamique et progressive.

Le chômage naturel englobe le chômage « *frictionnel* », c'est-à-dire le chômage de ceux qui sont en train de changer d'emplois (les frictions du marché impliquant un intervalle de temps entre l'ancien et le nouvel emploi) et le chômage « *volontaire* » de ceux qui rejettent les conditions ou la nature des emplois disponibles, ou sont exclus de ces emplois par la règlementation ou les conventions syndicales, ou encore jugent insuffisante la rémunération correspondante. Le taux de chômage naturel n'est donc pas un taux de chômage optimal puisqu'il dépend du fonctionnement des marchés et des interventions éventuellement perturbatrices des pouvoirs publics sur ces marchés.

Le caractère transitoire de la baisse de chômage. À partir de cette définition du chômage naturel, la nouvelle interprétation de la courbe de PHILLIPS (avec un taux d'inflation anticipée) permet d'expliquer pourquoi une politique d'expansion monétaire peut réduire le chômage en dessous de son niveau naturel, mais seulement de manière temporaire. La relation entre taux d'inflation et taux de chômage n'est qu'un phénomène de courte période. En longue période, la courbe se redresse à la verticale, au point d'abscisse correspondant au taux de chômage naturel.

Pour démontrer cette proposition, supposons avec Milton FRIEDMAN que le chômage est à son niveau naturel et que l'autorité monétaire pratique une politique expansionniste qui stimule la demande de biens et donc de travail, et provoque simultanément une hausse des prix et des salaires nominaux. Si la hausse des prix est un évènement imprévu, la hausse des salaires nominaux est considérée par les travailleurs comme une augmentation de leurs salaires réels : ils acceptent donc d'accroître leur offre de travail. Simultanément les employeurs qui ont les mêmes anticipations que les travailleurs sur le niveau général des prix constatent qu'ils peuvent élever les prix des biens qu'ils produisent et croient bénéficier d'une hausse du prix relatif de ces biens : ils considèrent que les salaires « *réels* » qu'ils versent, mesurés en termes de valeur ajoutée par leur entreprise, ont diminué, et donc accroissent leur demande de travail ou offre d'emplois. Puisque le chômage naturel correspond à une structure des salaires réels en équilibre, toute augmentation de l'emploi implique un mouvement contradictoire des salaires réels : hausse du point de vue des travailleurs, baisse du point de vue des employeurs. Ce mouvement contradictoire n'est possible qu'en raison des erreurs d'anticipation sur la hausse du niveau général des prix. Lorsque les travailleurs et les employeurs auront pris conscience de la hausse du niveau général des prix et du caractère illusoire de la variation du salaire réel, ils vont réviser leur offre et leur demande de travail et l'emploi reviendra à son niveau antérieur. Il est possible de trouver deux origines théoriques à la possibilité d'arbitrage à court terme.

La première est l'information incomplète qui en est la cause (LUCAS, 1972)

Les producteurs doivent juger si une hausse du prix de leur produit est due à une hausse du niveau général des prix ou à une augmentation de la demande relative de leur produit. Dans le premier cas, ils ont intérêt à ne pas accroître leur production. Dans le second, c'est l'inverse.

L'information dont les producteurs disposent sur le court terme étant incomplète, il leur est difficile de faire cette distinction. Dans le cas d'une hausse imprévue du niveau général des prix, à la suite d'une expansion monétaire surprise par exemple, ils auront tendance à augmenter leur offre. Les prix et l'activité économique évoluent alors dans la même direction et le chômage dans la direction opposée. Lorsque les producteurs constatent, après un certain temps, qu'aucun changement de la demande relative ne fait suite à l'extension de leur offre, ils ramèneront celle-ci au niveau d'équilibre à long terme et l'effet sur l'activité économique et le chômage disparaîtra.

La seconde est l'existence de rigidités nominales

Dans la pratique, les prix ne sont que rarement modifiés, par exemple parce que des coûts sont liés à leur ajustement. On parle de « *coûts de menu* » pour indiquer que la confection de catalogues aux prix actualisés suppose d'engager des ressources en personnel et que la multiplication des catalogues a des répercussions sur la relation avec la clientèle. Il en résulte que les modifications de prix, même pour des produits comparables, ne sont souvent pas synchronisées. L'adaptation de prix après une expansion monétaire n'étant par conséquent que graduelle, il apparaît d'abord un effet sur l'activité économique, ce qui fait baisser le chômage. À long terme, dès que tous les prix sont adaptés, cet effet disparaît.

La conclusion politique de cette analyse est simple : seule une accélération permanente de l'inflation permettrait de perpétuer les erreurs d'anticipation. Le véritable dilemme de la politique économique n'est pas entre l'inflation et le chômage, mais entre l'accélération continue de l'inflation et le chômage. Une politique systématique d'abondance monétaire en vue de maintenir un niveau d'emploi durablement supérieur au niveau naturel conduit donc à l'hyperinflation et à la destruction du système monétaire.

2.2. Les anticipations rationnelles

La principale objection à l'hypothèse des anticipations adaptatives est qu'elle implique un comportement irrationnel des agents économiques. En effet, lorsque le taux d'inflation est durablement croissant, le taux d'inflation anticipée calculé comme une moyenne des taux passés (avec la somme des coefficients de pondération égale à 1) est constamment inférieur au taux courant d'inflation. La persistance de cette erreur devrait normalement amener les agents économiques à corriger leurs anticipations. Les erreurs d'anticipation doivent être aléatoires et leur moyenne égale à zéro, sinon l'agent rationnel observera le biais systématique de la prévision et l'amendera.

Il semble donc préférable de supposer que les agents économiques forment leur prévision d'inflation à partir d'un modèle théorique explicatif de l'inflation, hypothèse à laquelle on a donné le nom d'anticipations rationnelles. Si le modèle explicatif était exact et connu de tous, et si toute l'information nécessaire sur les variables exogènes du modèle était disponible, alors il n'y aurait plus en fait aucune erreur de prévision, et la relation entre accélération de l'inflation et la réduction du chômage serait elle-même invalidée. En réalité, l'information sur le modèle et la valeur des variables explicatives est coûteuse et n'est pas immédiatement disponible. Par exemple, l'une des variables essentielles du modèle, du moins dans une perspective monétariste est la politique monétaire. Les agents économiques vont essayer de prévoir la politique des autorités monétaires (à partir, par exemple, d'informations sur le budget, la politique monétaire antérieure et celle qui est annoncée, et la conjoncture elle-même).

La conclusion de ces « *nouveaux économistes classiques* » est ici très pessimiste : toute politique monétaire « *systématique* » c'est-à-dire préannoncée par l'autorité monétaire ou correspondant à un comportement logique que les agents économiques peuvent anticiper, n'aura pas d'effet réel sur l'économie. Le seul effet positif à attendre d'une politique monétaire expansive sur le chômage résulte d'un « *effet de surprise* ».

En revanche, l'efficacité de la politique de désinflation pourrait être a priori renforcée par l'hypothèse des anticipations rationnelles puisque l'accroissement du chômage, au-delà de son taux naturel, résulte des erreurs de prévision des agents économiques qui surestiment l'inflation.

2.3. L'approfondissement des causes réelles du chômage

Rappelons que nous nous plaçons dans l'hypothèse où le chômage est de nature classique (il n'est pas dû à une insuffisance de la demande effective). À long terme, l'évolution du chômage dépend de celle de la population active et de la croissance du capital. Dès lors, le chômage ne peut s'expliquer que par la rigidité à la baisse du salaire réel.

Pour expliquer cette rigidité, la théorie du chômage naturel fait référence aux imperfections du marché du travail et le chômage naturel est assimilé d'une certaine façon au « *chômage frictionnel* » ou « *chômage d'attente* ». Cependant, la persistance et l'ampleur du chômage, y compris durant les périodes d'expansion économique, exigent une autre explication. Ces explications peuvent être regroupées autour de deux grandes idées : celle du salaire d'efficience et celle de l'hystérésis du chômage.

a) Le salaire d'efficience

La théorie du salaire d'efficience a été conceptualisée par Janet YELLEN (1984), Carl SHAPIRO et Joseph STIGLITZ (1984). Le salaire permettant d'attirer les meilleurs salariés est supérieur au salaire d'équilibre. Offrir un salaire un peu plus élevé permet de booster la productivité. Le salaire d'efficience est alors le salaire optimal qui offre la meilleure combinaison entre le coût du travail et sa productivité. Ce salaire d'efficience peut s'écarter du salaire d'équilibre (fixé sur le marché) qui permettrait le plein-emploi. Dans ce cadre d'analyse, ce sont les entreprises qui fixent les salaires.

Le salaire d'efficience est une théorie moderne de l'équilibre des marchés du travail qui cherche à expliquer l'existence de chômage involontaire en prenant en compte les problèmes de gestion du personnel auxquels sont confrontées les entreprises qui emploient de la main-d'œuvre. Dans cette approche, les entreprises disposent d'une information imparfaite sur les caractéristiques et les intentions des travailleurs. Elles sont alors prêtes à payer un salaire élevé pour attirer et conserver les meilleurs salariés, et pour inciter ceux-ci à travailler efficacement. Le chômage qui résulte d'un niveau de salaire supérieur à celui compatible avec le plein-emploi, renforce en retour l'incitation à l'effort pour les travailleurs ayant un emploi. Le salaire d'efficience vise à expliquer la fixation d'un taux de salaire supérieur à celui qui serait déterminé par la loi de l'offre et la demande dans un marché en CPP (Concurrence Pure et Parfaite) et la rigidité des salaires, ce qui engendrerait du chômage involontaire.

Le salaire d'efficience repose sur l'hypothèse d'asymétrie d'information (la sélection adverse et l'aléa moral). L'hypothèse de sélection adverse est à la base du salaire d'efficience : offrir un salaire plus élevé que le salaire normal va attirer de meilleurs candidats, dans le cas où on ne peut pas connaître aisément les compétences réelles. Le risque moral comme base du salaire d'efficience s'explique par le fait qu'un salaire plus haut que la normale dissuade le travailleur de mal faire son travail ; car si sa faute est découverte, alors la perte sera plus grande que s'il était payé au salaire courant, dans la situation où l'employeur ne peut pas contrôler, sans un coût excessif, le travail de son salarié.

b) Les effets d'hystérésis

De manière générale, il y a effet d'hystérésis si une économie ne retourne pas à son état d'origine après la disparition du choc qui a provoqué l'écart par rapport à une position initiale. Il existe en quelque sorte un phénomène de mémoire qui fait que des chocs, par nature transitoires, ont des effets permanents.

En effet, après avoir été mis en échec lors de la crise des années 30, les modèles macroéconomiques standards peinent à expliquer le fort chômage du continent européen des années 80 qui s'élevait en moyenne à 11 %. En théorie, un chômage de masse tendrait à faire pression à la baisse sur l'inflation (PHILLIPS, 1958). Or, l'inflation en Europe restait constante. Selon Olivier BLANCHARD et Lawrence SUMMERS (1986), l'explication se trouve dans un déplacement du « *taux de chômage naturel* ». Le taux de chômage naturel est le taux de chômage incompressible compte tenu des structures du marché du travail. Il correspond au taux de chômage qui n'accélère pas l'inflation sur la courbe de PHILLIPS. Ainsi, le chômage qui caractérisait l'Europe aurait atteint un niveau dit « *naturel* », ne faisant plus pression sur l'inflation. C'est donc cette convergence du taux de chômage naturel vers le chômage observé dans l'économie que les auteurs appellent « *Effet d'hystérèse* ». Le concept est emprunté aux sciences physiques. Il s'agit d'un phénomène dans lequel l'effet persiste alors que sa propre cause a disparu.

Dans leur article, Olivier BLANCHARD et Lawrence SUMMERS décrivent les trois canaux principaux par lesquels un tel effet d'hystérèse s'opère : le canal du capital physique que nous commencerons par étudier, puis celui de la détérioration du capital humain et enfin nous étudierons le canal des négociations salariales, le plus prometteur selon Olivier BLANCHARD et Lawrence SUMMERS.

Détaillons le canal de l'accumulation du capital physique. En cas de faible substituabilité entre le capital et le travail, tout choc diminuant l'accumulation de capital provoquerait, lors d'une reprise, une pénurie de capital pénalisant le niveau de l'emploi d'après choc. En effet, les nouveaux embauchés ne disposeraient pas de suffisamment de capital pour contribuer efficacement à la production. Le chômage n'aurait pas pour cause l'excès de salaire réel mais l'insensibilité de la demande de travail (des firmes) au salaire réel. Cette insensibilité des entreprises s'explique par la volonté d'accumuler du capital physique avant d'embaucher, peu importe le salaire réel sur le marché du travail. Cependant, dans leur article, les auteurs émettent des réserves quant à l'ampleur de ce canal. Il repose sur une hypothèse de substituabilité faible entre le travail et le capital. Une plus forte substituabilité amoindrirait donc l'effet sur l'emploi. De plus, ils évoquent le fort désinvestissement pendant les années 30 aux Etats-Unis ; ce qui n'a pas empêché une forte baisse du chômage due au réarmement.

Olivier BLANCHARD et Lawrence SUMMERS expliquent aussi comment la détérioration du capital humain (BECKER, 1964) lors d'une période de chômage a des conséquences durables sur le niveau de l'emploi. Ils décrivent deux phénomènes. D'abord, le processus d'exclusion des chômeurs par le marché du travail ou d'auto-exclusion du fait de la baisse des capacités productives. Ensuite, la réticence des employeurs à recruter des chômeurs stigmatisés comme les chômeurs de longue durée. La difficulté à retrouver un emploi est croissante avec la durée du chômage en raison de la perte de compétence du chômeur dans le temps. Cette disqualification réduit la pression à la baisse qu'il est sensé exercer sur les salaires et donc *in fine* sur l'inflation. Il est donc possible de voir coexister un fort chômage et une inflation constante. La pertinence de ce canal est nuancée par le fait que la partie du chômage de longue durée, liée au découragement du chômeur, se traduirait plus par une baisse du taux de participation au marché du travail plutôt qu'une augmentation du chômage. Il est donc nécessaire de déterminer un troisième canal permettant de compléter les mécanismes en œuvre dans l'effet d'hystérèse.

Le canal de la négociation salariale est le plus prometteur selon Olivier BLANCHARD et Lawrence SUMMERS. Le caractère fermé de cette dernière pousse les salariés en place à négocier un salaire trop élevé, ce qui pénalise durablement l'emploi. En effet, il existe un coût à l'embauche de nouveaux travailleurs pour une entreprise (coût de recrutement, coût de formation…) que les salariés embauchés sont capables d'évaluer et incorporent dans leurs revendications salariales. Il en découle une distinction entre les « *insiders* » déjà insérés et formés dans l'entreprise et les « outsiders » (LINDBECK et SNOWER, 1985). D'après les auteurs, le salaire est déterminé unilatéralement par les salariés notamment par les syndicats (qui, souvent, ne représentent que les salariés et non les chômeurs) de manière à ce que la maximisation du profit par les firmes les pousse à embaucher en moyenne tous les *insiders* (le caractère moyen implique que marginalement des outsiders soient embauchés). Ainsi, ce mécanisme est à l'origine des rigidités sur les salaires qui ne peuvent pas s'ajuster après un choc. L'augmentation du chômage se répercute sur le chômage d'équilibre car le nouveau salaire effectif est considéré comme un salaire d'équilibre par les *insiders*, maximisant les revenus des *insiders* sans menacer leur emploi.

L'explicitation des différents canaux et leur compréhension est primordiale pour mener à bien des politiques économiques. L'effet d'hystérèse réhabilite la politique conjoncturelle expansionniste qui peut limiter les conséquences négatives d'un choc sur le chômage d'équilibre en soutenant l'activité à court terme. Traditionnellement, la baisse du taux de chômage naturel était uniquement l'objectif d'une politique structurelle. De plus, si l'effet d'hystérèse est vérifié, alors les politiques d'austérité sont dès lors plus coûteuses, ce qui doit être pris en compte par les pouvoirs publics. L'intensité de ces canaux varie selon les pays, en fonction de l'environnement institutionnel, culturel, politique et socio-économique. Il en résulte que les différentes économies présentent des tendances différenciées à l'hystérèse.

CHAPITRE 6 : LA MONNAIE : SA VALEUR ET SA DÉFENSE

La préservation de la valeur de la monnaie est très importante lorsqu'un pays veut avoir sa propre monnaie. Elle va influencer l'adhésion des populations quant à son utilisation. Nous abordons également la question de la défense de la valeur d'une monnaie.

I. LA VALEUR DE LA MONNAIE : LE RÔLE DES FONDAMENTAUX DE L'ÉCONOMIE

Nous montrons que la valeur d'une monnaie dépend de l'état de l'économie nationale et non d'une quantité de réserves dans les coffres-forts de la banque centrale. Une bonne politique monétaire et le dynamisme de l'économie sont les éléments essentiels de la valeur d'une monnaie.

1.1. L'économie nationale est l'ultime fondement de la valeur de la monnaie

La façon dont est réglée l'économie nationale dépendra la valeur de la monnaie. Nous abordons donc cette question et surtout celle du rôle des réserves de change dans une économie.

a) La valeur de la monnaie dépend de la façon dont l'économie est réglée

On peut partir d'une constatation bien simple : la valeur d'une monnaie dépend de ce que nous pouvons acheter avec elle, c'est-à-dire de son pouvoir d'achat. En prolongeant cette constatation, on peut exprimer en une seule phrase, le fondement de la valeur de la monnaie : une monnaie gardera sa valeur si l'économie nationale dans laquelle elle a cours le lui permet. Si la production, à un moment quelconque, devient insuffisante et ne peut plus répondre à la demande, les commerçants, et avec eux la majeure partie des entreprises, vont en profiter pour accroître leurs prix. Avec la même quantité de monnaie, on ne pourra plus acheter la même quantité de biens et services : la monnaie perdra de sa valeur. Si à un moment donné, le prix d'une des composantes du prix de vente des biens et des services produits dans une économie augmente (*par exemple la TVA, le prix de l'énergie, les matières premières importées, les salaires, les coûts de la publicité ou les frais généraux, etc.*), et si les entreprises sont bien placées parce qu'elles ne sont pas gênées par la concurrence, ou bien en raison de leur savoir-faire en matière de vente à prix élevés de façon à répercuter les hausses sur les prix de vente, alors l'ensemble des prix augmentera et la valeur de la monnaie diminuera.

Si à un autre moment, les habitants d'un pays perdent confiance en la monnaie parce qu'ils craignent les deux phénomènes précédents, ou bien parce qu'ils n'ont plus confiance dans la politique de leur gouvernement, alors ils auront tendance à se débarrasser plus de la monnaie qu'ils possèdent. La demande risque donc de s'élever brutalement. Si l'offre ne suit pas, alors les entreprises pourront facilement accroître leurs prix et la valeur de la monnaie va baisser.

Comme on le voit, nous sommes très loin des idées toutes faites qui font de la *« planche à billets »* ou, de façon moins rudimentaire, de l'augmentation de la masse monétaire, la cause de l'inflation. Nous sommes encore loin de toutes les conceptions qui donnent à la monnaie une valeur intrinsèque en liant son pouvoir d'achat à la quantité d'or mise en réserve dans les caves des banques centrales.

Cette liaison très étroite entre l'économie d'une nation et la valeur de sa monnaie suppose, bien entendu, que soient remplies un certain nombre de conditions institutionnelles et politiques.

D'une part, le pouvoir politique doit faire en sorte qu'à tout moment l'économie puisse disposer de la monnaie nécessaire à son fonctionnement. Si la monnaie n'est qu'un intermédiaire dans les échanges, elle n'a cependant pas de neutralité économique. L'organisation de sa création en fonction des besoins de l'économie a une action sur le fonctionnement et la croissance économique qui, à leur tour, réagissent sur la valeur de la monnaie et en sont le fondement. On comprend dans ces conditions que les règles, qui gouvernent le système bancaire et qui permettent aux pouvoirs publics d'exercer ou de faire exercer par la banque centrale le pouvoir monétaire, sont fondamentales pour garantir la valeur de la monnaie.

D'autre part, le pouvoir politique doit défendre le rôle joué par la monnaie dans l'économie où elle a cours. Rien ne serait plus dangereux pour une économie qu'une monnaie dont l'utilisation serait laissée au bon vouloir de sa population. À la moindre perte de confiance, certains chercheraient à substituer à la monnaie nationale d'autres monnaies ou d'autres étalons de valeur. La monnaie perdrait alors sa valeur d'autant plus vite que l'économie toute entière serait profondément désorganisée. L'État doit donc imposer, par le cours légal, l'utilisation d'une monnaie et fonder ainsi, juridiquement et politiquement, la convention sociale qui permet à une monnaie d'être utilisée comme moyen d'échange. Bien entendu, il n'est pas possible de séparer l'économie et l'action des pouvoirs politiques des rapports entre les forces sociales. Une économie ne parvient plus à maintenir la valeur d'une monnaie, un pouvoir politique se révèle incapable de maîtriser la création de la monnaie ou de défendre sa valeur lorsque la détérioration des rapports de production et les conflits sociaux qui en résultent ne le permettent plus. Nous touchons là à la cause principale de l'inflation contemporaine. A partir du moment où chaque groupe social s'organise afin de maintenir son pouvoir d'achat et de s'approprier une part plus grande de la production, nous entrons dans une véritable société d'inflation. Or, nous sommes bien aujourd'hui dans une telle situation. Les entreprises sont devenues puissantes et, même sans avoir le monopole de la production, peuvent augmenter leurs prix. Bien plus, grâce à la publicité, au marketing et au mangement, les chefs d'entreprises savent vendre mieux et plus cher. Quand un coût de production augmente, elles répercutent son augmentation sur le prix de vente sans trop craindre la concurrence.

De leur côté, les salariés se sont organisés en syndicats et ont obtenu des garanties contre le chômage. Ainsi, lorsque les prix montent, ils exigent une augmentation de leurs salaires. En outre, chaque groupe cherche à anticiper sur la hausse et il arrive parfois qu'en dépit de l'énorme capacité de production des économies modernes, la demande dépasse l'offre. Les entreprises sont alors mieux placées pour augmenter leurs prix. On entre ainsi en inflation ; autrement dit, dans une période de dévalorisation rapide de la monnaie. Les perdants, c'est-à-dire ceux qui, finalement subissent la dévalorisation de la monnaie, sont ceux qui ne peuvent pas répercuter sur d'autres l'augmentation qu'ils subissent. On le voit, s'il est possible d'étudier de manière technique les problèmes monétaires, la valeur de la monnaie d'un pays et son évolution reflètent bien l'ensemble des problèmes économiques, politiques et sociaux de ce pays.

b) Les contreparties de la création monétaire et la valeur de la monnaie

La création de la monnaie doit accompagner les besoins de l'économie de sorte que sa valeur soit maintenue. Normalement, le processus qui entraîne la création de la monnaie devrait garantir au maximum les conditions de la *« stabilité monétaire »*.

Au niveau de la banque

Prenons dans un premier temps un bilan très simplifié d'une banque.

ACTIF	PASSIF
Effets de commerce 80 Compte courant à la banque centrale 15 Billets dans les coffres 5	Engagements de payer à vue 100

Au passif, les engagements à payer à vue représentent bien la monnaie scripturale, c'est-à-dire celle qui se trouve sur les comptes bancaires. Or, cette monnaie a pour contrepartie, d'une part, des effets de commerce qui se sont accumulés au fur et à mesure que la banque a accordé des crédits, et d'autre part, de la monnaie de la banque centrale, soit sous forme de solde créditeur au compte courant de la banque centrale, soit sous forme de billets de banque dans les coffres de la banque.

Dans le cas des effets de commerce, il s'agit de papiers représentatifs d'actifs réels. Rappelons ici le mécanisme de l'escompte. Une entreprise ayant produit des biens et les ayant livrés n'a pas été payée au comptant. Son client lui a donné une reconnaissance de dette qui l'engage à régler sa dette dans un, deux ou trois mois. Des biens ont été produits et mis dans le circuit économique mais l'entreprise qui les produit n'a pas été payée. Ce qui signifie qu'il manque sans doute de la monnaie. En acceptant cette reconnaissance de dette en contrepartie d'une création de la monnaie scripturale, la banque va donc faciliter l'adéquation de masse monétaire aux besoins de l'économie avec un maximum de garanties : des biens réels existent mais on peut demander du crédit pour acheter des biens qui, justement, sont rares. Dans le cas d'un découvert, la banque n'a pas en contrepartie un effet représentatif d'un bien déjà produit, mais une créance sur l'entreprise. Dans ce cas précis, la banque n'accordera le découvert qu'à une entreprise offrant des garanties certaines. La meilleure de ces garanties étant, bien entendu, la capacité pour cette entreprise de continuer à produire des biens et à les vendre sur le marché. Mais à quel prix ? Malheureusement très cher, car plus la capacité de vendre cher sera grande, meilleure sera la garantie.

Dans le cas de la monnaie fiduciaire, nous sommes en présence d'un actif monétaire et donc non réel. Alors, en fonction de quelle contrepartie cette monnaie a-t-elle été produite ? Il nous faut alors passer à l'examen du bilan de la banque centrale.

Au niveau de la banque centrale

Rappelons brièvement les grands postes du bilan simplifié d'une banque centrale :

ACTIF	PASSIF
Or et créances sur l'étranger	Billets en circulation
Créances sur le Trésor	Compte courant à la banque centrale
Créances provenant d'Opérations de refinancement	

Au passif, les billets en circulation et les comptes courants représentent l'ensemble des engagements monétaires de la banque centrale, en d'autres termes, la monnaie créée par cette dernière.

À l'actif, les devises possédées par la banque centrale représentent des créances sur les économies étrangères. Grâce à elles, on peut acheter à l'étranger les biens et services que l'économie viendrait à ne plus pouvoir produire. Quant à l'or, s'il n'est pas à proprement parler une créance sur l'étranger, il représente bien une réserve qui, le cas échéant, peut permettre de se procurer des devises et des créances sur l'étranger. Ainsi, un pays a la possibilité de faire face momentanément à une défaillance de l'économie nationale. Mais, ses avoirs en or et créances sur l'étranger ne sont pas inépuisables.

Quant aux concours à l'économie, ils ont été accordés à travers l'achat ou la prise en pension par la banque centrale d'effets de commerce. Or, ces derniers sont, comme nous l'avons vu plus haut, des actifs réels représentatifs de biens et services déjà créés.

Reste les créances sur l'État. Ces créances sont en partie représentatives de prêts fort anciens. À l'origine, la création monétaire qui en a résulté a peut-être été sans contrepartie réelle. Depuis lors, avec l'accélération de la croissance, des actifs réels ont certainement compensé cette création monétaire. En ce qui concerne les avances et les effets publics possédés par la banque centrale, la situation est plus ambiguë. Lorsque ces créances sur l'État ont été acquises et ont donné lieu à une création de monnaie par suite d'un découvert temporaire du Trésor, il ne s'est agi que d'une anticipation sur les recettes publiques. Sans cette anticipation, des dépenses n'auraient pas pu être réalisées. Certaines entreprises, en particulier, auraient alors manqué de monnaie et l'ensemble de l'économie aurait donc eu à en souffrir. Mieux vaut une création monétaire fondée en anticipant sur la production que le risque d'une désorganisation économique. Le même raisonnement peut être appliqué au financement du déficit budgétaire. Des économistes ont d'ailleurs montré que le financement de ce déficit par une création de monnaie, en permettant une utilisation plus grande de la capacité de production, provoque à terme une élévation de l'épargne qui compense la création de monnaie. Le raisonnement est le suivant : au départ le financement des dépenses publiques par une création de monnaie provoque un gonflement de la demande ; la production augmente et, du même coup, les revenus distribués. Ces revenus provoquent à leur tour une nouvelle augmentation de la demande qui entraine une augmentation de la production, qui à son tour, aboutit à une distribution supplémentaire de revenus, etc. Chaque fois, l'augmentation de la demande, induite par l'accroissement des revenus, est égale à l'augmentation des revenus diminués de l'épargne volontaire et forcée (les impôts). Il arrive un moment où l'épargne égalisera le déficit budgétaire.

La croissance de la production due à ce déficit s'arrêtera puisque, à ce moment-là, les fuites (l'épargne) seront égales à l'apport de monnaie supplémentaire due au déficit budgétaire. En fait, ce raisonnement suppose qu'il existe une capacité de production inutilisée. Dans le cas contraire, l'accroissement de la demande provoquée par le déficit risque bien de ne provoquer qu'une hausse des prix et une dévalorisation de la monnaie. Il n'est donc pas faux de dire que l'accroissement des créances sur le Trésor risque bien d'entraîner, plus que toute autre cause de la création monétaire, une diminution de la valeur de la monnaie. Tout dépend de la conjoncture.

1.2. À quoi servent les réserves d'or et de devises de la banque centrale ?

Ils sont très nombreux en Afrique à tenter de voir dans l'or et dans les devises possédées par un pays, le fondement de la valeur de la monnaie. Ou bien, sans aller jusque-là, d'autres ont pensé que, à toute monnaie nationale, doit obligatoirement correspondre un stock d'or dans les caves de la banque centrale.

a) Le rôle des réserves d'or de la banque centrale

Plus aucun pays ne peut vivre en autarcie. Il a donc besoin d'acheter et de vendre à l'étranger. Les mouvements de capitaux accompagnent nécessairement les échanges de biens et de services, et des mouvements indépendants des échanges de marchandises peuvent avoir lieu si des firmes étrangères investissent dans le pays ou si des capitaux cherchent des placements avantageux à court ou à long terme. S'il y avait une monnaie mondiale unique, les échanges commerciaux et les transferts de capitaux ne poseraient pas de problèmes différents de ceux qui existent à l'intérieur d'une économie nationale. Mais les monnaies sont essentiellement nationales. Non seulement ce sont les États nationaux qui donnent à une monnaie sa valeur libératoire. Mais, l'émission de chaque monnaie dépend des besoins de chaque économie nationale ; et le maintien de sa valeur sur le marché national dépend de la capacité de chaque économie à offrir sur ce marché des biens et des services à un prix constant. Comment, dès lors, régler les échanges internationaux et transférer des revenus ou des capitaux d'un pays à un autre ? Le principe de la solution est simple : il suffit de choisir une monnaie reconnue par tous et qui servira de monnaie internationale. À l'origine, l'or joua ce rôle. Toutefois, dès le début du 20e siècle, avec le développement du commerce international, des difficultés apparurent : d'une part, le transport de l'or n'était pas facile, d'autre part, sa production était insuffisante et peu flexible. Il en est du commerce extérieur comme des échanges à l'intérieur d'un pays : pour qu'ils puissent se développer, les moyens de paiement doivent être en quantité suffisante.

On chercha donc à substituer à l'or d'autres monnaies internationales. Là encore, au niveau international, il en va de même qu'au niveau des économies nationales : lorsqu'il n'existe pas de pouvoir politique suprême, c'est la loi du plus fort qui devient la règle. Ainsi, dès le 19e siècle, les crédits en Livre Sterling des banques de la Cité de Londres se substituèrent très largement à l'or dans les échanges internationaux. Et après la période de troubles économiques et monétaires que fut l'entre-deux-guerres, en 1945 le dollar, monnaie du pays dominant, devint progressivement la monnaie internationale suprême. Il le devint d'autant plus que les Etats-Unis s'étaient engagés, depuis 1934, à acheter et vendre leur or à un taux fixe.

Le dollar est désormais un substitut de l'or. De cette situation est venu le drame monétaire, car les dollars des Etats-Unis qui ont servi ou servent encore de monnaie internationale, n'ont pas été émis en fonction des besoins de l'économie mondiale, mais de ceux de la politique américaine. Il en est résulté une fuite devant le dollar qui vida progressivement les caves du Bureau Fédéral de Réserve de l'or qu'elles contenaient. Cela dura jusqu'au moment où, pour arrêter l'hémorragie d'or, le gouvernement américain décida d'abord de ne plus vendre à n'importe qui de l'or à un prix fixe (avril 1968) et de réserver cette possibilité aux banques centrales, puis de supprimer toute convertibilité de l'or. Par la suite, la spéculation contre le dollar continuant, en dépit de sa dévaluation, c'est la parité fixe des monnaies qui a disparu. Les monnaies ne sont plus définies par rapport à l'or ou à un dollar stable, et ne peuvent plus être modifiées que par une dévaluation ou par une réévaluation. Leurs valeurs les unes par rapport aux autres varient en fonction de l'offre et de la demande de chaque monnaie sur le marché de change. C'est le flottement des monnaies, aussi appelé *« système de change flexible »*. Pour compliquer le tout, l'interprétation des économies et des systèmes bancaires, la possibilité pour les banques américaines d'accorder des crédits en dollars au reste du monde à travers leurs filiales, les besoins de dollars provoqués par la hausse du prix du pétrole et le recyclage d'une partie des excédents en devises des pays de l'OPEP, ont provoqué une création *« externe »* d'euro-devises ou d'euro-dollars.

Au niveau international, les banques ont créé des *« devises »* comme elles créent de la monnaie scripturale. De décembre 1975 à Juin 1979, les créances des banques européennes en euro-devises sont passées de 258 milliards à 528 milliards de dollars; le montant brut des créances extérieures des banques (y compris des banques américaines) est passé de 447 milliards à 946 milliards de dollars. Devant les risques de spéculation, et afin d'éviter que des divergences monétaires ne viennent briser le marché commun, les membres de la Communauté Economique Européenne (CEE) ont alors été amenés à créer le Système Monétaire Européen (SME). Son objectif principal est d'empêcher les monnaies des pays membres de trop fluctuer les unes par rapport aux autres. Quant à l'or des banques centrales, il est de plus en plus stérilisé dans leurs caves sauf aux Etats-Unis où, périodiquement, le Bureau Fédéral de Réserves vend une partie de ses stocks. Le prix de l'or, déterminé librement par l'offre et la demande, s'affole. Devant les risques de spéculation monétaire, ils sont nombreux à vouloir détenir de l'or au lieu de vendre. En février 1980, l'once d'or (61g), qui ne valait encore que 35 dollars avant 1968, atteignait près de 700 dollars, mais retomba à 500 dollars en avril 1980. L'once d'or était fixée à 1908,26 dollars le 13 Septembre 2023 à 23h00. Pour déterminer la valeur intrinsèque du lingot de 1 kilogramme d'or, il faut multiplier le prix de l'once d'or par 32,15 puis appliquer le taux de change Euro / Dollar.

b) Mais que signifie alors la définition de chaque monnaie par rapport à l'or quand elle est encore utilisée ?

La réponse est simple : il s'agit de pouvoir comparer entre les monnaies elles-mêmes leurs valeurs dont le pouvoir d'achat est étroitement lié à l'économie nationale où elles ont cours. La solution théorique est simple : il suffit d'exprimer la valeur de chaque monnaie en fonction d'un étalon commun à toutes les monnaies, par exemple l'or. Cette référence laisse parfois croire que, pour chaque unité monétaire, par exemple le Franc CFA, il doit y avoir x milligrammes d'or déposés dans les caves de la banque centrale de notre pays. C'est évidemment une extrapolation abusive. Un étalon de mesure n'est ni une contrepartie ni un moyen de règlement, encore moins une garantie. Il reste à savoir à quel niveau doit se fixer le taux de change et selon quelle procédure.

II. LA DÉFENSE DE LA MONNAIE ET LE FINANCEMENT DU CRÉDIT : LE RÔLE DES BANQUES

Dans une économie monétaire, les banques commerciales détiennent un pouvoir monétaire très élargi. Elles ont pour mission de faciliter l'ajustement entre l'offre et la demande de monnaie, tout en veillant au maintien de sa valeur.

2.1. La défense de la monnaie passe par une action au niveau de la création monétaire

La création monétaire et surtout le type de crédit octroyé aux entreprises dans une économie jouent un rôle important dans la défense de la monnaie et sa valeur.

a) L'ajustement de la création monétaire aux besoins de l'économie, une tâche pas facile

Dans une première analyse et en simplifiant beaucoup, on peut avancer que la banque centrale doit veiller à ce que l'ensemble de la monnaie créée, la masse monétaire, corresponde au montant des transactions impliquées par la production et l'échange des biens et des services. Il doit donc y avoir une étroite liaison entre la quantité de monnaie et le produit national. Il s'agit donc théoriquement de créer de la monnaie en fonction de l'évolution de la quantité de biens et services produits. Si d'une année à l'autre, le produit national augmente de 6 % et les prix de 8 %, alors la masse monétaire devrait en première approche augmenter de 14 %. Si la masse monétaire ne s'accroît pas de 14 %, alors il y aura de fortes chances de voir apparaître un déséquilibre : demande de biens inférieure à l'offre de biens ; les entreprises auraient des stocks invendus puis ralentiraient leur production. On aboutirait au chômage. Par contre, si la masse monétaire s'accroît de plus de 14 %, alors la demande des entreprises et des consommateurs aura tendance à augmenter fortement. Cela pourrait provoquer une hausse des prix au-delà de ce qui était prévu initialement. On rentrerait dans un début de phénomène inflationniste difficile à contrôler.

Dans la réalité, les choses sont nettement plus complexes. Considérons deux cas possibles.

Cas 1 : la monnaie circule et sa vitesse de circulation varie. Si les partenaires économiques conservent leur monnaie et ne l'utilisent que faiblement, avec une même quantité de monnaie, alors il n'y a aura qu'un faible nombre de transactions : c'est le cas en général quand la confiance en l'avenir est bonne. Par contre, la vitesse de circulation de la monnaie a tendance à s'accroître lorsque la confiance disparaît, car les consommateurs et les entreprises cherchent à se prémunir de l'avenir (hausse des prix par exemple) en achetant immédiatement. Lorsque la production et les transactions se développent, selon la variation de la vitesse de circulation de la monnaie, on peut, avec une même masse monétaire et dans un laps de temps donné, procéder à plus ou moins de règlements. Pour apprécier la vitesse de circulation de la monnaie, on essaie, dans la pratique, de suivre les mouvements de billets entre les banques et la banque centrale. Mais ce contrôle est très insuffisant car une partie de la masse monétaire reste inerte : il s'agit là d'encaisses oisives ou thésaurisées. On constate simplement à leur sujet que, lorsque les prix montent, la monnaie a tendance à manquer ; il y a déthésaurisation, c'est-à-dire que cette masse inerte diminue. En période de stabilisation des prix, c'est l'inverse qui se produit.

Cas 2 : Ce raisonnement est très simplifié et schématique, car la masse monétaire, le produit national et le niveau général des prix ne sont pas liés dans la réalité par un rapport constant. Les prix, par exemple, n'évoluent pas avec la même ampleur dans les divers secteurs d'activités. En outre, et il faut y insister, la quantité de monnaie disponible n'a pas toujours de liaison évidente avec les variations qui affectent les prix, notamment lorsqu'on est en présence d'une inflation par les coûts. Cependant, cette relation, quantité de monnaie – quantité de biens et services disponibles, n'est pas sans importance. Il faut en tenir compte, même si elle n'a pas de liaison directe avec le niveau général des prix. Ces réserves étant faites, à quelle occasion la banque centrale peut-elle agir pour ajuster la création monétaire au besoin de l'économie ? Elle peut le faire à l'occasion des relations avec l'extérieur, des crédits qu'elle accorde directement ou indirectement à l'État ou de ses concours à l'économie. À ces trois occasions, comme nous l'avons vu, de la monnaie peut être injectée dans le circuit économique. En fait, une banque centrale ne peut réellement agir qu'à l'occasion des concours à l'économie, sauf en période de crise grave.

La banque centrale peut difficilement refuser d'acheter des devises puisque, dans le cadre de sa mission, elle doit faciliter les ventes et les achats à l'étranger et, plus généralement, la convertibilité de la monnaie nationale. Par ailleurs, ne plus accepter les effets publics ou une avance à l'État aurait des conséquences politiques et économiques telles que l'ensemble du système monétaire en serait ébranlé. Elle peut profiter de l'occasion pour demander au gouvernement de prendre les mesures qui s'imposent ; elle ne peut ébranler le crédit public.

Finalement, la seule zone d'action réelle est encore le crédit aux entreprises. À ce propos, deux questions se posent. Peut-on, en période normale, financer n'importe quel type de crédit par la création de monnaie ? À quel moment doit-on financer le crédit par la création de monnaie ? En effet, comme nous l'avons signalé, tous les crédits accordés à une entreprise ne sont pas financés par la création de monnaie.

b) Le financement des divers types de crédits

Prenons une entreprise : à quel moment a-t-elle besoin de monnaie ?

Tout d'abord, pour son fonctionnement normal, une entreprise peut avoir besoin de monnaie pour un laps de temps. Il s'agit là d'un besoin né, par exemple, d'un crédit de 60 jours consenti par l'entreprise à l'un de ses clients. Dans ce cas, le produit de la vente n'est pas reçu au moment de la livraison de la marchandise, mais le sera 60 jours plus tard. L'entreprise a sans doute consenti du crédit clientèle à des fins de séduction commerciale, mais en même temps, elle s'est privée de monnaie pour payer ses propres fournisseurs. Elle établit alors un effet de commerce qui, après signature de client, pourra être porté à l'escompte du banquier. De la même manière, un industriel pourra emprunter en fin de mois pour faire sa paie (facilité de caisse) ; le paysan pourra emprunter au moment des semailles pour acheter des semences et des engrais pour la production qu'il ne commencera à vendre qu'au moment de la campagne. Une entreprise ayant des difficultés passagères de trésorerie pourra demander à sa banque de payer des chèques alors qu'elle n'a plus de dépôt dans cette banque (découvert en banque).

En règle générale, des entrepreneurs empruntent à court terme (moins de 2 ans) pour permettre à leurs entreprises commerciales ou industrielles de continuer à fonctionner normalement. Mais une entreprise ne se borne pas uniquement à fonctionner : elle doit aussi croître. L'objectif d'une entreprise, c'est bien sûr d'augmenter sa production. Pour cela, elle doit moderniser ses équipements en machines ou encore créer de nouvelles unités de production. Or, les besoins en capitaux sont très importants dans les industries modernes. Si l'entrepreneur est obligé d'emprunter pour réaliser ces nouveaux investissements, alors il semble difficile pour lui de rembourser au bout d'une année. Il doit donc trouver des crédits remboursables en 5, 10, 15 ou même 25 ans. Bien sûr, l'entreprise cherchera au maximum à financer ces investissements par elle-même. Elle s'autofinancera, c'est-à-dire utilisera ses propres bénéfices, plus l'argent correspondant à ses amortissements, ses provisions… Aujourd'hui, la part de l'autofinancement représente souvent plus de 85 % des investissements privés. L'entreprise peut aussi faire appel à ses actionnaires. Le recours au crédit peut s'imposer néanmoins lorsqu'elle doit réaliser des investissements qui dépassent sa capacité d'épargne et les possibilités de ses actionnaires. Cet appel sera source de profit, car en accroissant la production, l'investissement permet d'accroître les bénéfices et crée, par le fait même, la possibilité de remboursement. C'est du moins le cas si l'entreprise a su prévoir correctement la rentabilité de ses investissements. Chaque fois qu'il sera nécessaire de réaliser des investissements portant sur plusieurs milliards, l'appel au crédit s'imposera. Ce sera le cas pour construire des barrages, des équipements d'industries portuaires, mettre en exploitation des mines et gisements, construire des complexes d'industries chimiques ou sidérurgiques. Dans ce cas, c'est par l'intermédiaire d'institutions financières que sera collectée l'épargne d'une multitude d'entreprises et de particuliers. Nous verrons plus loin comment cela va se faire. L'appel au crédit, soit par les institutions financières, soit par des relations personnelles (familles…) s'imposera aussi aux petits entrepreneurs pour lancer leurs entreprises ou pour les moderniser. Dans tous les cas, le crédit est au service de la croissance économique. Ainsi, il existe trois grandes catégories de crédits pour les entreprises : le crédit de court terme, le crédit de moyen terme et le crédit de long terme.

i) Le financement de crédit à court terme

Supposons une entreprise qui a fonctionné pendant tout le mois et fabriqué pour 100 millions de Francs CFA de produits à vendre sur le marché des biens de production (investissement). A la fin du mois, elle a besoin de 100 millions de Francs CFA pour payer ses salariés qui achèteront ainsi pour 100 millions de Francs CFA de biens sur les marchés de biens de consommation. Mais l'entreprise n'a pas d'argent pour payer ses salariés car ses clients ne l'ont pas encore réglée à tel point que la production de 100 millions de Francs CFA de biens de consommation ne trouve pas d'acheteurs : il y a donc un déséquilibre dans le circuit économique. Si à ce moment-là, une banque accorde à l'entreprise, grâce à une création de monnaie scripturale, un crédit de 100 millions de Francs CFA pour payer ses salariés, alors les revenus sont normalement distribués et la production de biens de consommation pourra être achetée. En ajustant la masse monétaire aux besoins de l'économie, la banque permet ainsi de mieux équilibrer l'offre et la demande de monnaie sur le marché des biens de consommation. Il est donc économiquement normal de financer ce type de crédit par de la création de monnaie scripturale, relayée éventuellement par de la monnaie fiduciaire si la banque a besoin d'un complément de trésorerie. La banque ne prend par ailleurs qu'un risque limité car en accordant un crédit, elle accroît ses besoins de trésorerie qui seront très vite compensés par les remboursements.

Cette distinction est importante mais la prédominance du crédit de court terme dans une économique peut être un handicap pour le développement du secteur industriel. En effet, la Zone Franc est caractérisée par un faible accès aux crédits bancaires, aux taux d'intérêt débiteurs élevés et à la prépondérance des crédits à court terme, notamment les crédits de consommation. Notons cependant que les crédits bancaires de court terme ne sont pas favorables à l'industrialisation ; d'où la nécessité de mettre l'accent sur les crédits à long terme pour développer le secteur manufacturier. Or, les prêts à long terme destinés à financer l'investissement sont moins importants.

ii) Le financement du crédit à moyen terme

Le crédit à moyen terme correspond au financement de particuliers ou d'entreprises pour une durée comprise entre 2 à 7 ans. Il est la mise à disposition de fonds, auprès de particuliers ou d'entreprises, pour une durée s'étalant de 2 à 7 ans. C'est-à-dire que les remboursements commenceront le mois suivant l'octroi du crédit et ne cesseront qu'au bout de 7 ans. Pour les particuliers, il peut servir à acheter un véhicule ou à entreprendre des travaux de mise aux normes d'une habitation. Pour les entreprises, il peut être utilisé pour la construction d'un bâtiment, l'acquisition de matériel ou de véhicules, ou encore pour financer un investissement. Ainsi, l'objectif du prêt à moyen terme est identique à celui du crédit « *roll-over* » ou du « *crédit-bail* » opérationnel et financier, à savoir le financement par prêt bancaire des investissements en biens courants matériels et immatériels permettant la création, l'amélioration ou le développement d'une activité professionnelle. Il permet entre autres de financer l'aménagement de bureaux, de salles d'exposition, de halls de production, de stockage, des outils de production, des machines, des véhicules, des biens non matériels (fonds de commerce, brevets, licences) et parfois des retards de paiements des dettes fiscales (impôts, charges sociales).

La particularité du crédit « *roll-over* » est le taux d'intérêt variable fixé au début et pour la durée de chacune des périodes partielles. Les périodes partielles ont généralement une durée de 1, 3, 6, 9 ou 12 mois.

iii) Le financement du crédit à long terme

Supposons que l'entreprise *Tôle Ivoire* achète 100 milliards de Francs CFA de machines et équipements pour mettre en place la fabrication d'une nouvelle usine de tôles dont la demande augmente face à une production insuffisante. Pour ce faire, elle demande un crédit aux institutions financières qui répondent favorablement grâce à une création de monnaie scripturale de 100 milliards de Francs CFA. Que se passe-t-il dans ce cas ? Ce crédit accordé pour une longue durée (7 à

15 ans) et dont l'objet est l'accroissement de la capacité de production de *Tôle Ivoire,* ne se traduira pas immédiatement par un accroissement des biens de consommation produits, c'est-à-dire les tôles. Il faut parfois plusieurs années pour construire et mettre en route une usine. Pendant ce temps, des revenus supplémentaires seront distribués aux entreprises et aux salariés travaillant à la mise en place de la nouvelle usine. Que risque-t-il de se passer ? Il peut exister une capacité de production inutilisée mais ce n'est pas sûr et en tout cas nous savons que la capacité de production de tôles est insuffisante, laquelle insuffisance demeurera jusqu'à l'entrée en service de la nouvelle usine.

Supposons maintenant que les banques, au lieu de financer ce crédit grâce à une création de monnaie, fassent appel à l'épargne des ménages (émission d'un emprunt auprès du public par exemple). Dans ce cas, le circuit économique reste équilibré car l'effet déséquilibrant des revenus supplémentaires sur le marché des biens de consommation est annulé par cette épargne équivalant à une abstention de consommation. Il est donc normal de financer le crédit à long terme par de l'épargne que par de la création de monnaie, d'autant plus que la création de monnaie pour le financement du crédit à long terme implique pour les banques des besoins de trésorerie d'autant plus importants que les prêts consentis ne seront remboursés que plusieurs années après l'émission de monnaie scripturale. On comprend donc pourquoi en Zone Franc, le crédit à long terme est faible et financé majoritairement par un certain nombre d'organismes spécialisés au moyen de ressources collectées directement ou indirectement auprès des épargnants, c'est-à-dire à partir de la monnaie préexistante. En Zone CFA, les banques financent principalement des projets à court terme et n'investissent que très accessoirement dans les projets à long terme qui ne représentent que 10 % des encours en zone UEMOA. Les crédits libellés à court terme et à moyen terme représentent l'essentiel des encours en Zone Franc.

S'agissant des ressources, il ressort que ces dernières sont principalement à vue (52 % en UEMOA) même si la part des dépôts à terme rémunérés a tendance à progresser. Si cette évolution a pour conséquence directe un enchérissement des ressources, elle pourrait permettre aux établissements de crédits d'allonger la maturité de leurs prêts. En Côte d'Ivoire, par exemple, l'évolution des crédits à l'économie entre 2015 et 2018, exhibe une part de crédit à long terme de 5 %.

Tableau 9 : Crédits à l'économie ventilés selon leur maturité initiale (en milliards de Francs CFA (XOF)) en Côte d'Ivoire de 2015 à 2018

	2015	2016	2017	2018
Court terme	2747 (59,67 %)	2949 (56,59 %)	3431 (75,52 %)	3902 (57,41 %)
Moyen terme	1700 (36,92 %)	2037 (44,24 %)	2194 (47,65 %)	2604 (38,31)
Long terme	158 (3,43%)	225 (4,88%)	275 (5,97%)	290 (4,26%)
Total	4604	5211	5900	6796

Source : Des données collectées sur le site de la BCEAO

Le déficit de financement de l'économie de la part des banques est imputable à de nombreux facteurs dont :

- le manque de ressources à long terme pour financer des projets de même maturité ;
- la difficulté d'appréhension du risque de contrepartie ;
- un taux de créances en souffrance et douteux élevé ;
- les insuffisances du cadre opérationnel et juridique ne permettant pas aux banques de prendre des garanties ;
- la prédominance du secteur informel ;
- une indisponibilité ou faillibilité des comptes fournis par les entreprises ;
- les taux débiteurs élevés décourageant les potentiels emprunteurs ;

- des stratégies délibérément conservatrices de la part de certaines banques ;
- une préférence marquée des banques pour les titres d'Etats ;
- l'instabilité macroéconomique et le risque pays élevé.

Pour aider les banques à jouer un rôle beaucoup plus actif dans le financement du développement, il faudra que les économies de la zone remplissent certaines conditions.

La première est l'augmentation du taux de bancarisation.

Il peut se définir comme le pourcentage de la population qui dispose d'au moins un compte bancaire. La bancarisation doit se traduire d'une part, par une croissance quantitative des banques, et d'autre part, par le resserrement du maillage des réseaux bancaires qui en constitue sans aucun doute la manifestation la plus spectaculaire. Elle s'accompagne également par la croissance du volume des crédits consentis par les banques.

La seconde est la stabilité des systèmes financiers et bancaires.

Sur ce point, notons que les pays de la Zone Franc ont connu des crises bancaires majeures, principalement dans les années 90 avec une crise des Francs CFA. Cela a créé une méfiance envers les institutions en général et les institutions bancaires en particulier. La stabilité financière peut être définie comme une situation dans laquelle le système financier, qui comprend les intermédiaires financiers, les marchés et les infrastructures de marché, est capable de résister aux chocs et de corriger les déséquilibres financiers.

La troisième est la mutation du modèle économique bancaire.

En effet, les banques de la zone se sont développées pendant longtemps sur un modèle européen qui repose sur l'installation de grosses agences dans des zones suffisamment denses et urbanisées. Il faut que les banques s'installent dans toutes les villes des différents pays de la Zone UEMOA afin de faciliter l'inclusion bancaire de toutes les populations.

La quatrième est un changement de comportement en matière de préférence pour la liquidité et des Fintechs.

Souvent, les banques dépensent énormément pour payer des salariés qui effectuent des opérations sans valeur ajoutée comme la consultation des comptes par les clients, le retrait de cash des salaires en début du mois. Les banques peuvent créer de la valeur avec l'intégration des *FinTechs*. En effet, l'émergence des *FinTechs* s'inscrit dans un contexte global, celui de l'émergence d'une nouvelle économie qui est favorisée par de nombreux facteurs. L'intégration du digital dans les différents secteurs de l'économie se traduit par une modification des *Business Model* des acteurs traditionnels. Le client se retrouve au cœur du nouveau service permis par la digitalisation. Ayant retrouvé sa place au cœur du système économique, ce dernier est devenu plus exigeant. Il veut désormais que tous les services qui lui sont nécessaires au quotidien soient simples, efficaces et au juste prix. Les offres proposées initialement dans certains secteurs de l'économie (Uber, Yango ou BlaBlaCar dans le domaine du transport, ou Air B&B pour le logement) ont stimulé l'exigence des consommateurs qui ont désormais des attentes similaires pour tous les secteurs de l'économie. Désormais le client, placé au centre du service, cherche à donner du sens à sa consommation.

La cinquième est la réduction des coûts des infrastructures (électricité, informatique, loyers, etc.).

Les réseaux d'infrastructures africains sont de plus en plus à la traîne par rapport à ceux d'autres pays en développement ; ils se caractérisent par un manque de connexions régionales ainsi que par une stagnation de l'accès offert aux individus. Le coût des services d'infrastructures africains est deux fois plus élevé qu'ailleurs, reflétant ainsi à la fois l'absence d'économies d'échelle au niveau de la production et les marges bénéficiaires élevées résultant d'un manque de compétition. Les pays africains doivent donc investir massivement dans les infrastructures afin d'accroître les opportunités d'affaires.

2.2. À quel moment peut-on financer un crédit par la création de monnaie ?

Dans une économie monétaire, la création monétaire vise à financer les activités économiques mais à une seule condition : que ces activités soient liées à l'économie réelle et non à la spéculation.

a) Le financement du crédit pour financer l'économie réelle

Il y a création d'une nouvelle monnaie lorsque la masse monétaire augmente et lorsque de la nouvelle monnaie se trouve entre les mains des particuliers et entreprises. La création monétaire se fait principalement par les emprunts effectués par les particuliers et les entreprises auprès des banques. Contrairement à ce qu'on peut penser, les crédits accordés par les banques ne sont pas financés par l'épargne des autres clients de la banque. Lorsqu'elle accorde un crédit, la banque va simplement inscrire sur le compte de son client la somme qu'elle lui prête (il s'agit d'un simple jeu d'écriture, la banque créant alors de la monnaie scripturale à partir de rien). On dit que *« les crédits font des dépôts »,* pour souligner que les crédits engendrent des dépôts sur des comptes bancaires et que ce ne sont pas les dépôts préexistants qui permettent d'accorder des crédits. Cela donne aux banques une plus grande marge de manœuvre et permet d'ajuster la masse monétaire aux besoins de l'économie. Au moment de l'octroi du crédit, il n'y a pas à proprement parler de création monétaire. Mais dès lors que le client de la banque va utiliser cet argent auprès d'autres agents économiques, la monnaie nouvelle commence à circuler dans l'économie : on dit alors qu'il y a eu création monétaire.

Lorsque le client remboursera son crédit et les taux d'intérêt, cela aboutira à une destruction de monnaie. En effet, si une banque prête 100 millions de Francs CFA à Mme YAO, elle inscrit dans ses comptes :

- D'une part qu'elle a prêté 100 millions de Francs CFA à Mme YAO (passif de la banque) ;
- D'autre part que Mme YAO doit lui rembourser 100 millions de Francs CFA (actif de la banque).

Le remboursement aboutit à la suppression de la somme au passif et à l'actif de la banque, et donc des comptes de la banque. On dit que cette monnaie a été détruite (le montant remboursé en intérêt n'est pas *« détruit »* et reste dans les comptes de la banque). La masse monétaire augmente quand le montant des crédits accordés est plus important que le montant des crédits remboursés et elle diminue quand le montant des crédits accordés est moins important que le montant des crédits remboursés.

Mais dès lors que le crédit bancaire est causé, c'est-à-dire tant que les banques font bien leur métier et ne prêtent pas à tort et à travers, la création monétaire temporaire, induite par la production de crédit, a pour contrepartie une création de richesse au moins équivalente. Il n'y a pas de création monétaire *ex nihilo* et la principale activité bancaire qu'est la production de crédit, qui a pour sous-produit fatal la production de monnaie de banque, ne pose aucun problème. Tant que la création monétaire *« colle »* à la création de richesse trouvant preneur, le risque de crise bancaire est conjuré et le rythme de production de crédit quel qu'il soit, et partant, celui de la création monétaire, n'est pas un souci. Par conséquent, nous pouvons conclure, sans toutefois développer le point, que pour éviter des problèmes et des crises bancaires, il faut que la création monétaire *ex nihilo*, sans contrepartie de création de richesse, reste contenue dans les limites étroites de l'inévitable coût du risque bancaire. Comment cela est-il possible ? Comment, en particulier, expliquer la crise bancaire mondiale de la fin des années 2000 ?

Subordonner la création monétaire à la création de richesse

Avant de tenter de répondre à cette question plus difficile que la précédente (*la création de monnaie de banque se fait-elle ex nihilo ?*), il convient de vérifier la validité générale de notre hypothèse du crédit causé et, en conclusion de cet exorde, d'approfondir la théorie du crédit sans laquelle notre enquête sur les causes actuelles des crises bancaires ne disposerait pas de la bonne boussole pour avancer. Quel est l'effet exact du crédit bancaire lorsqu'il est judicieusement accordé ? Quel est le rôle du crédit bancaire dans l'économie ?

L'hypothèse de la subordination de la création monétaire à la création de richesse est bien « généralisable ».

En raisonnant exclusivement sur le cas du crédit bancaire à court terme aux entreprises, le lien intime entre création de monnaie et création de richesse (au sens de service rendu quelle qu'en soit la forme matérielle ou non matérielle) est-il extensible aux autres types de crédits bancaires et aux crédits octroyés aux bénéficiaires non financiers (particuliers, administrations publiques, etc.)? Le problème de la création monétaire *ex nihilo* ne provient-il pas tout simplement du fait de la différence de durée du crédit, qui serait en fait la principale cause de divergence entre une création monétaire immédiate et une création de richesse dont la matérialisation tarderait à se manifester ou ne trouverait plus preneur aux prix convenus du fait de l'aléa lié au temps et aux cycles économiques ou aux accidents de la vie ?

Le crédit bancaire à court terme à l'entreprise n'est qu'une avance sur une recette issue d'une création de richesse (une *« vente »),* disions-nous. L'encaissement de cette recette par l'entreprise ou par la banque, subrogée dans les droits de l'entreprise, en permet le remboursement, c'est-à-dire sa disparition à l'actif du bilan de la banque et la résorption parallèle au passif du système bancaire, de la monnaie créée. La création monétaire n'est qu'un épisode passager et anodin de la vie économique d'un pays développé, une bosse temporaire dans le bilan du système bancaire et dans la *« masse »* monétaire. Le crédit bancaire pertinemment distribué est au fond *« auto-liquidatif »* par la création de richesse qu'il a financée. Le raisonnement est-il généralisable *mutatis mutandis* ? Notre *« pierre de touche »* d'un crédit remboursable par la création de richesse qui en est la contrepartie, s'applique aussi bien aux crédits bancaires à moyen terme aux entreprises qu'aux crédits aux particuliers, aux crédits personnels ou à la consommation et, singulièrement, aux crédits immobiliers à long terme faits à l'*« acquéreur »*, justement nommés *« crédits acquéreurs »*.

Le crédit acquéreur, emblème du crédit bancaire aux particuliers, est quant à lui clairement causé par l'acquisition du bien (la création de richesse pour l'acquéreur) qu'il rend possible. Le lien entre production de crédit, création monétaire et création de richesse est si étroit ici que l'acquéreur-bénéficiaire du crédit ne voit pas même la couleur de l'argent qu'il emprunte, lequel est directement crédité par le banquier prêteur sur le compte du notaire, lui-même consigné, pour la garantie des parties au contrat de vente immobilière, à la Caisse des Dépôts et Consignations. En revanche, le crédit acquéreur ne rentre pas dans le schéma général du crédit auto-liquidatif par la création de richesse qu'il a rendu possible. Il s'amortit grâce à la fraction, épargnée à cette fin, du revenu de l'emprunteur *« gagé »* par ailleurs en échange de sa propre valeur ajoutée (création de richesse) comme salarié d'une entreprise ou prestataire direct de services marchands (en tant qu'artisan, commerçant, bailleur, prêteur de fonds, associé, etc.). Le crédit acquéreur qui a permis la création de richesse initiale et immédiate – en réalité le service continu que rend une habitation au propriétaire qui en use – est remboursé par le flux continu de revenus qui découle de la création de richesse continue réalisée par l'emprunteur/offreur de services, laquelle est raisonnablement anticipée par le banquier en fonction de la situation professionnelle de l'emprunteur. L'analyse de cette situation, c'est-à-dire des revenus de l'emprunteur et des remboursements en cours d'éventuels autres emprunts, permet de définir, en relation avec l'expérience bancaire, une capacité de remboursement résiduelle maximale (une *« mensualité théorique maximale »* voisine d'un quart du revenu) en fonction de laquelle un plafond d'emprunt sera calculé, lequel combiné avec l'apport personnel, définira la richesse immobilière maximale que l'emprunteur peut raisonnablement s'offrir. Ainsi, nous sommes également ramenés, dans le cas du crédit emblématique aux particuliers qu'est le crédit immobilier, très normalement, à la capacité de remboursement de l'emprunteur (équivalent de la capacité bénéficiaire pour l'entreprise).

La logique est la même avec un horizon de temps plus court pour le crédit à la consommation (durable) : une création de richesse anticipée grâce au crédit (disposer tout de suite d'un véhicule, d'un ordinateur, d'un équipement ménager) est remboursée en fait par une création de richesse continue faite au bénéfice des autres (employeurs ou clients) par l'emprunteur offreur sur le marché ou dans l'entreprise, de ses services. Si le remboursement du crédit à la consommation par cette création durable de richesse s'interrompt, du fait d'une perte d'emploi par exemple, le banquier fera jouer une caution à hauteur de la dette résiduelle et se remboursera en piochant dans le flux de revenus de la caution ou dans son stock de richesses préalablement constitué, ou alors il pourra reprendre le bien si celui-ci est mis en nantissement ou gagé au moment du crédit.

Lorsqu'un crédit permettant l'acquisition d'une richesse immédiate n'est pas normalement remboursé par une création de richesse ultérieure, l'équilibre « *macroéconomique* » de l'opération de crédit est rompu, car il y a eu création monétaire sans création de richesse. L'opération rendue possible par le crédit n'est plus une opération à *« somme positive »* voire une opération *« gagnant-gagnant »* pour l'ensemble des parties. La mise en jeu d'une garantie ne répare pas ce déséquilibre même si elle sauve la mise du banquier et permet au prêteur, de façon microéconomique, de limiter sa perte par appel de la caution tierce ou par prélèvement-appauvrissement de l'emprunteur lui-même, et de préserver ainsi sa capacité de prêt pour le futur. La preuve est donc rapportée au passage que la mise en jeu de la garantie, de l'hypothèque par exemple, n'est pas la voie normale de remboursement d'un crédit et n'a pas du tout le même effet sur *« l'optimum social »* même si le PIB qui ne retrace que des flux réels, n'en sera pas affecté.

Nous pouvons donc ici conclure de manière intermédiaire que tout crédit, dans son principe, et l'amortissement de tout crédit sont subordonnés à la création de richesse que ce crédit en question finance, ou par ailleurs, à la richesse créée par l'emprunteur. Il se vérifie donc que, tant que la création de richesse colle à la création monétaire, il n'y a pas de souci à redouter du côté du crédit bancaire. Le raisonnement sur la généralité duquel nous nous interrogions de façon liminaire est donc bien généralisable. La durée de vie supérieure (*sa « maturité » ou sa « duration »*) du crédit à moyen terme ou du crédit à long terme accroît donc assez logiquement la probabilité d'un défaut de contrepartie, d'une incapacité de remboursement de l'emprunteur dont la production de richesse devient insuffisante. Mais, il ne permet en aucun cas d'expliquer un écart macroéconomique important ou durable entre création monétaire et création de richesse. Cette probabilité est statistiquement connue du banquier ou de l'établissement financier prêteur. Elle est même le cœur de son métier. Nous en revenons donc à l'interrogation sur l'origine des crises bancaires puisque nous ne pouvons raisonnablement pas soutenir que l'activité bancaire porte en elle la crise comme la nuée porte l'orage.

b) Le crédit bancaire ne doit pas financer l'économie spéculative

Dans toute économie, l'excès de crédit bancaire peut entraîner une crise financière. Les premières esquisses sur la théorie de la crise comme excès de crédit remontent aux fondateurs de l'école autrichienne. Selon Ludwig Von MISES (1912) et Friedrich HAYEK (1975), la crise naît en effet à la suite d'un mouvement cyclique de crédit. Celui-ci suscite par son effet euphorisant une expansion artificielle qui se termine par une récession avec le retournement de la conjoncture et l'étranglement du crédit. La théorie autrichienne des cycles économiques montre que seule une croissance financée par l'épargne réelle peut être considérée comme soutenable. Lorsqu'elle est dopée par la création monétaire, elle ne sera que temporaire et finira en crise. En effet, une politique monétaire laxiste maintient les taux d'intérêt à un niveau bas, ce qui favorise l'investissement. À terme, les profits réalisés favorisent davantage le recours à l'endettement jusqu'au point où les acteurs entrent dans une phase de surendettement. Au début tout va bien : le scénario commence par un choc réel (productivité) dont l'impact est positif sur la croissance. Selon Joseph SCHUMPETER (1939), la phase ascendante du cycle économique commence par une innovation sous la forme d'une technologie nouvelle, l'apparition de nouveaux marchés ou une révolution dans un secteur bien déterminé qui attire la demande. Cela nourrit les anticipations de profit et se traduit *in fine* par une augmentation des investissements, et donc du crédit. Ce dernier devient le mode de financement privilégié dans les phases de bonne conjoncture.

De leur côté, les banques adoptent des stratégies d'accompagnement pour financer pareils d'investissements en créant de nouveaux produits adaptés au financement des entreprises (nouvelles formes de crédit, taux préférentiels, etc.). Sous l'effet de la concurrence, les banques innovent pour augmenter leurs marges bénéficiaires. Ces stratégies sont très souvent stimulées par des politiques économiques procycliques qui suivent la conjoncture économique. Dans ce climat euphorisant et de crédit bon marché, MISES et HAYEK constatent que les entreprises effectuent des investissements plus ambitieux par rapport à leurs moyens et s'engagent dans des projets risqués. L'expansion du volume de crédit à des niveaux de taux d'intérêt anormalement bas fausse la décision des entreprises. Quant aux banques, elles se lancent dans des activités à haut risque et financent des emprunteurs insolvables.

Dans son ouvrage intitulé *Demain le libéralisme*, LEPAGE (1980) illustre le point de vue de HAYEK au sujet des perturbations que provoquent la monnaie et le crédit : *« L'inflation de crédit crée dans le système monétaire une série de perturbations qui faussent les mécanismes de coordination du système des prix relatifs, et font que celui-ci transmet dans tout l'édifice industriel une série d'informations tronquées qui servent alors de base de décision erronée aux entrepreneurs dans leurs choix d'investissement et leurs stratégies de production. »*. Suivant cette conception, le crédit peut susciter l'illusion en créant une expansion artificielle et une baisse des taux d'intérêt à l'origine d'une situation de *"malinvestissement"*.

La monnaie, comme le disait HAYEK, fausse le jeu et suscite de mauvaises décisions d'investissement et de production. La manipulation de la monnaie ou le crédit fragilise l'économie. En effet, après une politique monétaire laxiste, un retournement de situation conduit à un rétrécissement de la monnaie et du crédit transformant l'expansion en récession. Un changement dans les politiques monétaires, qui verra les taux d'intérêt augmenter, pourra avoir des effets néfastes sur certains secteurs et acteurs. Les banques procèdent à un *credit crunch,* un rationnement du crédit, durant lequel seuls les investissements les plus rentables et les acteurs les plus solvables continuent à avoir accès à de nouveaux financements. Car la hausse du taux d'intérêt sélectionne les clients, ne permettant qu'à ceux qui disposent de projets rentables de continuer à s'endetter. Et encore, même les investissements ambitieux et ceux qui sont supposés efficaces ne trouvent pas toujours la liquidité nécessaire. Le problème s'aggrave lorsque les investissements concernent des processus de production plus longs. Dès lors, avec le retournement de la conjoncture, tous les secteurs sont touchés et l'économie rentre dans une récession. C'est dans ce cadre que Hyman MINSKY (1986) avance l'expression de *"paradoxe de tranquillité"* pour montrer que les crises naissent dans les bons moments. Un rapport du Conseil d'Analyse Economique (CAE) rappelle ce paradoxe pour expliquer la crise actuelle : *« Les crises de surendettement se préparent dans les bonnes conjonctures, c'est-à-dire lorsque tout va bien et que les agents économiques profitent de la croissance et des taux d'intérêt bas pour emprunter parfois au-delà du raisonnable »* (ARTUS *et alii,* 2008). La théorie des *Grandes dépressions par la dette et la déflation* d'Irving FISHER (1933) avance que l'argent facile est la source d'un surendettement, l'individu pouvant investir ou spéculer avec l'argent emprunté.

Les crises financières surviennent dans les phases hautes des cycles économiques. A l'origine de chaque crise financière, il y a toujours un *« boom »,* une sorte de déplacement de l'économie favorisé par telle invention, telle découverte : le décollage économique des Etats-Unis dans les années 20, favorisé par l'application des méthodes d'organisation scientifique du travail, précède la crise de 1929, l'informatisation des opérations boursières précède le krach de 1987, Internet précède le krach de 2000, etc.

Ce *"boom"* rend euphorique les agents et les anticipations de profit, donc les demandes de financement. Paradoxalement, c'est quand tout va bien et que la période est à l'euphorie que l'instabilité prend racine. C'est ce que notait dans les années 80, comme signé plus haut, l'économiste Hyman MINSKY (1986) en évoquant le *« paradoxe de la tranquillité ».* Dans ce contexte, en effet, les agents s'endettent massivement soutenus dans leur démarche par les banques qui, elles aussi, veulent saisir les opportunités de profit. Tous les acteurs sont, dans de telles périodes, incités à profiter de l'euphorie et, ce faisant, ils y participent et amplifient le cycle haussier. Ne pas le faire serait se priver d'un profit. Mais, tous auront aussi intérêt à réviser leurs positions quand le cycle se retournera. On dit de la finance à cet égard qu'elle est procyclique : elle accompagne voire amplifie le cycle de l'économie réelle. Les banques et tous les autres apporteurs de fonds ouvrent grandement les robinets du crédit en phase haute du cycle, alimentant ainsi la croissance ou la surchauffe et, symétriquement, les referment brutalement quand le cycle s'amorce ; aggravant le ralentissement voire la récession. Cette procyclicité est une source majeure d'instabilité.

Notons également que le rapport du Conseil d'Analyse Economique (ARTUS et alii, 2008) explique la crise des *subprimes* par la conjonction de trois facteurs : des déséquilibres macroéconomiques, des dysfonctionnements microéconomiques et des pratiques financières à haut risque.

Dans ce rapport, Christian De BOISSIEU et Patrick ARTUS montrent que ces facteurs ont été nourris par des fragilités macroéconomiques (expansion artificielle), par des comportements microéconomiques (notamment des banques qui ont exagéré l'octroi de crédits), et par des pratiques spéculatives issues de l'innovation financière ; ce qui rejoint l'explication théorique de la crise par les économistes autrichiens et par les historiens, dont le double héritage est donc bien présent. L'excès de la distribution de crédits aux Etats-Unis a été la source principale de cette crise. Les banques américaines ont créé massivement de la monnaie via le crédit aux ménages dont l'endettement a trouvé un terrain favorable sous un double effet : la politique monétaire de la Réserve Fédérale y était propice, avec des taux directeurs se situant aux alentours de 1 % au début des années 2000, rendant bon marché l'accès aux fonds, d'une part, et d'autre part, la spéculation sur le marché immobilier américain a fait exploser le prix des maisons, utilisées comme collatéraux (garanties) pour obtenir de nouveaux prêts, acheter de nouveaux logements et ainsi de suite. C'est le principe de l'accélérateur financier.

L'envol de crédit s'explique également par le comportement laxiste des banques. Patrick ARTUS et Marie-Paule VIRARD (2008) évoquent une complicité de tous les opérateurs (banques, professionnels, Banques Centrales, etc.). Les banques, soucieuses d'augmenter leurs marges, accélèrent la création monétaire en créant des techniques plus élaborées, les années qui ont précédé la crise voyant se développer des produits destinés à répartir le risque et augmenter le volume de crédit. Ce cocktail explosif a trouvé un terreau très fertile dans un véritable développement de la financiarisation de l'économie héritée de la perspective anglo-saxonne, qui place les marchés financiers au cœur du secteur bancaire et prend le pas sur leur activité traditionnelle (CHARREAUX, 2003).

Cette financiarisation s'est opérée progressivement depuis les années 80 du fait notamment du principe du triple D : principe de désintermédiation, principe de déréglementation et principe de décloisonnement.

La désintermédiation désigne le fait de ne plus passer en majorité par l'intermédiaire des banques et de l'emprunt bancaire mais de recourir directement aux marchés financiers pour se financer (les banques ayant entre temps favorisé l'émergence d'une intermédiation de marché afin de conserver un rôle d'intermédiaire qui, bien que réduit, reste présent).

Autrement dit, c'est la possibilité offerte aux opérateurs désireux de placer ou d'emprunter des capitaux, d'intervenir directement sur les marchés financiers, sans être obligés de passer par ces intermédiaires financiers traditionnels que sont les banques.

La dérèglementation désigne le processus d'assouplissement ou de suppression des réglementations nationales régissant et restreignant la circulation des capitaux (contrôle des changes, encadrement du crédit, etc.). Partie des Etats-Unis et du Royaume-Uni, elle s'est progressivement étendue à tous les pays industrialisés dans les années 80 et aujourd'hui au monde entier. Elle consiste en la facilitation de la législation régulant les activités bancaires et plus particulièrement les activités relatives aux marchés financiers.

Le principe de décloisonnement désigne l'abolition des frontières segmentant les marchés financiers : segmentation des divers marchés nationaux d'une part, et d'autre part, segmentation à l'intérieur d'un même pays entre divers types de marchés financiers (marché monétaire, marché obligataire, marché des changes, marché à terme, etc.). Il a permis de retirer les barrières existantes au sein des marchés financiers entre le national et l'international. Ce qui a largement favorisé les mouvements de capitaux à l'échelle mondiale.

Ces trois facteurs sont à l'origine de la globalisation financière et, par extension, du triomphe des marchés financiers au moment de l'éclatement de la crise financière. Ces facteurs ont également fortement participé à l'émergence d'un important risque systémique pour le secteur bancaire. On désigne par risque systémique *« le risque de crise financière provenant de l'agrégation des actions individuelles de l'ensemble des intervenants sur le marché financier. Prise individuellement chaque action de chaque intervenant peut être rationnelle (par exemple, vente des titres quand leurs cours baissent), mais leur agrégation provoque un approfondissement de la crise »*[48].

48 D'AGOSTINO S., DEUBEL P., MONTOUSSE M., RENOUARD G., Dictionnaire de sciences économiques et sociales (2010).

CONCLUSION

Depuis 1945, la France et les Pays Africains de la Zone Franc sont dans une coopération monétaire assortie de plusieurs principes qui sapent le développement de ces anciennes colonies françaises. Depuis la création du Franc des Colonies Françaises d'Afrique (CFA), le sigle a évolué et désigne désormais deux monnaies : celle de la *« Communauté Financière Africaine »* en Afrique de l'Ouest et celle de la *« Coopération Financière en Afrique Centrale »*.

Il est remarquable de noter que cette coopération monétaire, entre les PAZF et la France, a été complètement déconnectée des vrais enjeux du développement africain tout en permettant au colonisateur de contrôler économiquement et politiquement ses anciennes colonies, au profit de son économie nationale et au préjudice du développement des relations entre pays africains. Le modèle imposé par le système Franc CFA induit une verticalité des échanges (Nord-Sud) au détriment d'une coopération horizontale (Sud-Sud). Un tel système financier au service des intérêts économiques et politiques de la France ne peut pas être le vecteur de l'autonomie monétaire et du développement. Cette coopération monétaire présente au moins trois avantages au profit de la France.

Le premier est économique car les grands Groupes français peuvent travailler en Zone CFA sans risque de change et rapatrier sans limites leurs bénéfices.

Le second est politique vu que ce système fait perdurer la logique de pré carré. Le Franc CFA permet à Paris d'exercer une forme de *« soft control »* sur la manière dont ces anciennes colonies se développent dans un environnement de concurrence exacerbée avec notamment l'arrivée sur le continent de la Chine, de la Russie, de la Turquie et de l'Inde. Cette dimension est prépondérante. Car la réalité économique montre que les principaux partenaires commerciaux de la France ne sont pas dans la Zone Franc. Le Nigéria, l'Angola et l'Afrique du sud sont les partenaires principaux de la France en Afrique Subsaharienne alors qu'ils ne sont pourtant pas dans la Zone CFA.

Le troisième avantage pour la France est que certains dirigeants africains y trouvent eux aussi intérêt, en profitant de ce système, par le placement de leurs épargnes en France.

Ce système entraîne donc un *« siphonage »* des ressources vers l'Europe, principalement en France. Puisqu'il n'y a pas de limites à la convertibilité, les élites locales ont tout loisir de placer leur argent sur un compte étranger ou d'acheter des appartements dans une métropole européenne par exemple. Il existe effectivement des élites rentières qui n'ont pas intérêt à faire changer ce système. Et c'est cette *« bourgeoisie compradore »* qui manœuvre pour faire durer la souffrance des populations africaines. Et pourtant, l'obstination des Pays de la Zone Franc à utiliser une monnaie colonisée aux mécanismes impérialistes est incompréhensible. Pourquoi déposer nos réserves de change en France sur un Compte d'Opérations alors que nos économies ont des besoins colossaux de financement ?

Il est temps que les intellectuels africains de la Zone Franc réfléchissent sur la construction d'une nouvelle Zone avec une nouvelle monnaie. Il y'a des sujets sur lesquels *seule la volonté des Hommes tranche mais pas l'Histoire*. Et c'est bien le cas du Franc CFA. Ce qui nous reste à faire, c'est une révolte populaire pour mettre fin à l'esclavage monétaire. James A. GARFIELD, président des Etats-Unis, assassiné, ne disait-il pas que : *« Celui qui contrôle le volume de la monnaie dans notre pays est maître absolu de toute l'industrie et tout le commerce…et quand vous réalisez que le système entier est très facilement contrôlé, d'une manière ou d'une autre, par une très petite élite de puissants, vous n'aurez pas besoin qu'on vous explique comment les périodes d'inflation et de déflation apparaissent ».* Les pays africains doivent engager le combat pour la souveraineté monétaire. L'élite décomplexée doit être en première ligne pour éclairer les masses sur les raisons de cette lutte. C'est ainsi que la société civile apportera sa contribution à la lutte. Ainsi, de façon pacifique, cette révolte citoyenne des populations conduira à exiger un audit des Comptes d'Opérations pour régler à *« l'amiable »* ce contentieux monétaire que les ex-colonies françaises ont avec la France. Les Africains doivent loger la problématique de la question de la souveraineté monétaire dans une logique de recherche de voies et moyens d'un développement autocentré pour les pays africains.

La première étape consistera pour eux, d'instaurer un nouveau système monétaire par la décolonisation du Franc CFA, c'est-à-dire la rupture totale avec la France au niveau de la coopération monétaire.

La seconde étape consistera à s'inscrire dans une bonne gestion de la monnaie afin d'éviter les conséquences de cette libération monétaire. Il ne faudrait pas aborder de façon cavalière la question de la gestion monétaire comme savent le faire, souventes fois, les Africains face à des problèmes existentiels.

La troisième étape serait de placer résolument la monnaie au cœur des stratégies de développement. En effet, dans les économies monétaires modernes, la monnaie représente pour l'économie ce que le sang représente pour le corps humain. Sans la monnaie, l'économie s'arrête ainsi que le développement économique.

BIBLIOGRAPHIE

AGBOHOU, Nicolas. *Le Franc CFA et l'Euro contre l'Afrique*. Paris : Solidarité Mondiale As, 2000, 294p.

AGLIETTA, Michel., ORLEAN, André (dir.). *La monnaie souveraine*. Paris : Odile Jacob, 1998, 398p.

AGLIETTA, Michel., ORLEAN, André. *La monnaie entre violence et confiance*. Paris : Odile Jacob, 2002, 378p.

AKERLOF, George Arthur. Gift Exchange and Efficiency Wage Theory: Four Views. *American Economic Review*, Papers and proceedings, 1984, vol. 74, n° 2, 79-83p.

AKERLOF, George Arthur., YELLEN, Janet Louise. *Efficiency wage models of the labor market*. Cambridge University Press, Cambridge, 1986, 178p.

ARTUS, Patrick., VIRARD, Marie-Paule. *GLOBALISATION. Le pire est à venir*. Paris : La découverte, 2008, 168p.

ARTUS Patrick., BETBEZE Jean-Paul., De BOISSIEU Christian., CAPELLE-BLANCHARD Gunther. *La crise des subprimes*, Rapport CAE n° 78, La Documentation française, septembre, 2008.

ASSIDON, Elsa. *Le commerce captif. Les sociétés commerciales françaises de l'Afrique noire*. Paris : L'Harmattan, 1989, 191p.

AVOM, Désiré. La coordination des politiques budgétaires dans une union monétaire : l'expérience récente des pays de la CEMAC. *Revue Tiers Monde*, 2007, vol.0, n° 4, 871-893p.

BANQUE DE FRANCE. *Rapports annuels de la Zone Franc*. Paris :1994.

BANQUE DE FRANCE. *Rapports annuels de la Zone Franc*. Paris : 2008.

BANQUE DE FRANCE. *Rapports annuels de la Zone Franc.* Paris : 2009a

BANQUE DE FRANCE. *Rapports annuels de la Zone Franc.* Paris: 2010.

BENES, Jaromir., BERG, Andrew., PORTILLO, Rafael., VAVRA, David. Modeling Sterilized Interventions and Balance Sheet Effects of Monetary Policy. *IMF Working Paper*, n° 13/11, 2013.

BLANC, Jérôme. *Monnaies parallèles.* Paris : L'Harmattan, collection Logiques économiques, 2001, 348p.

BLANC, Jérôme. *L'articulation des monnaies : questions sur la fongibilité et la convertibilité. Journée d'étude « Souveraineté et espaces monétaires dans les Amériques »*, CEPSE/LEPII, Université Pierre Mendès-France Grenoble 2 et MSH, 29-30 mai 2006.

BLANC, Jérôme. *Fongibilités et cloisonnements de la monnaie*, *in* Baumann E. et al., *L'argent des anthropologues, la monnaie des économistes*. Paris : L'Harmattan, 2008, 29-54p.

BLANC, Jérôme. *Usages de l'argent et pratiques monétaires, in* Steiner P. et Vatin F., *Traité de sociologie économique.* Paris: PUF, Quadriges, 2009, 649-688p.

BLANCHARD, Olivier., SUMMERS, Lawrence. Hysteresis in unemployment. European Economic Review, 1987, vol. 31, n° 1-2, 288-295p.

BLEANEY, Michael., FIELDING, David. Exchange Rate Regimes, Inflation and Output Volatility in Developing Countries. *Journal of Development Economics*, 2020, Vol. 68, n°1, 233 – 245p.

BOKINO, Régis. *Gouvernance à la BCEAO et à la BEAC : Expériences monétaires en zone franc africaine*. Thèse de doctorat, Université de Bordeaux, 2014.

BOURGUINAT, Henri. *Finance internationale*. Paris : PUF, 4ème édition, 1999, 774p.

CARTELIER, Jean. *La monnaie*. Paris : Edition Flammarion, collection dominos, 1995, 127p.

CHARREAUX, Gérard. *Le gouvernement d'entreprise*, in J. Allouche (coord.), Encyclopédie des Ressources Humaines. Paris : Vuibert, 2003, 628 – 640p.

CHEN, Xiaoshan., MILLS, Terence. Evaluation de la synchronisation des cycles économiques dans la zone euro. *Revue française d'économie*, 2010, Vol. 24, n°4, 165-187p.

CLARIDA, Richard., GALI, Jordi., GERTLER, Mark. Optimal Monetary Policy in open versus closed economies. *American Economic Review,* 2001, Vol. 91, n°2, 248-252p.

CONTE, Bernard. *Dévaluation du Franc CFA et équilibre des paiements courants*, document de travail n°20, Centre d'économie du développement, Université Montesquieu-Bordeaux IV – France, 1997.

COSTE, Sylvie. *Analyse de l'efficacité de la dévaluation du Franc CFA en Côte d'Ivoire*. Travaux et documents n°63-1999, Centre d'Etude d'Afrique Noire, IEP de Bordeaux, 1999.

COUHARDE, Cécile., COULIBALY, Issiaka., DANETTE, Olivier. *Misalignments and Dynamics of Real Exchange Rates in the CFA Franc Zone*, EconomiX Working Papers 2011-28, University of Paris West - Nanterre la Défense, EconomiX, 2011.

D'AGOSTINO, de Serge., DEUBEL, Phillips., MONTOUSSE, Marc., RENOUARD, Gilles. *Dictionnaire de sciences économiques et sociales*. France, Paris : Bréal, 2010, 584p.

DELAGE, Alain., MASSIERA, Alain. *Le franc CFA : Bilan et perspectives*. Paris: L'Harmattan, 1994, 188p.

DEVARAJAN, Shantayanan., De MELO, Jaime. *Membership in the CFA zone : Odyssean Journey or Trojan horse?*, Policy Research Working Paper Series 482, Washington, DC: World Bank, 1990.

DEVARAJAN, Shantayanan., DANI, Rodrik. 1991. *Do the Benefits of Fixed Exchange Rates Outweigh Their Costs? The Franc Zone in Africa.* Working Paper No. 3727. Cambridge, MA: National Bureau of Economic Research.

DIARRA, Souleymane. Analyse rétrospective du respect des nouveaux critères de convergence de l'UEMOA. *Revue d'économie du développement,* 2016, vol. 24, n°1, 79 – 98p.

DIOP, Pape Lamine. L'impact des taux directeurs de la BCEAO sur les taux débiteurs des banques, BCEAO. *Note d'Information Statistique*, 1998, N°483-4847, Juillet-Août-Septembre 1998.

DORNBUSCH, Rudiger. *Fewer Monies, Better Monies.* NBER Working Paper No. 8324, 2001.

DOUMBIA, Soumaila. Ciblage du taux de change versus ciblage de l'inflation : quelle cohérence globale pour la politique monétaire de la BCEAO ?, *Revue Tiers Monde*, 2013, vol.3, n°215, 183-200p.

ENGLE, Robert., GRANGER, William. Cointegration and error correction: Representation, estimation and testing, *Econometrica,* 1987, Vol.55, No. 2, 251-276p.

FALL, Alsim., DEMBA, Sy. La politique monétaire de la BCEAO face au double ancrage : ciblage d'inflation et ciblage du taux de change. *Revue d'économie du développement*, 2019, vol. 27, No. 4, 129-175p.

FIELDING, David., SHIELDS, Kalvinde. Modeling Macroeconomic Shocks in the CFA Franc Zone. *Journal of Development Economics*, 2001, vol. 66, n° 1, 199-224p.

FISCHER, Stanley. The role of macroeconomic factors in growth. *Journal of Monetary Economics*, 1993, vol. 32, n° 3, 485-512p.

FISHER, Irving. The Debt-Deflation Theory of Great Depressions. *Econometrica*, 1933, vol. 1, No. 4, 337-357p.

FONTAINE, Laurence. *L'économie morale, pauvreté, crédit et confiance dans l'Europe préindustrielle,* Paris : Gallimard, NRF essais, 2008, 437 p.

FOYER, Jean France. *Qu'ont-ils fait de ta liberté*. Paris : Francois-Xavier de Guibert, 1999, 200p.

FRENKEL, Jacob., GOLDSTEIN, Morris., MASSON, Paul. *Characteristics of a successful Exchange Rate System.* IMF Occasional Paper 82, 1991, 1-40p.

FRANKEL, Jeffrey., ROSE, Andrew. Currency crashes in emerging markets : An empirical treatment Jeffrey A. Frankel, Andrew K. Roseb, *Journal of International Economics*, 1996, vol.41, No.3- 4, 351-366p.

FRIEDMAN, Milton. The role of monetary policy. American economic review, 1968, vol. 58, n° 1, 1-17p.

GARY, S. Becker. Human Capital: A Theoretical and Empirical Analysis, with special reference to education. New York: National Bureau of Economic Research, Columbia University Press, 1964, 187p.

GERARDIN, Hubert. *La Zone Franc, tome 1: Histoire et institutions.* Paris : L'Harmattan, 1989,239p.

GODEAU, émi. *Le Franc CFA, pourquoi la dévaluation de 1994 a tout changé*. Sépia, Saint-Maur, 1995, 218 p.

GHOSH, Atish., OSTRY, Jonathan., CHAMON, Marcos. Two targes, two instruments : monetary and exchange rate policies in emerging market economies. *Journal of international money and finance*, 2016, vol. 60, No. C, 172-196p.

GHOSH, Atish., GULDE, Anne-Marie., OSTRY, Jonathan., WOLF, Holger. *Does the Nominal Exchange Rate Regime Matter ?*, IMF WP/95/121, 1995.

GHOSH, Atish., GULDE, Anne-Marie., OSTRY, Jonathan., WOLF, Holger. Currency Boards: More than a Quick Fix ?, *Economic Policy*, 2000, Vol. 15, No. 31, 270-335p.

GOLDSTEIN, Morris. Managed Floating Plus. *Policy Analyses in International Economics,* Vol. 66 (Washington: Institute of International Economics), 2002.

GOUX, Jean-François. *Inflation, désinflation, déflation.* Paris : Dunod, 1998, 128p.

GOREUX, Louis. *La dévaluation du Franc CFA : un premier bilan en décembre 1995*, Washington D.C., World Bank, 1995.

GRAEBER, David. *5000 ans de dette.* Paris, Les Liens qui libèrent, 2013, 621 p.

GUILLAUMONT, Patrick., GUILLAUMONT, Jeannemey Sylviane. *Stratégies de développement comparées Zone Franc et hors Zone Franc*. Paris: Economica, 1988, 766 p.

GUILLAUMONT, Patrick., GUILLAUMONT, Jeannemey Sylviane.*Ébranlement et consolidation des fondements des francs CFA*. In: Revue d'économie du développement, 3e année N°3, 1995, 87-111p.

GUILLAUMONT, Patrick., GUILLAUMONT, Jeannemey Sylviane., BRUN, Jean-François. How instability lowers African growth ?, *Journal of African Economies*, 1999, vol. 8, No. 1, 87–107p.

HANSEN, Bruce. Threshold Effects in Non-Dynamic Panels: Estimation, Testing, and Inference. *Journal of Econometrics*, 1999, vol. 93, No. 2, p. 345-368p.

HAYEK, Friedrich August Von. *Socialist Calculation, in F.A. Hayek, ed.*, Collectivist Economic Planning. New York: Augustus M. Kelly, 1975.

HICKS, John Richard. Mr. Keynes and the "Classics"; A Suggested Interpretation. *Econometrica*, 1937, vol. 5, n° 2,147-159p.

HUGON, Philippe. *La Zone Franc à l'heure de l'Euro, Paris, Karthala, collection : Economie et développement*. Paris : Karthala, 1999, 304 p.

JAMET, Jean-François., KRUMBMÜLLER, Famke. La gouvernance économique de l'union Européenne après la crise. *Policy Papers,* fondation Robert Schuman, n° 167-168, 2014.

JEANNE, Olivier., RANCIERE, Romain. The Optimal Level of International Reserves for Emerging Market Countries : Formulas and Applications. *IMF Working Paper*, WP/06/229, 2006.

JULIENNE, Robert. *Vingt ans d'institutions monetaires ouest africaines 1955-1975*. Paris : L'Harmattan, 1988,482 p.

KARAMOKO, Hamed. *Zone franc CFA et souveraineté monétaire : Une analyse par l'approche institutionnaliste monétaire française*. Thèse de doctorat, Université Grenoble Alpes, 2023.

KEBALO, Léleng. *Le Franc CFA et le débat sur l'autonomie de la politique monétaire de la BCEAO*. Séminaire de recherche Think Tank de l'UEMOA, Sep. 2019, Abidjan, Côte d'Ivoire. ffhal-02282948v3f.

KEYNES, John Maynard. The General Theory of Employment, Money and Interest, London : Macmillan, 1936, reprint in The Collected Writings of John Maynard Keynes, edited by Donald Moggridge, vol. 7, Macmillan, London, Cambridge University Press, New York, 1973.

KEYNES, John Maynard. *The Treatise of Money*, London : Macmillan, 1930, reprint in The Collected Writings of John Maynard Keynes, edited by Donald Moggridge, vol. 5 et 6, Macmillan, London, Cambridge University Press, New York, 1973.

KIEMA, Cédric., NUBUKPO, Kako., SANOU Gilles. *Impact d'une Dévaluation du Franc CFA sur la Balance Commerciale et la Production dans les Pays de l'Union Economique et Monétaire Ouest Africaine (UEMOA)*, University of Paris-Dauphine (UPD) et the French Institute of Research for Development (IRD), 2011.

KNAPP, Georg Friedrich. *The State Theory of Money.* New York : Augustus M. Kelley Publishers, 1973, 306p.

KOULIBALY, Mamadou. *La souveraineté monétaire des pays africains : Conférence prononcé à l'invitation de l'Association.* L'Harmattan, 2009.

KUMHOF, Michael., BENES, Jaromir., MUIR, Dirk., MURSULA, Susanna., LAXTON, Douglas. *The benefits of International Policy Coordination Revisited*, IMF Working papers, 2013/262, International Monetary Fund.

LEPAGE, Henri. *Demain le libéralisme*. Paris: Le Livre de Poche 8358, Coll. « Pluriel », 1980, 576 p.

LINDBECK, Assar., SNOWER, Dennis. Wage setting, unemployment, and insider-outsider relations. American Economic Review, 1986, vol.76, n°2, 235-239p.

LUCAS, Robert Jr. Expectations and the Neutrality of Money. *Journal of Economic Theory*, 1972, vol.4, n° 2, 103-124p.

MANKIW, Nicholas Gregory. The Inexorable and Mysterious Tradeoff Between Inflation and Unemployment. *Economic Journal*, 2001, vol.111, n° 471, 45-61p.

MASSON, Paul., PATTILLO, Catherine. Monetary Union in West Africa: An Agency of Restraint for Fiscal Policies ?. *IMF Working Papers*, 2001/034, International Monetary Fund.

MAUSS, Marcel. Les origines de la notion de monnaie in *Œuvres, tome 2 Représentations collectives et diversité des civilisations*. Paris : Minuit, 1969, 106-112p.

MAUSS, Marcel. Débat sur les fonctions sociales de la monnaie in *Œuvres, tome 2 Représentations collectives et diversité des civilisations*. Paris : Minuit, 1974b, 116-120 [1934].

McCALLUM, Bennett. Monetary Policy in East Asia : The Case of Singapore. *IMES Discussion Paper No.2007-E-10* (Institute for Monetary and Economic Studies, Bank of Japan), 2007.

MISES, Ludwig Von. *Socialism: An Economic and Sociological Analysis*. Indianapolis, IN: Liberty PressLiberty Classics, 1981, 596p.

MISES, Ludwig Von. *The Theory of Money and Credit*. London: Jonathan. Reprinted Indianapolis, IN: Liberty Classics, 1912.

MISHKIN, Frederic., SAVASTANO, Miguel. Monetary Policy Strategies for Latin America. *Journal of Development Economics*, 2001, vol. 66, No. 2, 415 – 444p.

MINSKY, Philip Hyman. *Stabilizing an unstable economy*. New Haven, CT: Yale University Press, 1986, 353p.

NEURISSE, André. *Le franc CFA*. Paris : LGDJ éditions, 1987, 276p.

ORLEAN, André. *La sociologie économique de la monnaie, in* Steiner P., Vatin F., *Traité de sociologie économique.* Paris : PUF, 2009.

OSTRY, Jonathan., GHOSH, Atish., CHAMON, Marcos. Two Targets, Two Instruments: Monetary and Exchange Rate Policy in Emerging Market Economies, *IMF Staff Discussion*, Note n° 12/01, 2012.

PADOA-SCHIOPPA, Tommaso., CHRISTA, Randzio-Plath. The European Central Bank Independence and accountability, ZEI Working Papers, No B 16-2000, University of Bonn, ZEI - Center for European Integration Studies, 2000, 1-48p.

PATTILLO, Catherine., TSANGARIDES, Charalambos., VAN DEN BOOGAERDE, Pierre. *Growth and Convergence in the CFA Franc Zone,* in A. Gulde and C. Tsangarides, The CFA Franc Zone, Common Currency, Uncommon Challenge, Washington, DC: International Monetary Fund, chap. 2, 2008.

PHILLIPS, Alban William. The Relation between Unemployment and the Rate of Change of Money Wage Rates in the United Kingdom, 1861-1957. *Economica,* 1958, vol.25, n° 19, 283-299p.

PIGEAUD, Fanny., N'DONGO, Samba Sylla. *L'arme invisible de la françafrique, une histoire du Franc CFA*. Paris : Edition La découverte, 2018, 227p.

POLANYI, Karl. *La grande transformation.* Paris : Gallimard, NRF, 1983, 423p.

SALAMA, Pierre. *La dollarisation. Essai sur la monnaie, l'industrialisation et l'endettement des pays sous-développés*. Postface Luiz Carlos Bresser Pereira. Paris : La Découverte (Agalma), 1989, 102p.

SARGENT, Thomas John., WALLACE, Neil. *Some Unpleasant Monetarist Arithmetic*, Quarterly Review, Federal Reserve Bank of Minneapolis, 1981, vol. 5, No. 3, 1-17p.

SCHULER, Kurt. *The Problem with Pegged Exchange Rates*. *Kyklos*, 1999, vol. 52, No. 1, 83-102p.

SCHUMPETER, Joseph Alois. *Business Cycles: A Theoretical, Historical, and Statistical Analysis of the Capitalist Process*, New York and London, McGraw – Hill Book Company Inc, 1939, 461p.

SCHWARTZ, Anna Jacobson. Why financial stability depends on price stability. *Economic Affairs*, 1995, vol. 15, No. 4, 21-25p.

SEMEDO, Gervasio., VILLIEU, Patrick. *La Zone Franc : mécanismes et perspectives macroéconomiques*. Paris : Ellipses, éditions marketing S.A., 1997, 160p.

SERVET, Jean Michel. *Les monnaies du lien*. Lyon, PUL, 2012.

SHAPIRO, Carl., STIGLITZ, Joseph. Equilibrium Unemployment as a Discipline Device. *American Economic Review*, 1984, vol. 74, 433-444p.

STONE, Mark., SCOTT, Roger., SEIICHI, Shimizu., NORDSTROM, Anna., RESTREPO, Jorge. The role of exchange rate in inflation-targeting emerging economies : targeting emerging economies. *Occasional paper*, No. 267, 2009, 104p

THERET, Bruno. Dettes et crise de confiance dans l'Euro : analyse et voies possibles de sortie par le haut. *Revue française de socio-économie,* 2013, vol. 12, n° 2, 91-124p.

TINEL, Bruno. *Le fonctionnement et le rôle des comptes d'opérations entre la France et les pays africains*. In Kako. NUBUKPO, M. Ze Belinga, D. M. Dembélé, & B. Tinel (Éds.), *Sortir l'Afrique de la servitude monétaire : À qui profite le franc CFA ?* (pp. 102-122). Paris: La Dispute, 2016, 243p.

VEYRUNE, Romain. Fixed Exchange Rate and the Autonomy of Monetary Policy : The Franc Zone Case. *IMF Working Paper*, WP/07/34, 2007.

VINAY, Bernard. *Zone Franc et Coopération monétaire*. Paris : Ministère Français de la Coopération, 1980, 385p.

WALSH, Carl. Parameter misspecification anc robust monetary policy rules, *Working Paper Series No 0477*, European Central Bank, 2005.

ZELIZER, Viviana. *La signification sociale de l'argent*. Paris : Le Seuil, 2005, 350p.

TABLES DES MATIÈRES

Structures éditoriales du groupe L'Harmattan

L'Harmattan Italie
Via degli Artisti, 15
10124 Torino
harmattan.italia@gmail.com

L'Harmattan Hongrie
Kossuth l. u. 14-16.
1053 Budapest
harmattan@harmattan.hu

L'Harmattan Sénégal
10 VDN en face Mermoz
BP 45034 Dakar-Fann
senharmattan@gmail.com

L'Harmattan Cameroun
TSINGA/FECAFOOT
BP 11486 Yaoundé
inkoukam@gmail.com

L'Harmattan Burkina Faso
Achille Somé – tengnule@hotmail.fr

L'Harmattan Guinée
Almamya, rue KA 028 OKB Agency
BP 3470 Conakry
harmattanguinee@yahoo.fr

L'Harmattan RDC
185, avenue Nyangwe
Commune de Lingwala – Kinshasa
matangilamusadila@yahoo.fr

L'Harmattan Congo
219, avenue Nelson Mandela
BP 2874 Brazzaville
harmattan.congo@yahoo.fr

L'Harmattan Mali
ACI 2000 - Immeuble Mgr Jean Marie Cisse
Bureau 10
BP 145 Bamako-Mali
mali@harmattan.fr

L'Harmattan Togo
Djidjole – Lomé
Maison Amela
face EPP BATOME
ddamela@aol.com

L'Harmattan Côte d'Ivoire
Résidence Karl – Cité des Arts
Abidjan-Cocody
03 BP 1588 Abidjan
espace_harmattan.ci@hotmail.fr

Nos librairies en France

Librairie internationale
16, rue des Écoles
75005 Paris
librairie.internationale@harmattan.fr
01 40 46 79 11
www.librairieharmattan.com

Librairie des savoirs
21, rue des Écoles
75005 Paris
librairie.sh@harmattan.fr
01 46 34 13 71
www.librairieharmattansh.com

Librairie Le Lucernaire
53, rue Notre-Dame-des-Champs
75006 Paris
librairie@lucernaire.fr
01 42 22 67 13

www.ingramcontent.com/pod-product-compliance
Lightning Source LLC
LaVergne TN
LVHW011443061026
849535LV00004BA/931
* 9 7 8 2 3 3 6 4 7 6 4 9 0 *